Uwe Stanke

WANDERFÜHRER STRAUBING RODING · CHAM

Die schönsten Touren zwischen Straubing und Waldmünchen

SüdOst Verlag

Vorwort

Mein Name ist Uwe Stanke und gemeinsam mit meiner Freundin Elke bin ich seit vielen Jahren auf den schönsten Wanderwegen in Ostbayern und auch den europäischen Fernwanderwegen unterwegs. Für uns hat die Zeit in der Natur und das Wandern etwas ganz Besonderes. Wir genießen unsere Touren und finden dabei immer wieder neue und schöne Plätze. Oft muss man dazu gar nicht weit fahren, um eine richtig tolle Wanderung zu unternehmen und besondere Momente zu erleben. Auch beruflich hat mich das Wandern voll in Besitz genommen. Nach 27 Jahren als Mitarbeiter und Filialdirektor einer Bank habe ich 2017 meinen Beruf gewechselt und bin jetzt als Wegemanager für den Goldsteig Wanderweg unterwegs. Ich habe sozusagen mein Hobby zum Beruf gemacht. Dafür bin ich sehr dankbar. Gemeinsam mit unseren vielen Partnern kümmern wir uns um die Qualität des Fernwanderwegesystems in Ostbayern.

2020 ist der Wanderführer Straubing-Bogen erschienen und die Resonanz war so enorm, dass mich der Verlag gebeten hat, ein weiteres Buch zu schreiben. In diesem Wanderführer erwarten Euch Touren zwischen Straubing und Waldmünchen. Auch dieses Mal ist es mir wieder sehr schwer gefallen mich für 20 Touren zu entscheiden. Es gibt so viele tolle Wege in unserer Heimat und ich musste mich entscheiden. Alle vorgestellten Wanderungen haben wir natürlich im Vorfeld persönlich getestet. Dabei stellten wir immer wieder fest, wie schön es doch bei uns „dahoam" ist. Sanfte Hügel mit Aussichtspunkten, von denen man auf die Gipfel des Bayerischen Waldes oder auch in den Gäuboden hinein blickt und bei schönem Wetter sogar bis zu den Alpen sehen kann. Da macht das Wandern richtig Spaß.

Dieses Mal ist es mir besonders wichtig, auf das richtige Verhalten bei einer Wanderung hinzuweisen. Respektvoll auf den Wegen und mit der Natur ist mir eine Herzensangelegenheit.

Ich wünsche Euch einzigartige Momente und Erlebnisse, sowie tolle Ausblicke von den Gipfeln und Aussichtspunkten mit den im Buch vorgestellten Wanderungen.

„Egal, welche Wanderung Ihr unternehmt, habt ganz viel Spaß dabei!"

Uwe Stanke

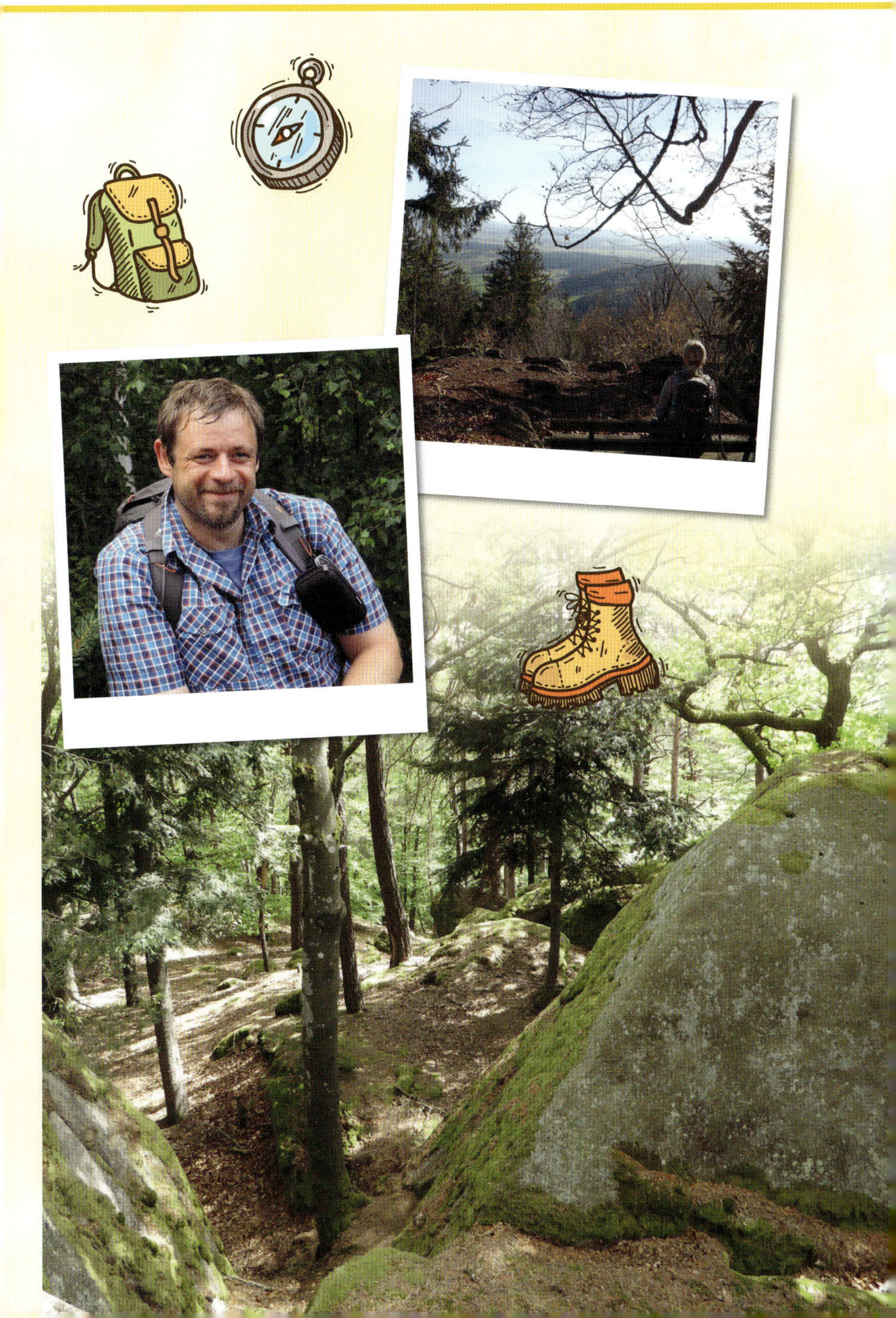

Inhaltsverzeichnis

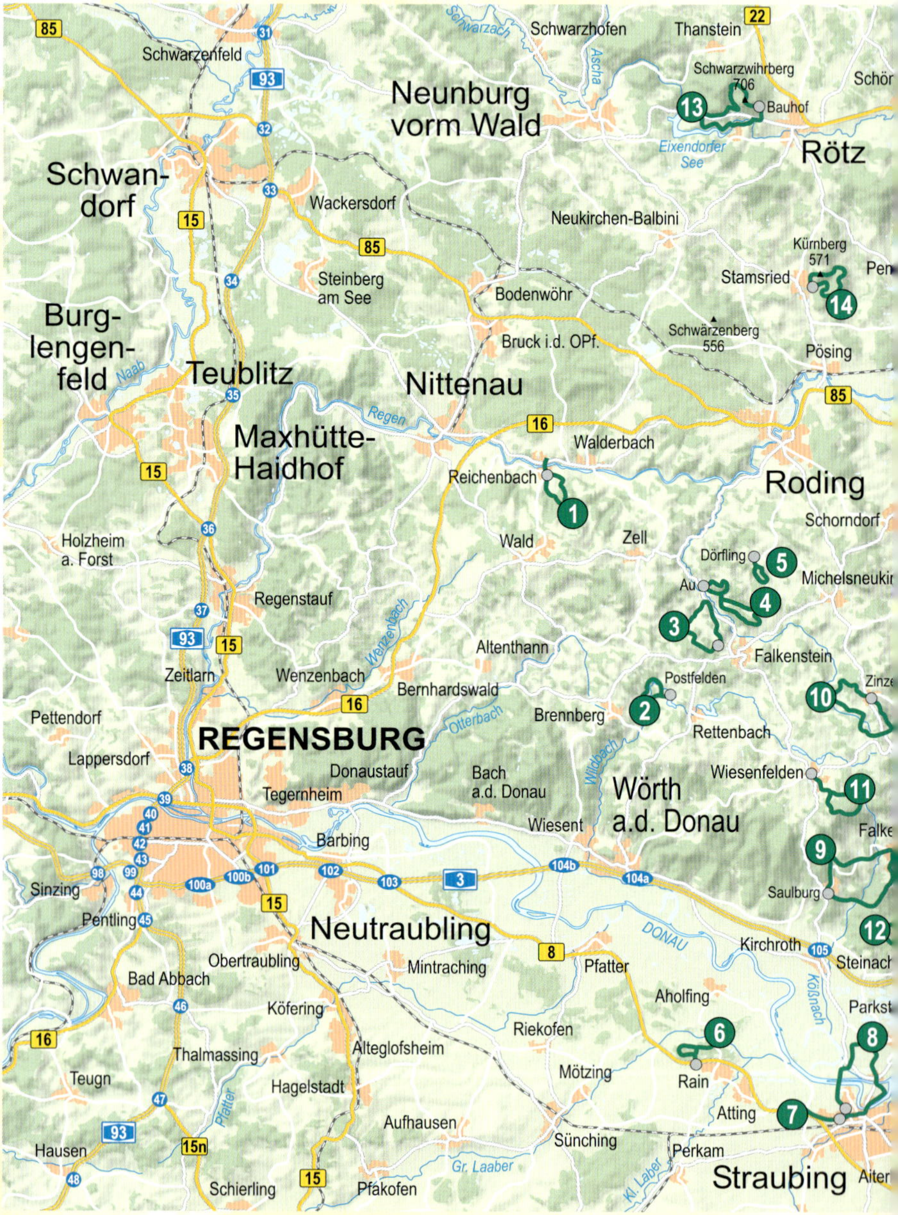
Schwarzenfeld
Schwarzach
Schwarzhofen
Ascha
Thanstein
Schwarzwihrberg
706
Bauhof
Schör
Neunburg
vorm Wald
Eixendorfer
See
Rötz
Schwan-
dorf
Wackersdorf
Neukirchen-Balbini
Steinberg
am See
Bodenwöhr
Kürnberg
571
Stamsried
Pen
Burg-
lengen-
feld
Naab
Teublitz
Bruck i.d. OPf.
Schwärzenberg
556
Pösing
Nittenau
Regen
Maxhütte-
Haidhof
Walderbach
Reichenbach
Roding
Schorndorf
Holzheim
a. Forst
Wald
Zell
Dörfling
Michelsneukir
Au
Regenstauf
Wenzenbach
Altenthann
Falkenstein
Zeitlarn
Postfelden
Zinze
Bernhardswald
Pettendorf
Otterbach
Brennberg
Rettenbach
REGENSBURG
Lappersdorf
Wildbach
Wiesenfelden
Donaustauf
Bach
a.d. Donau
Tegernheim
Wörth
a.d. Donau
Wiesent
Falke
Barbing
Sinzing
Saulburg
Pentling
Neutraubling
Donau
Kirchroth
Steinach
Obertraubling
Mintraching
Pfatter
Bad Abbach
Aholfing
Köfering
Kößnach
Parkst
Riekofen
Alteglofsheim
Thalmassing
Mötzing
Rain
Teugn
Hagelstadt
Pfatter
Atting
Aufhausen
Sünching
Hausen
Perkam
Gr. Laaber
Kl. Laber
Schierling
Pfakofen
Straubing
Aiter
1
2
3
4
5
6
7
8
9
10
11
12
13
14
85
22
93
31
32
33
34
35
36
37
38
39
40
41
42
43
44
45
46
47
48
98
99
100a
100b
101
102
103
104b
104a
105
3
15
15n
16
8

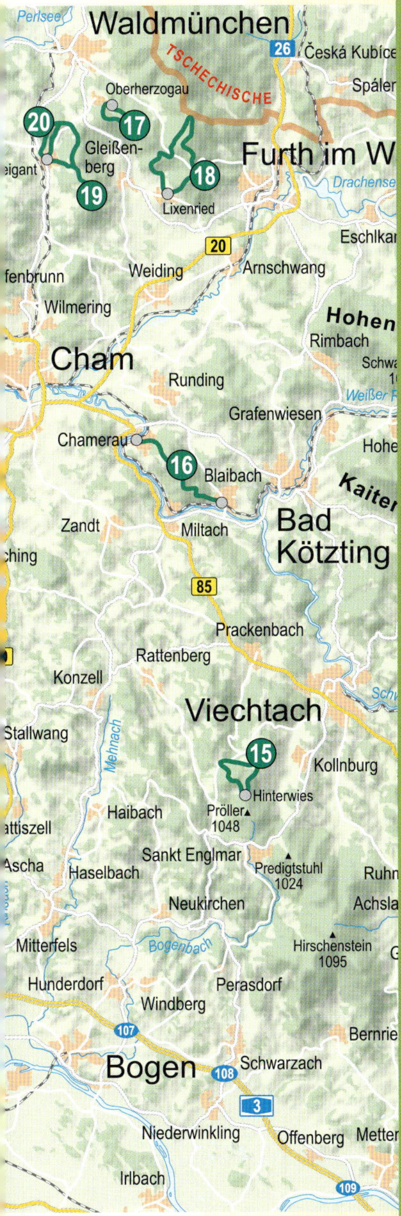

1. Auf den Pfaffenstein und zur Deifelsbuxn
2. Das wildromantische Höllbachtal
3. Über den Semmelberg zum mystischen Lauberberg
4. Geheimnisvolle Burgruine Sengersberg und sagenhafter Schweinsberg
5. Auf dem Grottenweg zum Schwammerlstein
6. Mangrovensümpfe im Rainer Wald
7. Stadtpark, Eisweiher und Rosengarten in Straubing
8. Durch den ursprünglichen Donaubogen Gollau
9. Durch das Tal der Kößnach
10. Über den Heizerberg und Steinernkreuz rund um Zinzenzell
11. Rund ums Büscherl
12. Im Tal des Schanzlgrabens
13. Steinerne Wand und Eixendorfer Stausee
14. Burgruine Kürnburg und Fernsicht vom Sattelberg
15. Zu den Granitblöcken auf der Käsplatte
16. Bahnwandern über den Roßberg
17. Klammerfelssteig
18. Sieben Gipfel und ein Felsenlabyrinth
19. Zwirenzel, Kathlfelsen und Arberblick
20. Geiganter Zwirenzelweg

Wandern in den Landkreisen Straubing-Bogen und Cham

In den Landkreisen Straubing-Bogen und Cham laden eine Vielzahl von markierten Wanderwegen zu Rundtouren ein. In diesem Buch stelle ich zwanzig der schönsten Touren der Region vor. Viele Gipfel und Wege sind euch sicher bekannt, wie zum Beispiel der Zwirenzel oder auch der Gibacht. Aber habt ihr schon mal vom Lauberberg, dem Sengersberg oder dem Klammerfelssteig gehört? Auch die Aussicht vom Kathlfelsen bei Geigant oder eine Wanderung durch den Stadtpark Straubings sind richtig beeindruckend. Oder der urige Rainer Wald, die Kraxelei über die Steinerne Wand bei Rötz oder das mystische Lixenrieder Felsenlabyrinth sind tolle Erlebnisse. Immer wieder zieht es mich auf die Wanderwege in dieser Region und jedes Mal finde ich neue Highlights. Weit über 2000 km Wanderwege gibt es hier, die nur darauf warten, entdeckt zu werden. Das Schöne auf diesen Wegen ist der stete Wechsel zwischen Wald und Wiese und das Auf und Ab über eine Vielzahl kleiner Hügel und Berge. Ich kann euch nur einladen, diese Touren zu testen oder auch mal auf eigene Faust loszuziehen. Wanderkarten gibt es in jedem guten Fachhandel. Viel Spaß beim Entdecken der Landkreise Straubing-Bogen und Cham. Es lohnt sich.

Lixenrieder Felsenlabyrinth

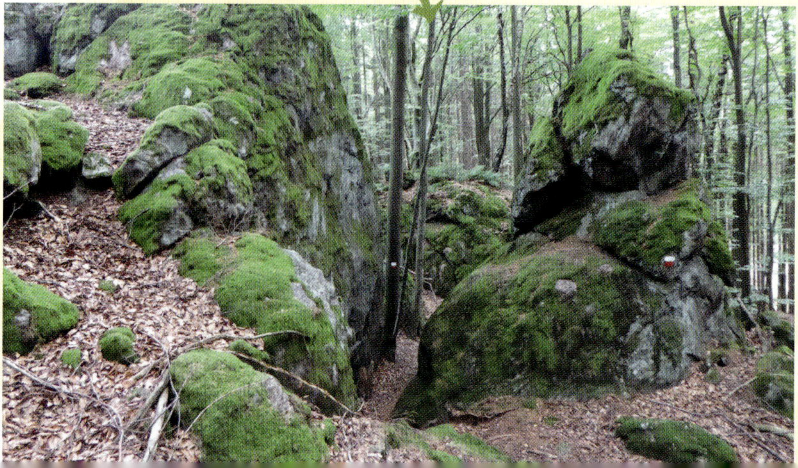

Der Goldsteig – der bekannteste Fernwanderweg Deutschlands

Der Qualitätswanderweg **„Goldsteig“** ist 660 km lang und führt von Marktredwitz über eine Nord- und Südroute nach Passau. Dabei durchquert er 100 Gemeinden, 5 Naturparks und den Nationalpark Bayerischer Wald. Er führt durch den Oberpfälzer Wald und den Bayerischen Wald und ist der vielseitigste Qualitätsweg in Deutschland. Seit 2018 gibt es eine Parallele auf tschechischer Seite, die auf 289 Kilometern von Chodová Planá bis zum Grenzübergang Marchhäuser führt. 13 neu eingerichtete „Grenzübergänge“ sorgen für einen grenzenlosen Wanderspaß. Mit allen Zuwegen, Alternativen und Rundwegen hat das Goldsteig-Wanderwegenetz eine Länge von weit über 2000 Kilometern und ist damit eines der größten Wanderwegenetze in Europa.

Der Goldsteig verbindet die schönsten Orte Ostbayerns miteinander. Burgruinen, Naturdenkmäler und unzählige Berggipfel liegen am Weg. Immer wieder kommt man durch malerische Ortschaften, vorbei an Teichlandschaften und durch romantische Flusstäler. Ein zertifizierter Qualitätswanderweg muss viele Gütekriterien hinsichtlich der Wegebeschaffenheit, der Naturattraktivität und der kulturellen Sehenswürdigkeiten erfüllen. Des Weiteren sind eine durchgängige Markierung und ein perfektes Wegweisersystem unabdingbar. Seit 2007 wird der Goldsteig alle drei Jahre durch den Deutschen Wanderverband geprüft. 2020 wurde er das vierte Mal erfolgreich nachzertifiziert. Der Goldsteig ist national und international etabliert und lockt sehr viele Wanderer in unsere Region. Seit 2017 bin ich als Wegemanager für den Goldsteig unterwegs und bin somit ein kleiner Teil dieses riesigen Wanderwegenetzes. Das macht mir richtig Spaß.

Viele der in diesem Wanderführer vorgestellten Touren führen auch über den Goldsteig. Da es in den Landkreisen Straubing-Bogen und Cham aber auch viele örtliche Wanderwege gibt, habe ich aus dem Goldsteig-Wanderwegesystem und den örtlichen Wanderwegen wunderschöne Rundwege zusammengestellt, die man mit Hilfe dieses Wanderführers nachwandern kann.

Mehr Infos zum Goldsteig findet ihr hier: *www.goldsteig-wandern.de*

Respektvoll auf dem Weg & mit der Natur

In den letzten Monaten sind immer mehr Menschen „outdoor“ unterwegs. Ob zu Fuß, mit dem Bike oder einfach nur, um die Natur zu genießen. Sie ist für uns alle ein wertvolles Gut und daher müssen wir sie jetzt und auch für die Zukunft schützen. Bitte verhaltet euch umsichtig, seid respektvoll zueinander und schützt die Umwelt. „Seid's freundlich zueinander!“

12 Tipps für „Respektvoll auf dem Weg & mit der Natur“:

1. Informieren Sie sich vor der Abfahrt über Ihr Ziel, die Anreise und mögliche Parkplätze.
2. Respektieren Sie Schutzzonen (z. B. im Nationalpark oder Auerhahnschutzgebiete)
3. Bleiben Sie auf Pfaden und Wegen. Respektieren Sie das Eigentum der Grundstücksbesitzer.
4. Schonen Sie Flora und Fauna.
5. Abfall gehört in den Rucksack.
6. Vermeiden Sie das Befahren und Begehen von Wald und Wiesen zur Dämmerung oder nachts. Tiere brauchen nachts ihre Ruhe.
7. Machen Sie kein offenes Feuer in der Natur.
8. Parken Sie nur auf offiziellen, ausgewiesenen Parkplätzen.
9. Nehmen Sie Ihren Hund in der freien Wildbahn bitte immer an die Leine und lassen Sie die Hinterlassenschaften nicht liegen.
10. Mountainbiken und Radfahren bitte nur auf ausgewiesenen Radwegen.
11. Betreiben Sie Wassersport oder Baden nur auf den dafür vorgesehenen Plätzen.
12. Berücksichtigen Sie stets Ihre eigene Fitness und was Sie sich zutrauen können.

Respektvoll – Auf dem Weg & mit der Natur – Ihr Tourismusverband Ostbayern

(Quelle: Tourismusverband Ostbayern e. V.)

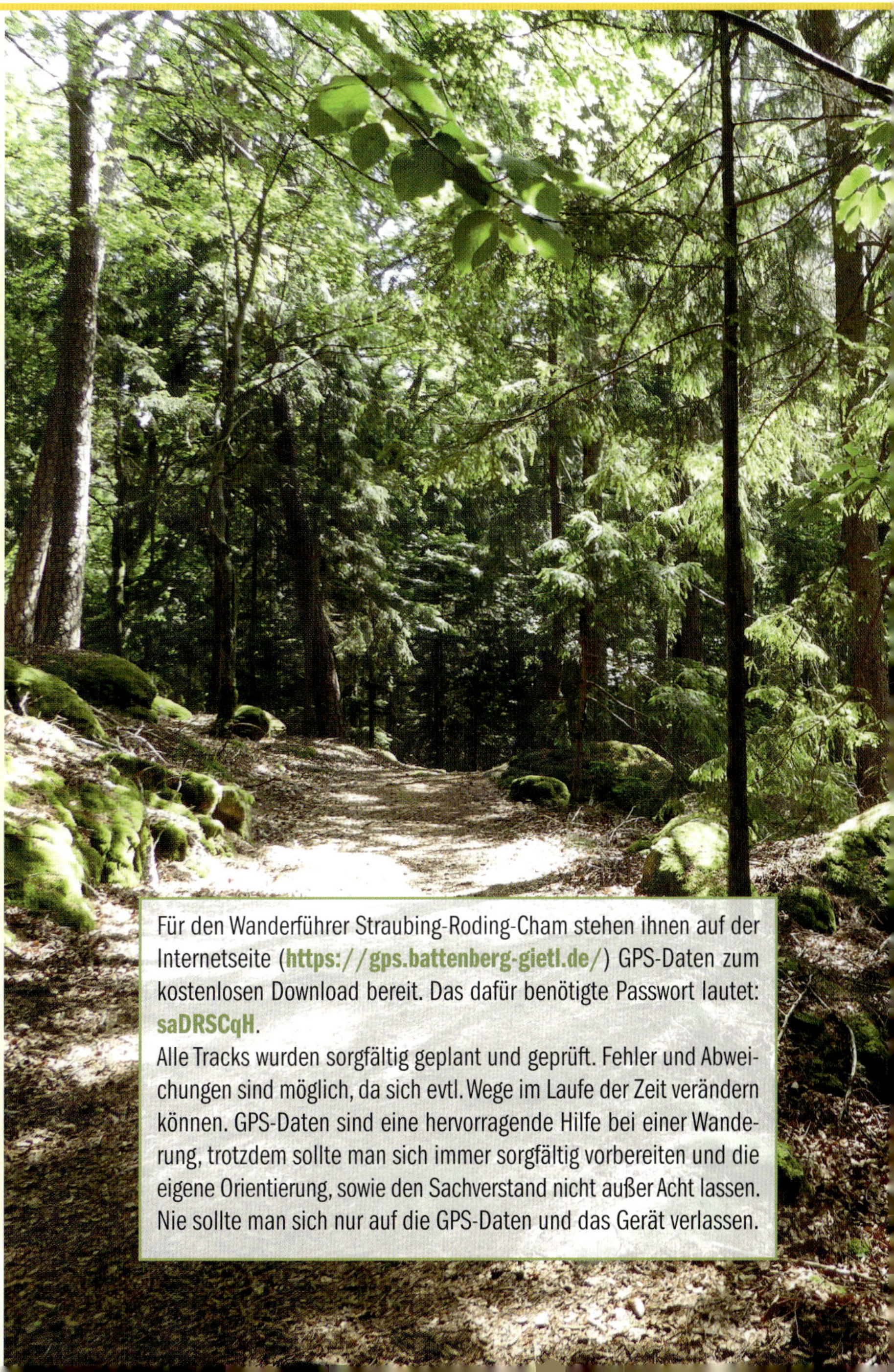

Für den Wanderführer Straubing-Roding-Cham stehen ihnen auf der Internetseite (**https://gps.battenberg-gietl.de/**) GPS-Daten zum kostenlosen Download bereit. Das dafür benötigte Passwort lautet: **saDRSCqH**.

Alle Tracks wurden sorgfältig geplant und geprüft. Fehler und Abweichungen sind möglich, da sich evtl. Wege im Laufe der Zeit verändern können. GPS-Daten sind eine hervorragende Hilfe bei einer Wanderung, trotzdem sollte man sich immer sorgfältig vorbereiten und die eigene Orientierung, sowie den Sachverstand nicht außer Acht lassen. Nie sollte man sich nur auf die GPS-Daten und das Gerät verlassen.

Markierungen in den Landkreisen Straubing-Bogen und Cham

Vier verschiedene Wanderwegsysteme erwarten den Wanderer in den beiden Landkreisen. Dies hängt damit zusammen, dass wir uns hier in drei verschiedenen Naturparks bewegen. Der Vordere Bayerische Wald, der Obere Bayerische Wald und der Bayerische Wald. Zusätzlich gibt es für Fernwanderwege wie den Goldsteig ein eigenes System.
Hier möchte ich euch ein paar Grundlagen zu den verschiedenen Systemen vorstellen:

Naturpark Bayerischer Wald (Landkreis Straubing-Bogen):

Rundwanderwege sind immer mit einer runden roten Markierung mit Zahl gekennzeichnet. Jede Gemeinde hat ihre eigenen Rundwege. Zielwege (One-Way) werden mit einem grünen Quadrat dargestellt. Sie führen von einem Startpunkt zu einem weit entfernten Zielpunkt und laufen durch viele verschiedene Gemeinden.

Naturpark Vorderer Bayerischer Wald (Östlicher Teil des Landkreis Cham):

Alle Wanderwege, ob Rundwanderwege oder Zielwege sind mit dem Wilden Mann und einer Zahl markiert. Aktuell werden diese durch eine Kombination aus Buchstaben und Zahlen ergänzt. Die ersten beiden Buchstaben stehen für die Gemeinde, z. B. „Mn“ für Michelsneukirchen und die Zahl weist

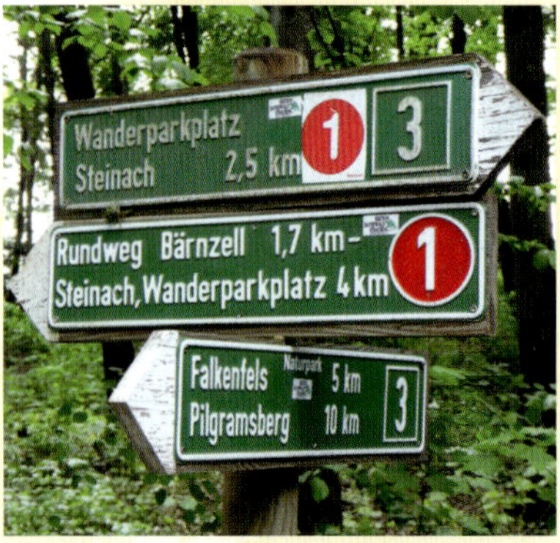

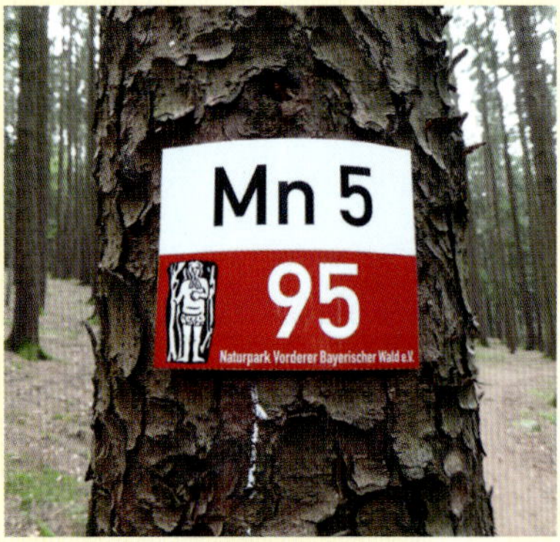

auf die Nummer des Wanderwegs hin. Als Beispiel möchte ich hier die Tour 5 nennen. Der Weg wird einerseits als „Wilder Mann 95“ und neu als „Mn 5“ gekennzeichnet.

Naturpark Oberer Bayerischer Wald (Landkreis Cham):

Hier wurde vor einigen Jahren das komplette Wanderwegsystem auf eine einheitliche Nummerierung geändert. Die Markierungen bestehen aus zwei Buchstaben (Abkürzung für die Gemeinde) und einer Zahl (laufende Nummer des Gemeindewanderwegs). „Wm 1“ steht hier beispielsweise für den Wanderweg „Waldmünchen 1“. An allen Kreuzungen findet man diese Zahlen-Buchstaben-Kombination und dazwischen wird mit einer rot-weißen Markierung der Verlauf des Weges gekennzeichnet. Ob Rund- oder Zielweg, beide Arten der Wegführung sind mit diesem System markiert.

Fernwanderwege:

Fernwanderwege werden mit dem Logo des Weges markiert. Exemplarisch wird der Goldsteig durchgängig mit dem „gelben S“ oder der Jakobsweg mit der „Jakobsmuschel“ gekennzeichnet. Fernwanderwege sind Mehrtageswege, welche in Tagesetappen eingeteilt sind (z. B. Goldsteig 38 Tagesetappen). Meist handelt es sich bei Fernwanderwegen um Zielwege, die von A nach B führen.

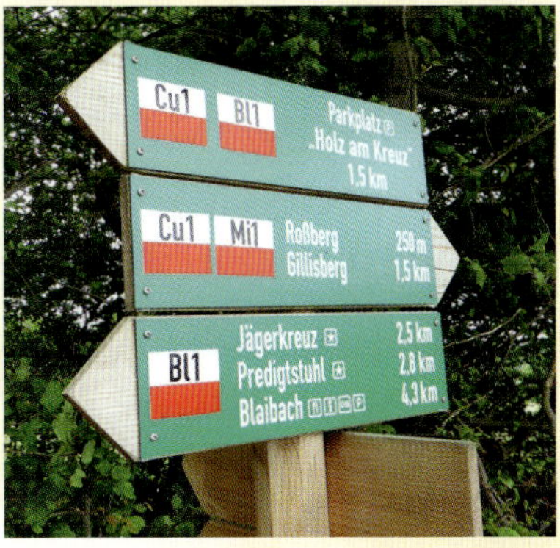

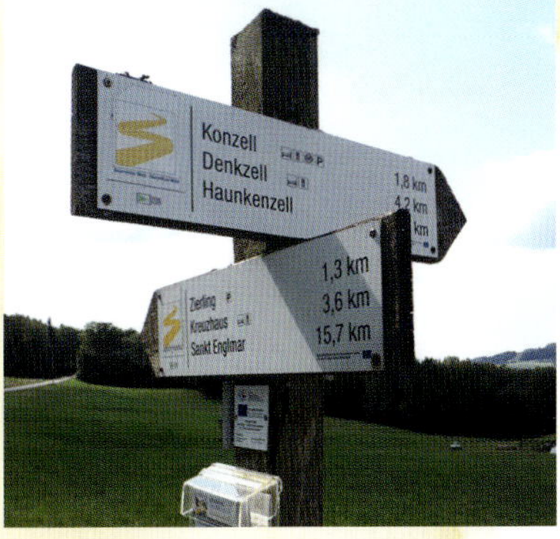

Mittel

7,2 km

↓↑ 218 m

2½ Std.

Auf den Pfaffenstein und zur Deifelsbuxn

Regenbrücke - Reichenbach - Pfaffenstein - Linden - Reichenbach - Kienleiten - Deifelsbuxn - Regenbrücke

Auf diesem Rundweg erwartet Sie der mystische Kraftort Pfaffenstein, tolle Blicke auf die Klöster Reichenbach und Walderbach und traumhafte Aussichten vom Felsplateau Deifelsbuxn.

Markierung:
Goldsteig, Wilder Mann 48, Oberpfalzweg und Wilder Mann 33

Parken:
Wanderparkplatz direkt an der Regenbrücke bei Reichenbach (Navi: Pfisterstraße, 93189 Reichenbach)

Tourist-Information:
Bodensteiner Str. 1
93189 Reichenbach
Tel. 0 94 64 / 7 84 30 17

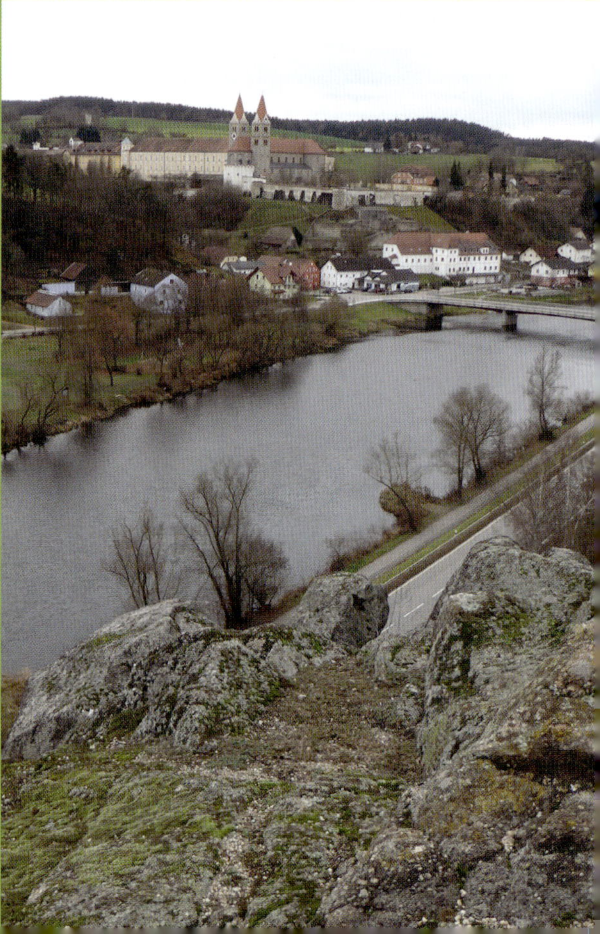

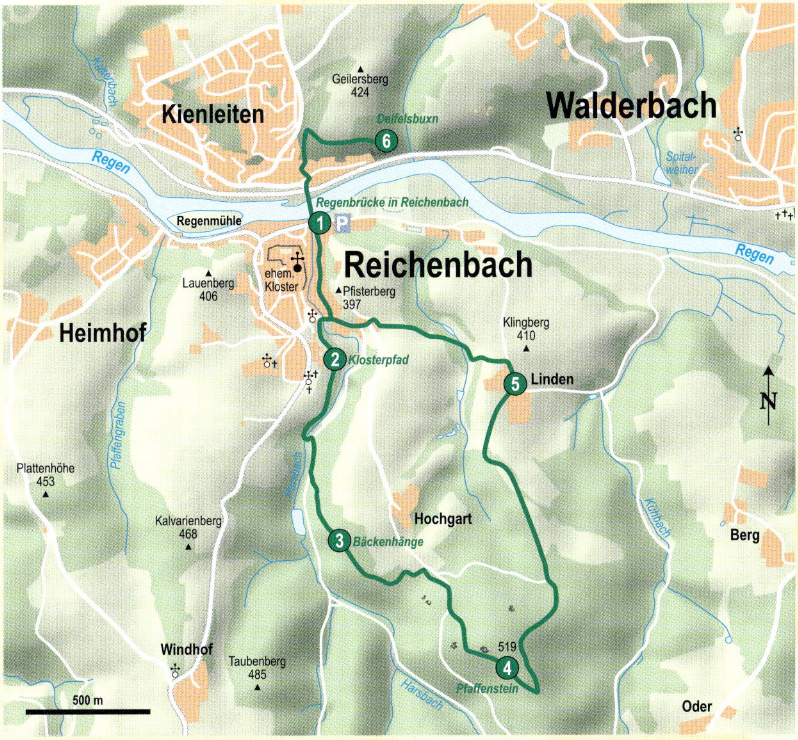

1 Regenbrücke in Reichenbach – Start/Ziel
2 Klosterpfad
3 Bäckenhänge
4 Pfaffenstein
5 Linden
6 Deifelsbuxn

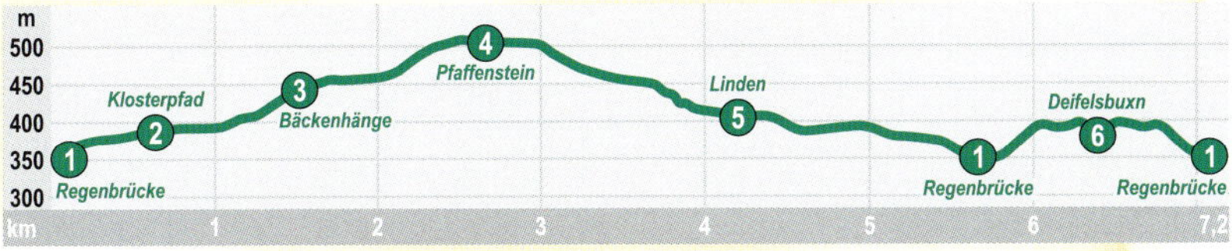

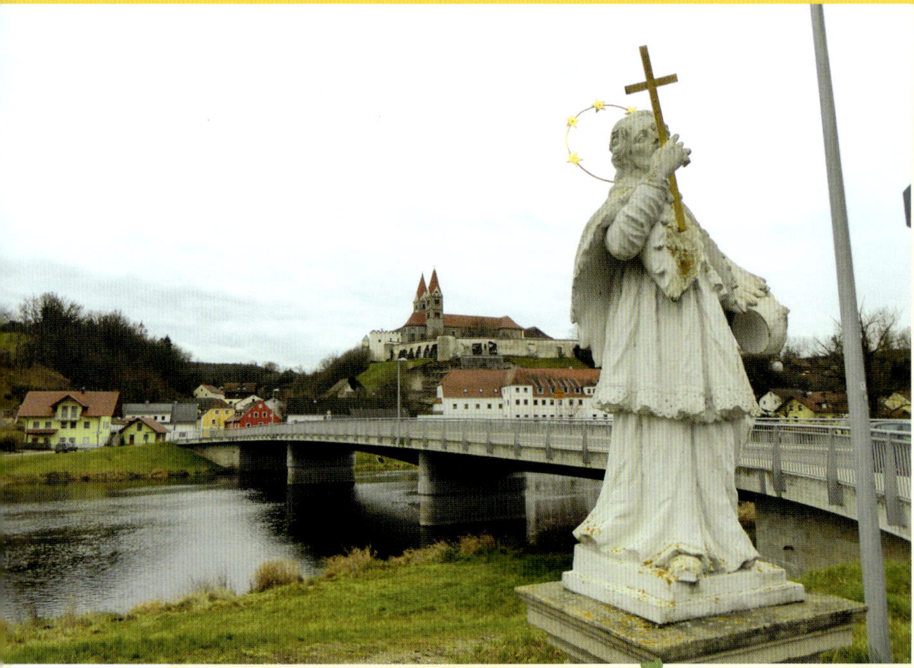

Die Regenbrücke bei Reichenbach

Die Tour startet an der Regenbrücke ❶ in Reichenbach. Von hier sehen wir auch schon auf der anderen Flussseite die imposante Deifelsbuxn, einen großen Aussichtsfelsen auf einem Bergrücken, der über dem Regen thront. Aber es geht zuerst hinauf zum Pfaffenstein. Wir folgen dem Goldsteig und der Pfisterstraße in den Ort hinein und halten uns nach 500 Metern rechts. Von hier haben wir eine traumhafte Sicht auf das Kloster Reichenbach.

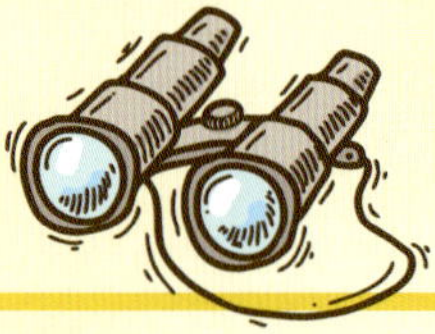

» Das Kloster Reichenbach liegt idyllisch oberhalb des historischen Ortes. «

Bei der Kapelle halten wir uns links, und auf einem kleinen Pfad ❷, der uns unterhalb des Klosters entlangführt, wandern wir weiter. Am Ende des Pfades kommen wir an einem mächtigen Kreuz vorbei und wandern geradeaus weiter. Wir folgen immer dem Goldsteig. Nach einem kurzen Stück auf einem Forstweg weist uns die Markierung

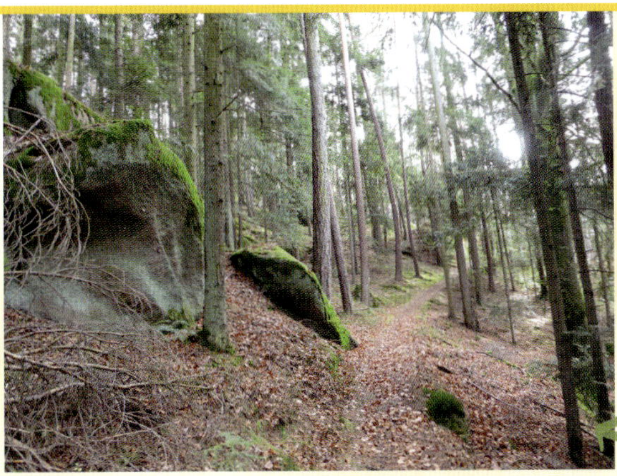

Steiler Pfad hinauf zu den Bäckenhängen

nach links auf einen steilen Pfad, der hinauf zu den Bäckenhängen 3 führt. Dieser Abschnitt ist super, denn der Weg führt an einem Hang entlang, rechts geht es steil hinunter und links tauchen immer wieder große Gesteinsblöcke auf. Das macht richtig Spaß, ist aber auch anstrengend, da es teils sehr ordentlich bergauf geht. Am Ende des Pfades biegen wir nach rechts auf einen Forstweg ab, dem wir für gut 200 Meter folgen. Am höchsten Punkt des Weges biegen wir nach links ab und nun ist es nicht mehr

Der Pfaffenstein – ein mystischer und energiegeladener Kraftort

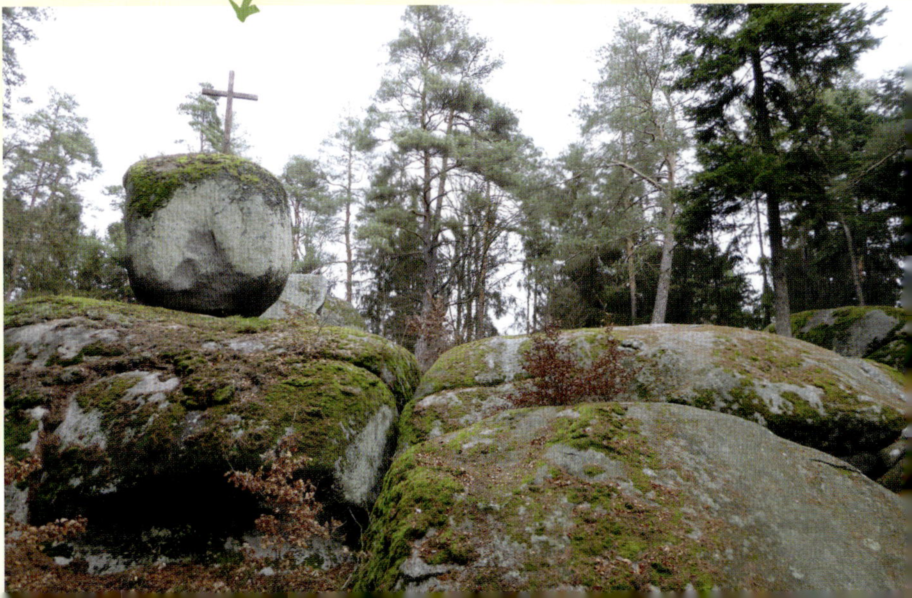

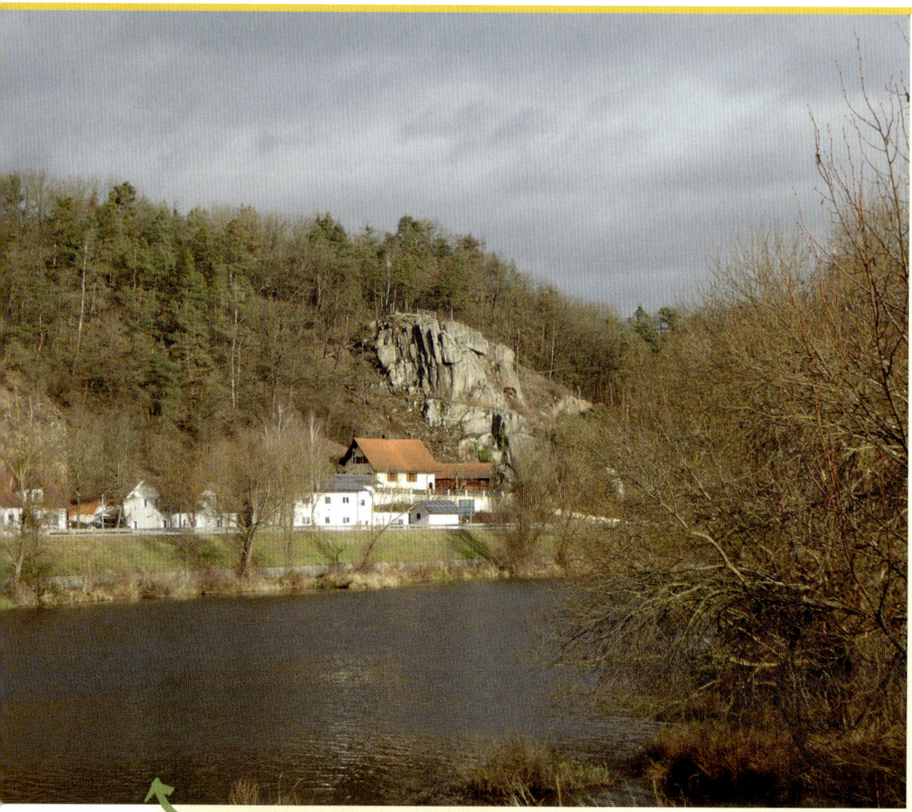

Die Deifelsbuxn vom Regen aus betrachtet

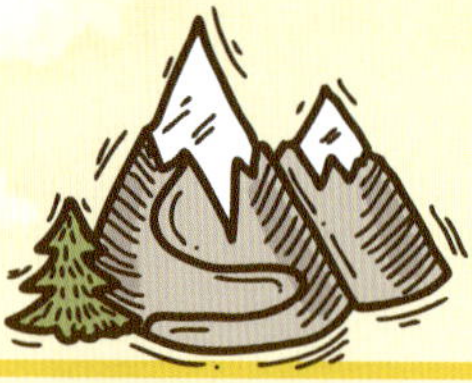

»Genießen sie traumhafte Ausblicke von der sagenhaften Deifelsbuxn.«

weit bis zum Highlight der Tour. Davor müssen wir aber noch ein paar Höhenmeter überwinden.

Dann erreichen wir endlich den imposanten Pfaffenstein ④ mit 519 m NHN. Auf dem Felsenmassiv befinden sich riesige Steinkugeln und auf der größten Kugel thront das Gipfelkreuz. Ein kleiner Pfad führt links am Gipfel vorbei und hinauf auf das Plateau. Man spürt richtig die Energie, welche von diesem magischen Ort ausgeht. Auf der Rastbank am Weg sollte man eine Pause einlegen und die Ruhe des mystischen Platzes genießen.

Wir folgen für 100 Meter wieder dem Goldsteig. An der nächsten Kreuzung biegen wir scharf links ab und wandern nun auf der Markierung „Wilder Mann 48" weiter. Der Waldweg führt uns den Berg hinab und am Ende des Waldes sehen wir auch schon die Ortschaft Linden ❺. Im Tal erspähen wir das mächtige Kloster Walderbach. Im Ort biegen nach links ab und folgen nun bis nach Reichenbach der Markierung „Oberpfalzweg". Gleich am Ortsende von Linden halten wir uns links und bei der Baumgruppe biegen wir nach rechts auf einen Wiesenweg ab.

Über einen Bach und einen kleinen Anstieg führt uns ein Forstweg zurück nach Reichenbach. Dort treffen wir wieder auf den Goldsteigabschnitt vom Anfang der Wanderung. Es geht wieder zurück zu unserem Startpunkt. Nun überqueren wir die Regenbrücke ❶ und erreichen den Ortsteil Kienleiten. Ab hier folgen wir der Markierung „Wilder Mann 33". Wir gehen über die Staatsstraße und biegen nach rechts in die Regenstraße ein. Nach ein paar Metern sehen wir auf der linken Seite eine Treppe, die uns den Anstieg hinaufführt. Rückblickend haben wir wieder eine tolle Sicht auf das Kloster Reichenbach. Nachdem wir das obere Ende der vielen Stufen erreicht haben, ist es nicht mehr weit und wir verlassen auch schon wieder den Ort.

Es geht nun einen guten Kilometer auf einem wilden und wurzeligen Waldpfad weiter. Auch dieser Abschnitt macht wieder richtig

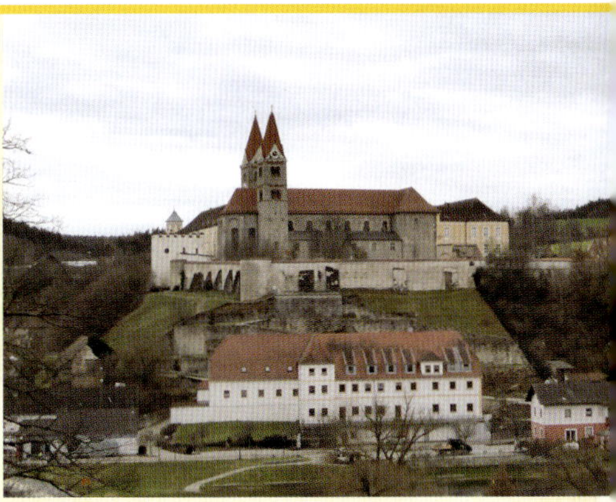

Spaß. Wir erreichen das Hinweisschild, welches uns zum Aussichtspunkt Deifelsbuxn führt. Über einen Stichweg kommen wir auf das Aussichtsplateau der Deifelsbuxn ❻. Wir finden hier eine traumhafte Sicht auf den Regen, den Ort Reichenbach und das Kloster vor. Der Aussichtspunkt ist gut gesichert mit einem Geländer und auch hier lohnt es sich, eine Pause einzulegen und den wundervollen Ort zu genießen. Auf dem gleichen Weg gehen wir wieder zurück zu unserem Parkplatz am Regen ❶.

Essen/Einkehren:

Klosterschänke Barmherzige Brüder
Eustachius-Kugler-Straße 2
93189 Reichenbach
Tel. 0 94 64 / 1 04 14

Öffnungszeiten:
Montag – Freitag ab 9 Uhr,
Samstag ab 14 Uhr und
Sonntag ab 11.30 Uhr geöffnet.

Leicht

4,1 km

↓↑ 78 m

2 Std.

Das wildromantische Höllbachtal

Postfelden – Losmühle – Höllbachtal – Dosmühle – Postfelden

Die Hölle, der Klassiker – Rundweg durch das wildromantische Naturschutzgebiet Höllbachtal

Markierung:
Rundweg Hölle, Goldsteig

Parken:
Wanderparkplatz in Postfelden (Navi: Postfelden 20, 93191 Rettenbach)

Tourist-Information:
Schulstraße 2
93191 Rettenbach
Tel. 0 94 62 / 91 00 26

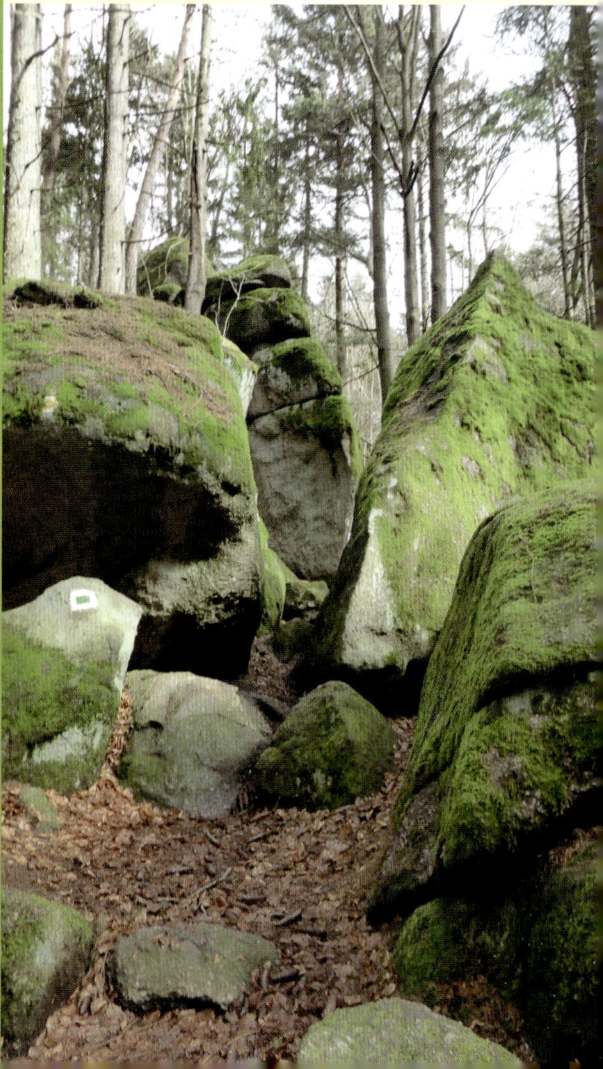

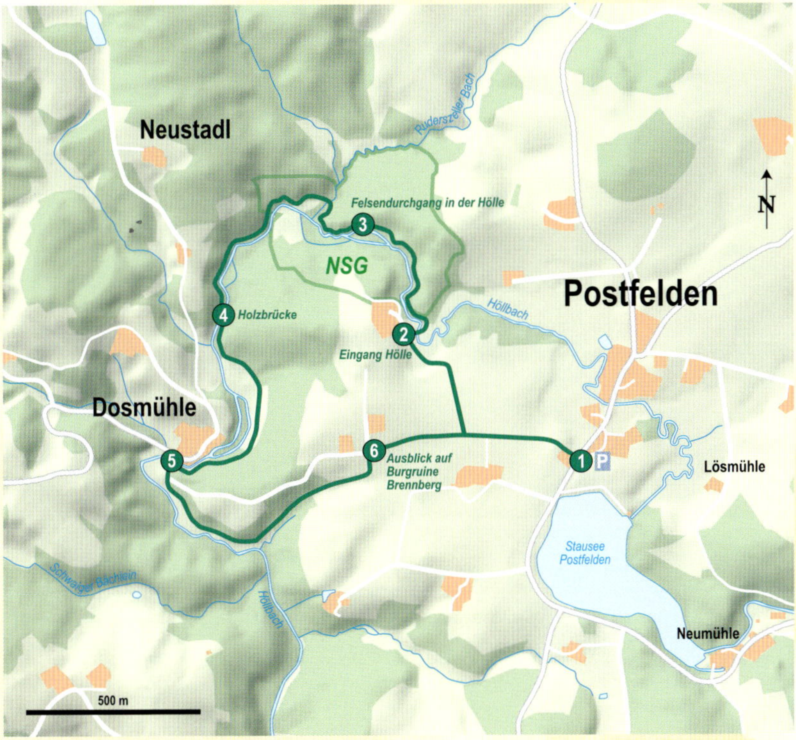

❶ Postfelden – Start/Ziel

❷ Eingang Hölle

❸ Felsendurchgang in der Hölle

❹ Holzbrücke

❺ Dosmühle

❻ Ausblick auf die Burgruine Brennberg

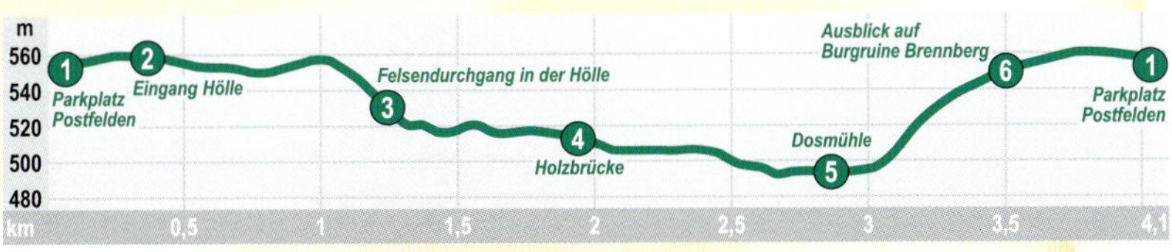

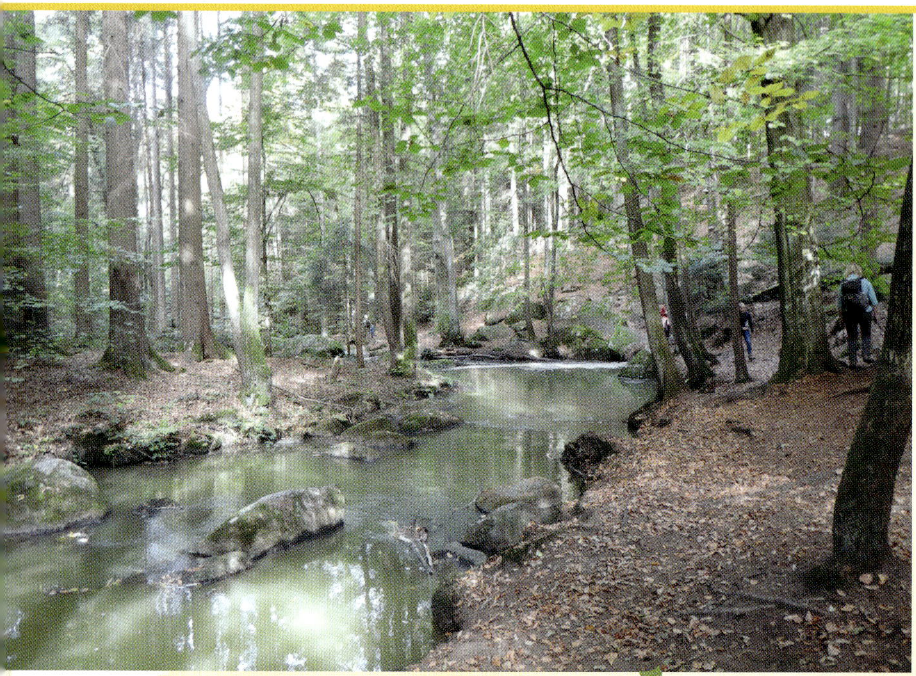

Beginn der Hölle

Wir starten unsere Tour im Ort Postfelden und parken auf einem der beiden Wanderparkplätze ①. Die Tour ist markiert mit dem „Wilden Mann 149" und auch gleichzeitig mit der Markierung des Goldsteigs, der durch das Höllbachtal führt. Über eine kleine Straße verlassen wir Postfelden und biegen nach 300 Metern rechts auf einen Feldweg ein.

Nach kurzer Zeit sehen wir die Losmühle und die Holztafel „Zur Hölle" ②. Hier biegen wir nach rechts ab und stehen auch schon direkt am Höllbach. Nun beginnt der sehenswerte und wildromantische Abschnitt durch das Höllbachtal. Anfangs sind das Tal und der Pfad noch ein wenig breiter, was sich aber bald ändert. Vorbei an riesigen Granit- und Gneisblöcken, die im ganzen Tal

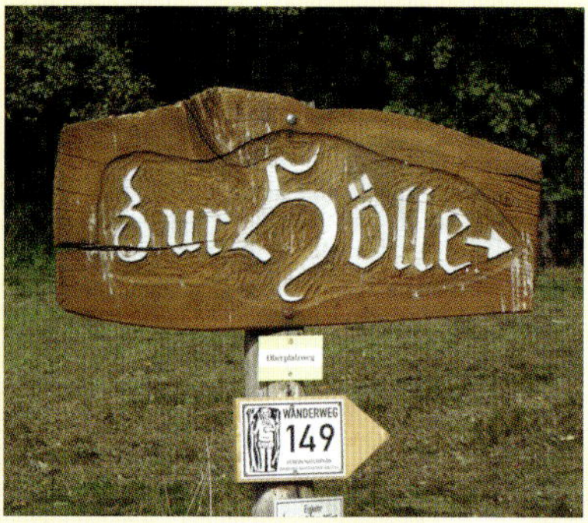

Felsendurchgang in der Hölle

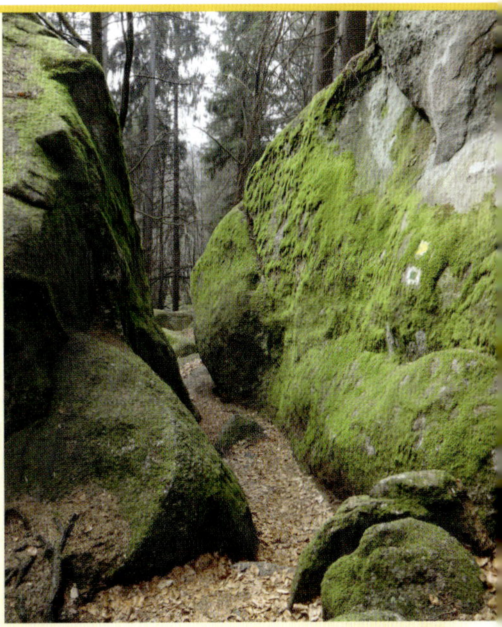

zu finden sind, geht es immer leicht bergab. So verführerisch auch ein Abstecher auf die Felsen im Bach sein mag, wir befinden uns in einem Naturschutzgebiet und man sollte auf den Wegen bleiben (Wegegebot).
Wir wandern auf der rechten Seite weiter bachabwärts, über Stock, Stein und einmal sogar durch einen Spalt zwischen zwei riesigen Granitfelsen ③. Ein kleiner Sprung am Ende und schon sind wir durch. Überall entdeckt man die wunderschönen und eindrucksvollen Wollsackverwitterungen. Das Wasser rauscht zwischen den Granitblöcken

Bemooste Felsen im Höllbach

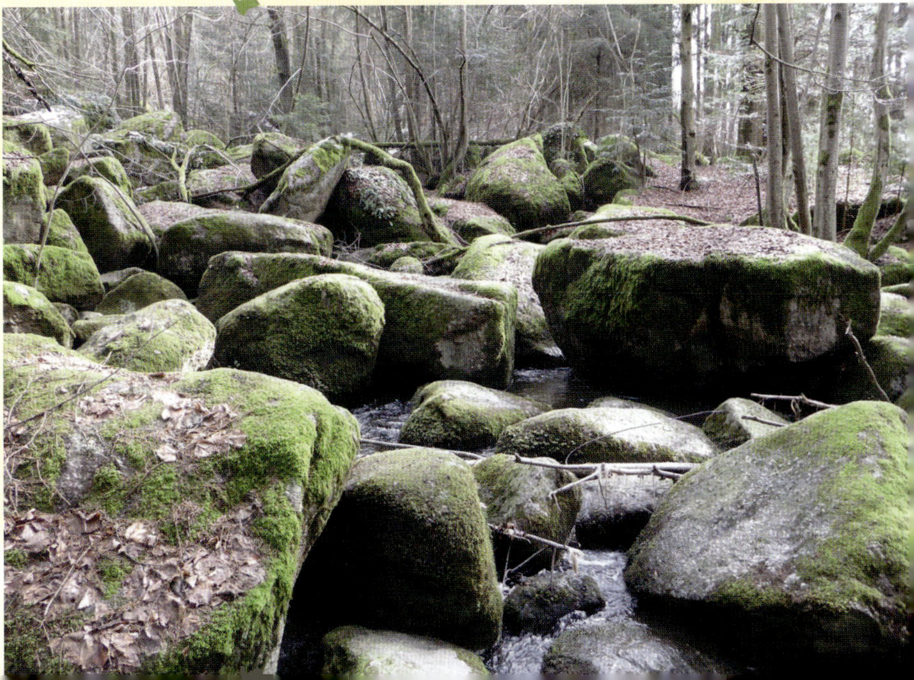

bachabwärts und es gibt immer irgendwo etwas zu entdecken. Nach einer Rechtskurve des Baches treffen wir auf einen Holzsteg, wo wir den Ruderszeller Bach überqueren, der hier in den Höllbach fließt. Hier gibt es auch eine Rastbank, auf der sich eine Pause lohnt. Auf einem Pfad am steilen Hang geht es weiter.

Das Tal wird nun breiter und es geht auf und ab über einen wurzeligen Pfad. Das macht richtig Spaß. Wir treffen auf eine weitere Holzbrücke 4 und überqueren ein weiteres Mal den Höllbach. Danach halten wir uns rechts und nach 50 Metern wieder links. Es geht ein kleines Stück steil bergauf. Über einen Wiesenpfad mit traumhafter Aussicht erreichen wir den nächsten Waldweg, wo wir uns rechts halten. Vor uns sehen wir auch schon die Dosmühle 5.

»Besonders für Kinder ist die Tour durch die Hölle ein echtes Erlebnis.«

Holzbrücke über den Höllbach

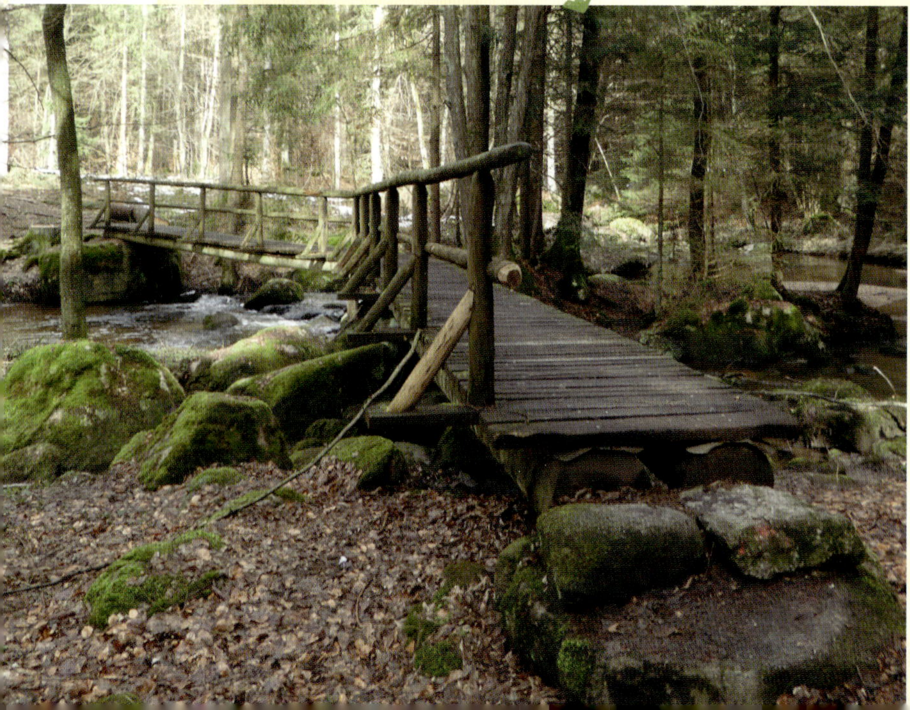

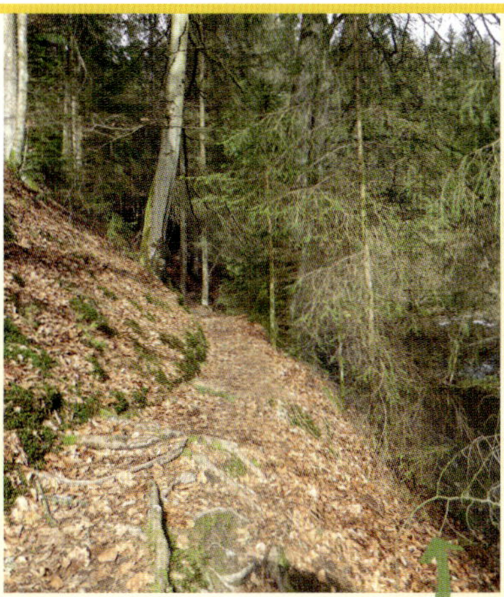

Wurzeliger Hangpfad im Höllbachtal

An der Straße halten wir uns links und nach 10 Metern gleich wieder rechts. Über einen breiten Weg geht es weiter durch das Tal. Nach 100 Metern biegen wir nach links auf einen Waldpfad ein. Steil und schräg am Hang entlang führt uns dieser nun wieder bergauf. Nach einiger Zeit treffen wir auf riesige Felsen mitten im Wald und ein Stück weiter oben auf eine Kreuzung.

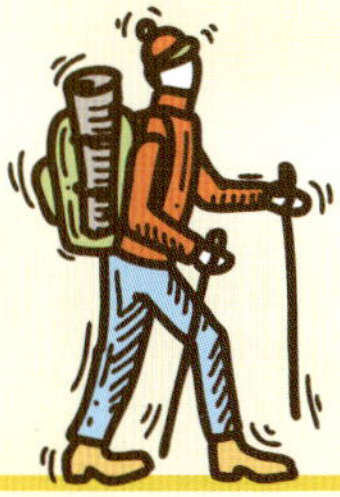

» Die „Höllentour" ist der Klassiker schlechthin. «

Der Goldsteig knickt hier nach rechts ab, aber wir halten uns hier links und folgen der Markierung „Rundweg Hölle". Nun beginnt der kurze, aber steile Aufstieg. Über einen Waldweg erreichen wir nach ein paar Metern einen Wiesenweg. Hier sehen wir auch schon wieder die Straße vom Beginn der Tour.
Wir halten uns zuerst links und biegen an der Straße nach rechts ab. Wenn wir zurückschauen, haben wir eine imposante Sicht auf die Burgruine Brennberg 6, die ebenfalls einen Besuch wert ist. Vorbei am Eingang zur Hölle gehen wir immer geradeaus weiter und erreichen wieder den Startpunkt unserer Tour 1.

TIPP: Da die Hölle vor allem an Wochenenden sehr gut besucht wird, lohnt es sich, diese Tour an einem Werktag zu unternehmen.

Essen/Einkehren:

Hofstube Röhrenhof
Röhrenhof 1, 93191 Rettenbach
Tel. 0 94 84 / 2 34
Öffnungszeiten:
Freitag und Samstag 11.30 Uhr - 24 Uhr,
Sonn- und Feiertage 11 - 24 Uhr

Hofcafé „Zur Hölle"
Postfelden 21, 93191 Rettenbach
Tel. 0 94 62 / 8 65 95 57
Öffnungszeiten:
Samstag und Sonntag 13 - 18 Uhr

Über den Semmelberg zum mystischen Lauberberg

Mittel

8,9 km

↓↑ 226 m

3 Std.

Falkenstein – Hundessen – Semmelberg – Breitenberg – Marienstein – Lauberberg – Falkenstein

Aussichtsreicher Rundweg zum steinigen Semmelberg, zum sagenhaften Marienstein und zum mystischen Lauberberg.

Markierung:
034, WM 113, Oberpfalzweg und Goldsteig

Parken:
Wanderparkplatz am Ortsende von Falkenstein Richtung Breitenbach (Navi: Zeller Straße, 93167 Falkenstein)

Tourist-Information:
Marktplatz 1
93167 Falkenstein
Tel. 0 94 62 / 94 22-0

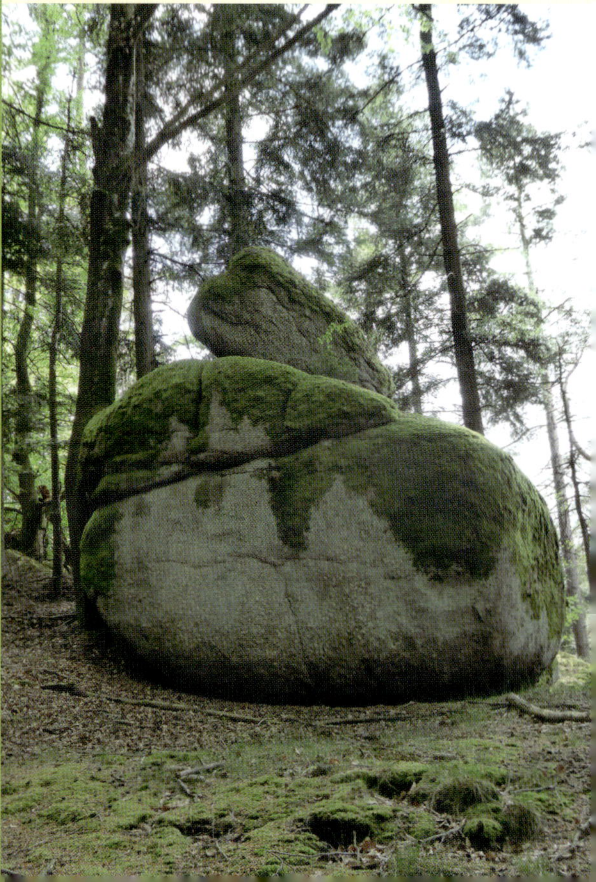

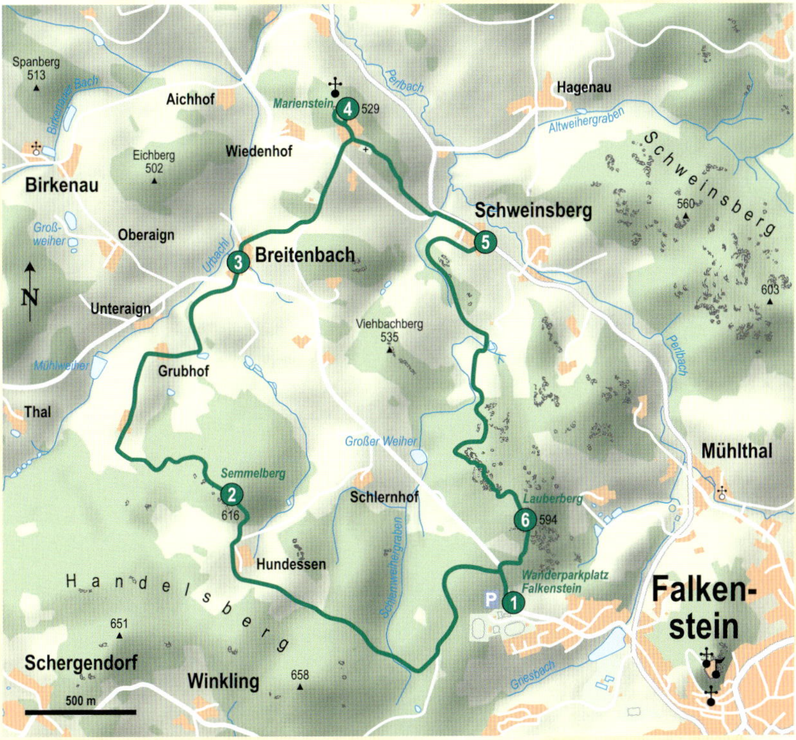

1 Wanderparkplatz bei Falkenstein – Start/Ziel

2 Semmelberg

3 Breitenbach

4 Marienstein

5 Schweinsberg

6 Lauberberg

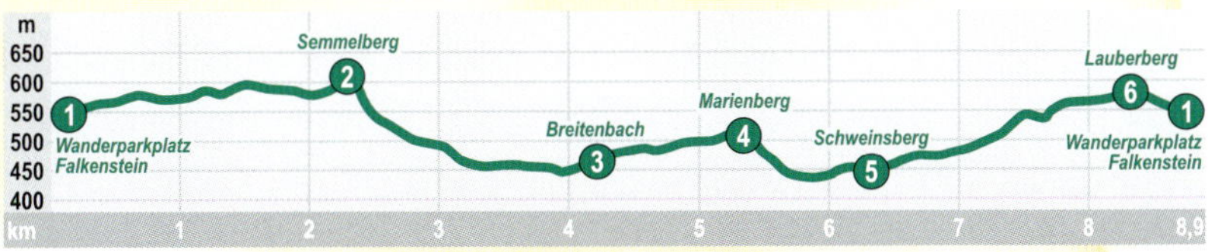

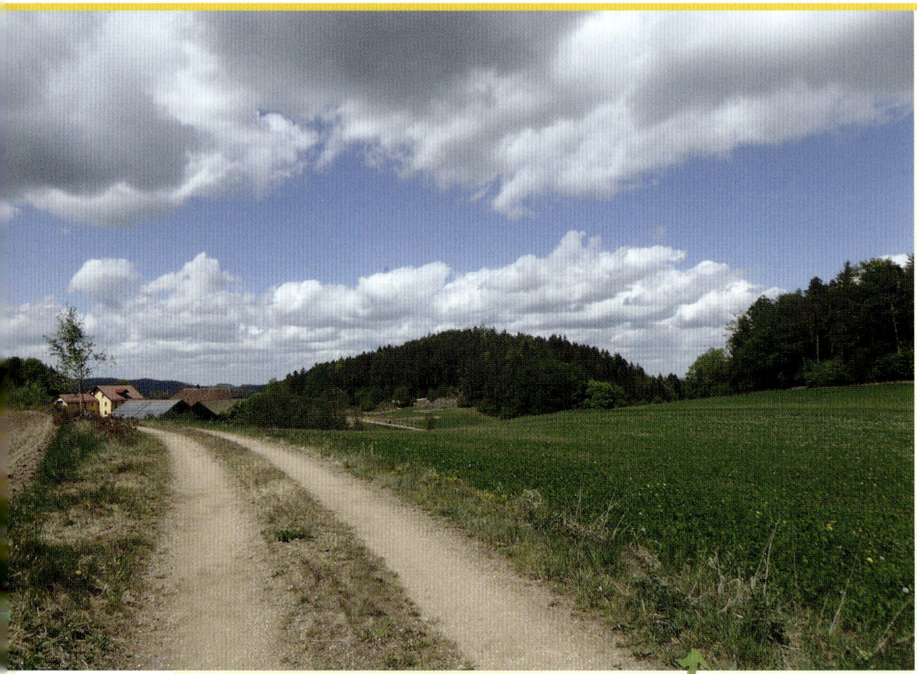

Der Semmelberg kurz vor Hundessen

Die Tour beginnt am Wanderparkplatz ① 200 Meter außerhalb von Falkenstein in Richtung Breitenbach. Wir folgen der Straße für 150 Meter ortsauswärts. Dort treffen wir auf den Goldsteig und halten uns hier links. Auf einem Forstweg geht es nun 500 Meter leicht bergauf.

An einer Kreuzung wechseln wir die Markierung und folgen nun der „034“ nach rechts. Über einen Waldweg geht es jetzt wieder leicht bergab. Am Waldrand führt uns ein Feldweg über eine schöne Wiesenlandschaft in Richtung des kleinen Weilers Hundessen. Hinter den Häusern sehen wir auch schon unser nächstes Zwischenziel, den Semmelberg. Es geht einmal um den Weiler herum und hier müssen wir uns entscheiden. Die Markierung „Wilder Mann 113“ führt um den

» Kraxeln am Semmelberg macht nicht nur den Kindern Spaß. «

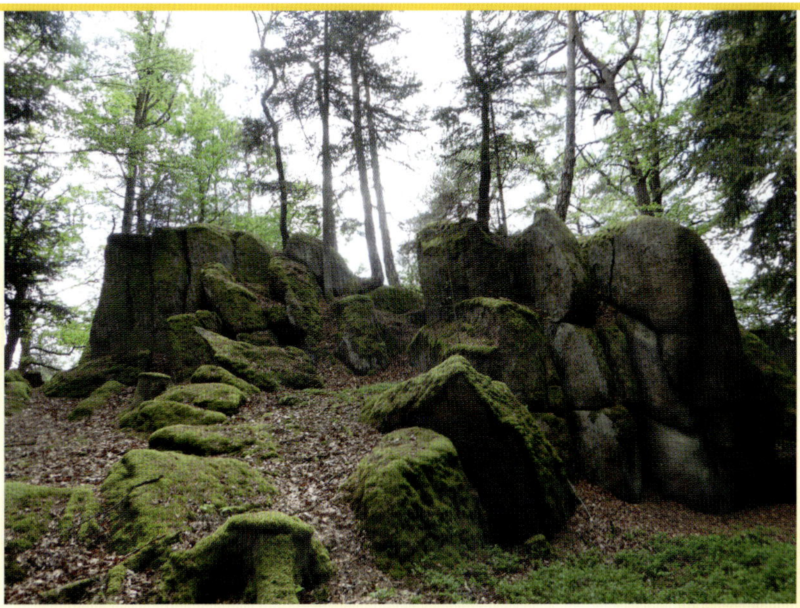

Kraxelei am Semmelberg

Semmelberg herum und der unmarkierte Abschnitt direkt über den Gipfel. Beide Wege treffen auf der anderen Seite des Semmelbergs wieder zusammen. Wir gehen den unmarkierten Weg und biegen nach Hundessen neben einem kleinen Steinbruch, nach links ab. Ein steiler Weg führt in den Wald hinein und nach 200 Metern stehen wir auch schon auf dem sehr steinigen Gipfel des Semmelbergs 2.

Wir folgen nun dem Waldweg immer geradeaus, der nach kurzer Zeit zu einem schwer zu erkennenden Pfad wird. Bitte aufpassen, es ist sehr steinig und teilweise richtig steil. Aber der Weg lohnt sich, denn man kommt an ganz vielen tollen Felsformationen vorbei. Unten angekommen treffen wir wieder auf den Wanderweg „Wilder Mann 113“, dem wir nun nach links folgen. Nach kurzer Zeit biegt dieser zuerst nach rechts und dann gleich wieder nach links auf einen Pfad ab. Am Waldrand geht es auf einem Wiesenweg geradeaus weiter, bis wir auf einen Feldweg treffen, dem wir nach rechts folgen. Vorbei an einem Bauernhof wird der Feldweg zu einer kleinen Straße und wir erreichen bergab Grubhof.

Wir folgen immer der Straße, bis wir auf eine Kreuzung treffen, die wir in Richtung des Ortes Breitenbach 3 überqueren. Im Ort halten wir uns einmal links und an einem Holzhaus gleich wieder rechts. Nun geht es 500 Meter bergauf, bis wir auf eine Straßenkreuzung treffen. Hier verlassen wir die Markierung „Wilder Mann 113“ und folgen nun dem „Oberpfalzweg“ nach links.

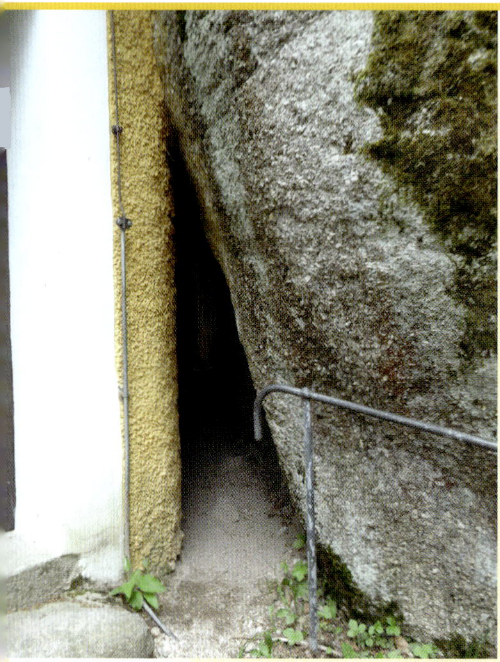

Der Büßergang auf dem Marienstein

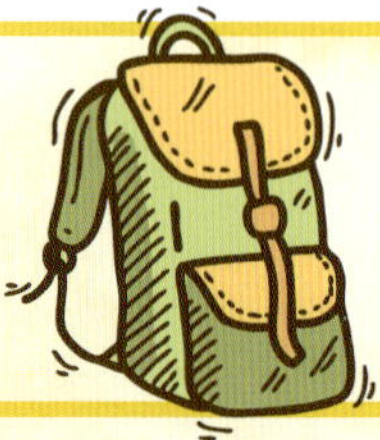

»Bei Marienstein kann man seine Sünden an einem schmalen Felsenspalt abstreifen.«

Nach 500 Metern erreichen wir den Ort Marienstein ④ und seine wunderschöne Kirche. Wir gehen hinauf zur Kirche und umrunden diese. Bei der Kirche gibt es einen Spalt zwischen dem Gebäude und einem mächtigen Felsblock. Da müssen wir durch, denn laut Sage streift man damit seine Sünden ab.

Dann geht es über eine Treppe wieder hinab zum großen Platz von Marienstein. Hier halten wir uns links und folgen nun dem Goldsteig bis zum Ende der Tour. Vorbei am kleinen Friedhof geht es hinein in ein felsiges Waldstück. Am Waldrand müssen wir uns zuerst rechts und dann gleich wieder links halten. Über einen Wiesenweg gehen wir hinab zur Straße, wo wir uns links halten und an der Kreuzung gleich wieder rechts. Wir folgen für 200 Meter der Straße in den Ort Schweinsberg ⑤. Am Ortsende biegen wir nach rechts ab und es geht wieder auf einem Asphaltweg leicht bergauf. Oberhalb Schweinsberg wird dieser zu einem Waldweg und wir kommen an einer mächtigen Gesteinsformation vorbei. Am Waldrand gehen wir geradeaus weiter. Über einen Feldweg geht es nun durch eine tolle mit Felsen gesäumte Wiesenlandschaft.

Kurz bevor wir den Wald erreichen, steht eine Rastbank, an der man unbedingt halten und den Blick zurück genießen sollte. Jetzt geht es wieder in den Wald hinein und der Aufstieg zum Lauberberg beginnt. Zuerst auf einem Waldweg, der später in einen Pfad übergeht, sehen wir ein Felsentor auf der linken Seite. Der kleine Abstecher ist sehr empfehlenswert, denn man kann hier tolle Fotos von diesem Felsengebilde machen.

Danach geht es weiter bergauf auf dem Pfad und wir treffen auf einen Waldweg, dem wir nach rechts folgen. Es geht bergab und um eine Linkskurve, wo uns ein Wegweiser nach links auf einen Pfad weist. Auf einem steilen Weg wandern wir nun bergauf. Am Ende wird es richtig felsig und oben angekommen sollte man zum Felsenplateau auf der rechten Seite gehen. Eine hohle Buche, die anscheinend schon viel erlebt hat und ein toller Blick zurück auf Marienstein belohnen uns. Weiter geht es auf dem Bergrücken des Lauberbergs. Steinig und wurzelig ist der Pfad. Wir treffen wieder auf einen Waldweg, dem wir nun nach links folgen. Dieser bringt uns nun zum eigentlich Gipfel des Lauberbergs ⑥. Er befindet sich 10 Meter abseits des Weges auf der rechten Seite. Der Gipfel ist auf einem Felsenplateau mit steil abfallenden Hängen und Aussicht.

Weiter geht es nun bergab auf dem Pfad, wieder durch mächtige Felsen hindurch. Unten angekommen treffen wir auf einen Waldweg, dem wir nach rechts folgen, bis wir die Straße erreichen. Wir sind jetzt wieder genau da, wo wir unsere Wanderung begonnen haben. An der Straße halten wir uns links und nach 150 Metern erreichen wir wieder unseren Parkplatz ①.

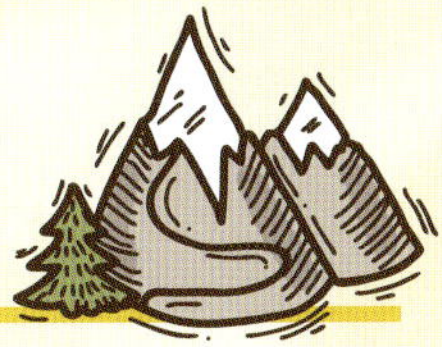

»Der Lauberberg beeindruckt mit riesigen Schalensteinen.«

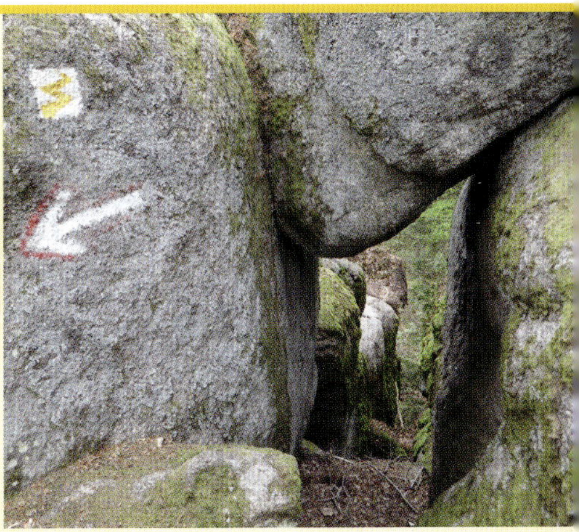

Felsentor direkt auf dem Lauberstein

Essen/Einkehren:

Gasthaus zur Post
Marktplatz 8, 93167 Falkenstein
Tel. 0 94 62 / 2 13
Öffnungszeiten: tgl. 7 – 24 Uhr

Burggaststätte Falkenstein
Burgstr. 10-12, 93167 Falkenstein
Tel. 0 94 62 / 91 11 29
Öffnungszeiten: Di – So ab 11 Uhr durchgehend geöffnet

Gasthaus Eder
Marienstein 3, 93167 Falkenstein
Tel. 09462/221
Öffnungszeiten: tgl. geöffnet, Montag Ruhetag

Schwer

10,1 km

↓↑ 420 m

3½ Std.

Geheimnisvolle Burgruine Sengersberg und sagenhafter Schweinsberg

Au – Hagenau – Schweinsberg – Ettmannsdorf – Hagenau – Sengersberg – Au

Vielfältiger Rundweg mit tollen Fernsichten und Highlights, die entdeckt werden wollen.

Markierung:
Wilder Mann 94 und 140

Parken:
Parkplatz in der Nähe des Gasthauses „Zur Grünen Au" (Navi: Au, 93167 Falkenstein)

Tourist-Information:
Marktplatz 1
93167 Falkenstein
Tel. 0 94 62 / 94 22-0

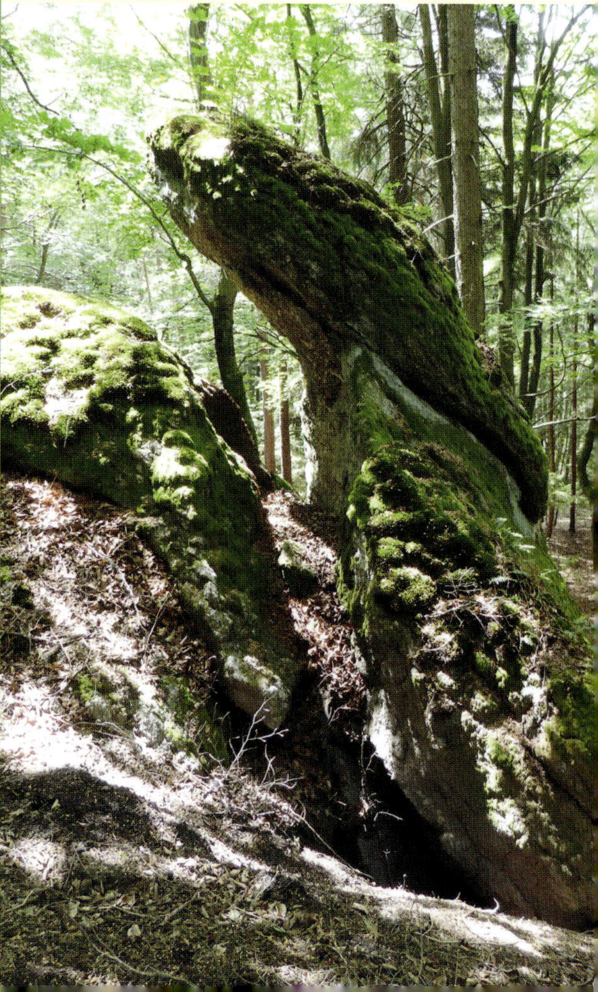

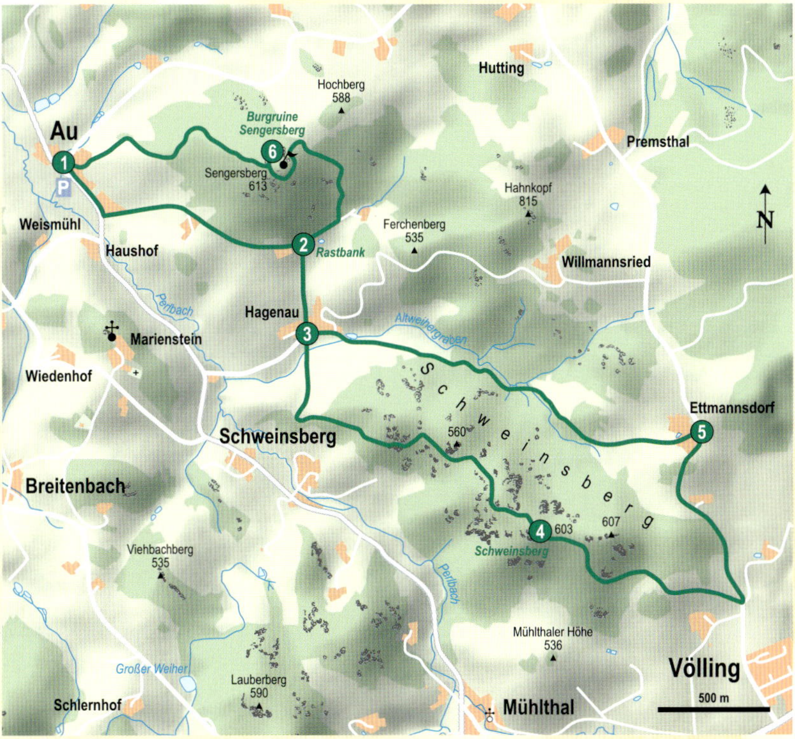

1 Au - Start/Ziel

2 Rastbank mit Aussicht

3 Hagenau

4 Schweinsberg

5 Ettmannsdorf

6 Burgruine Sengersberg

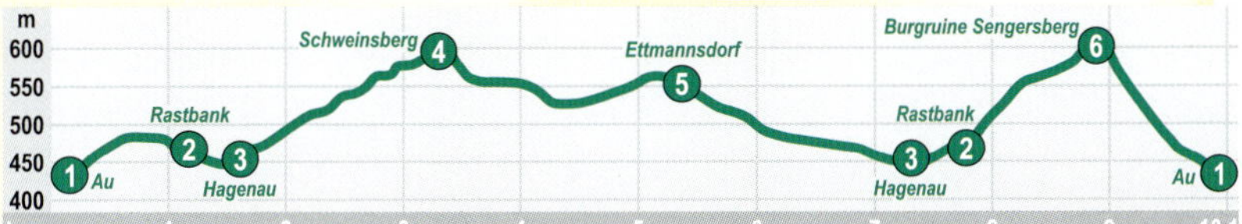

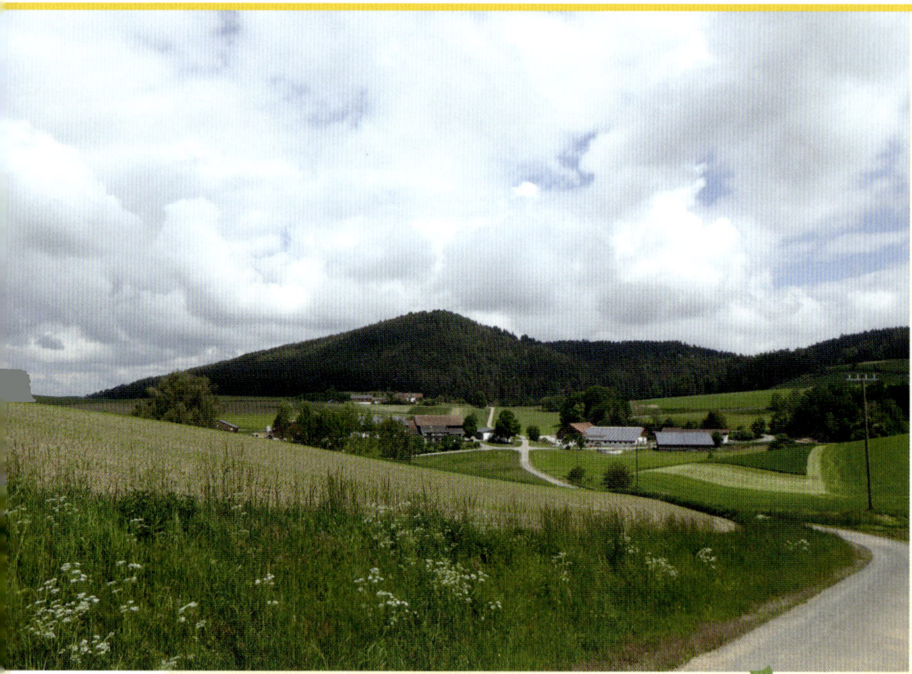

Blick auf Hagenau und den Schweinsberg

Wir starten unsere Tour im Ort Au ①, direkt am Gasthaus zur Grünen Au und folgen anfangs der Markierung „Wilder Mann 94". Es geht für 200 Meter an der Straße entlang, in Richtung Falkenstein. Am Ortsende biegen wir nach links ab und der erste Anstieg beginnt. Über eine kleine Straße geht es nun bergauf. Die ersten 50 Höhenmeter liegen vor uns. Wir haben von hier bereits eine traumhafte Fernsicht, u. a. sehen wir die Kirche Marienstein, die hoch auf dem Nachbarberg thront.

Kurz nach dem zweiten Bauernhof – wir sind nun ca. einen Kilometer auf der kleinen Straße unterwegs – biegen wir nach rechts auf eine weitere kleine Straße ab. An dieser

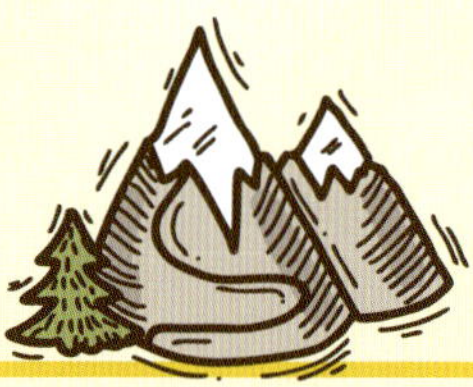

» Der Weg am Schweinsberg ist mit vielen bizarren Felsgebilden gesäumt, um die sich eine Sage rankt. «

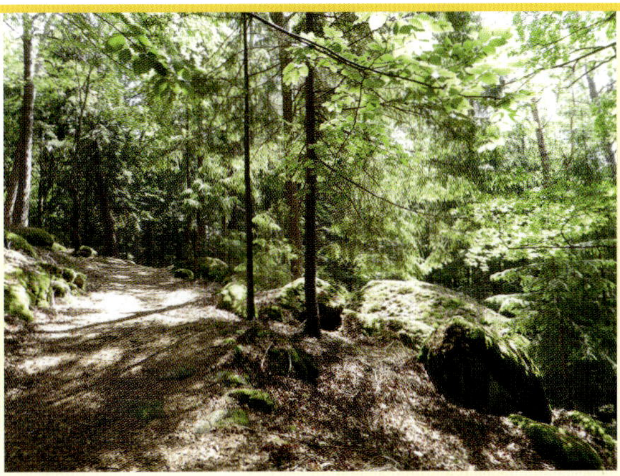

Idyllischer Waldweg am Schweinsberg

Kreuzung befinden sich ein Wegweiser und eine kleine Bank ❷.

Es geht hinab zum kleinen Ort Hagenau, wo wir auf unsere nächste Markierung treffen. Einmal gerade über die Kreuzung ❸ folgen wir nun der Markierung „Wilder Mann 140“ rund um den Schweinsberg. Nach dem Überqueren des kleinen Altweihergrabens steht der nächste Anstieg bevor. Am Ende der kleinen Straße biegen wir am Waldrand nach links in einen Waldweg ab. Wir halten uns nach 50 Metern rechts und an der

Wackelstein am Schweinsberg

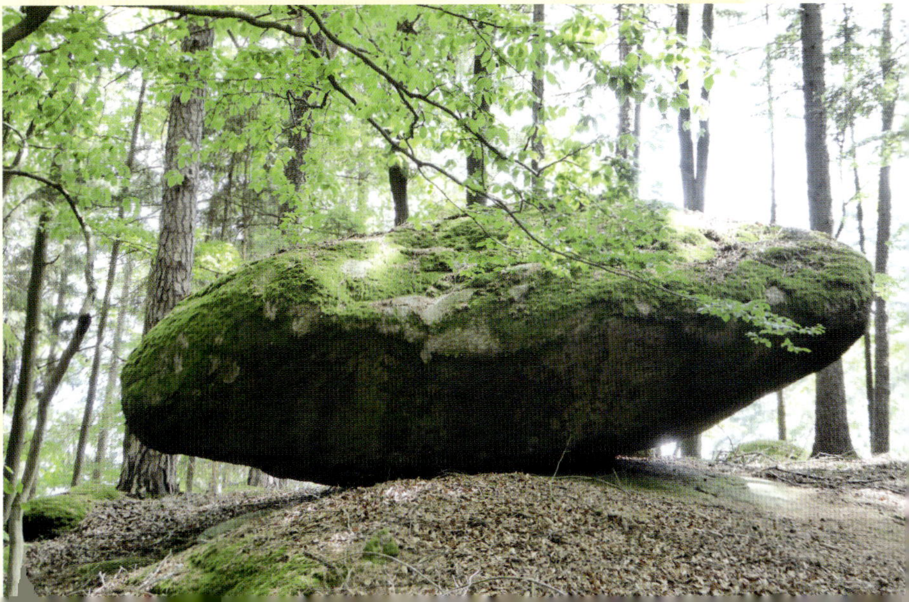

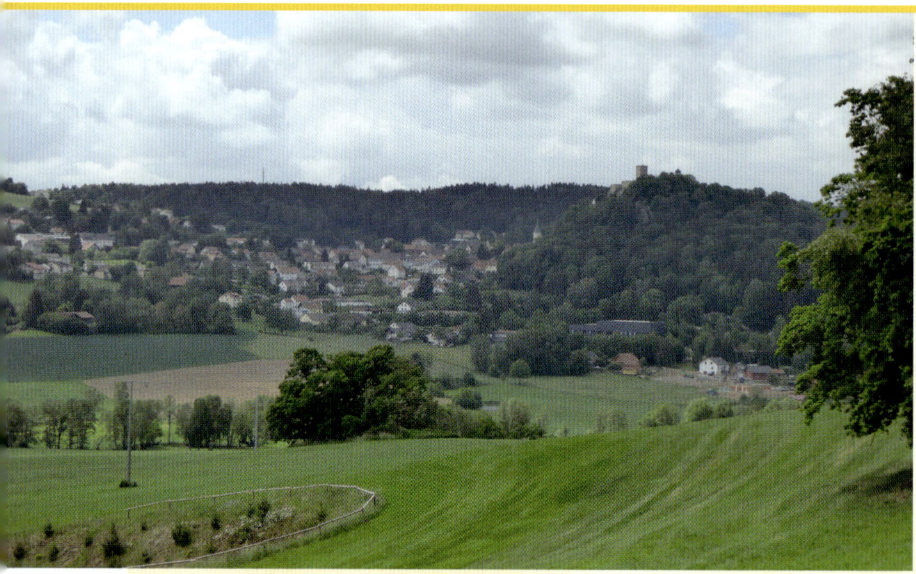

Blick auf Falkenstein

nächsten Kreuzung verlassen wir den Hauptweg nach rechts. Es geht richtig steil bergauf, mehrere Wege zweigen nach links und rechts ab, wir folgen aber immer weiter unserer Markierung „Wilder Mann 140", die uns auf dem Weg nach oben kräftig schwitzen lässt. Wir sehen nun auch schon die ersten Felsblöcke, die überall im Wald verstreut liegen.

Es geht weiter bergauf und an einer T-Kreuzung biegen wir nach rechts ab. Nun folgen wir den riesigen Felsen auf den Schweinsberg. Hierzu gibt es auch eine Sage: *„Zur Einweihung der Kirche Marienstein hatten sich die Gläubigen getroffen, doch dann kam der böse Teufel in einer Schweinegestalt. Die Menschen flehten um Hilfe und Petrus stieg herab und zerriss den Teufel in tausend Stücke. Diese Stücke warf er in das Tal und auf diesen Berg. Sie sind versteinert und überall sieht man die Überreste des Teufels".*

Nach einer Linkskurve kommen wir wieder an sehr großen Felsen vorbei. Hier teilt sich der Wanderweg „Wilder Mann 140". Wir halten uns links und folgen dem Waldpfad. Wieder geht es steil hinauf, oben angekommen halten wir uns rechts und umrunden den Gipfel des Schweinsbergs ❹. Viele riesige Felsen finden wir hier und man kann die eine oder andere Figur erkennen (u. a. einen Transformer, eine Schlange u. v. m.).

Nun geht es wieder bergab. Wir folgen immer dem gut markierten Hauptweg und am Waldrand sehen wir durch die Baumspitzen bereits die Burg Falkenstein. Auf einem Feldweg geht es weiter und wir erreichen eine kleine Straße. Von hier haben wir einen per-

Wiesenpfad hinauf auf den Sengersberg

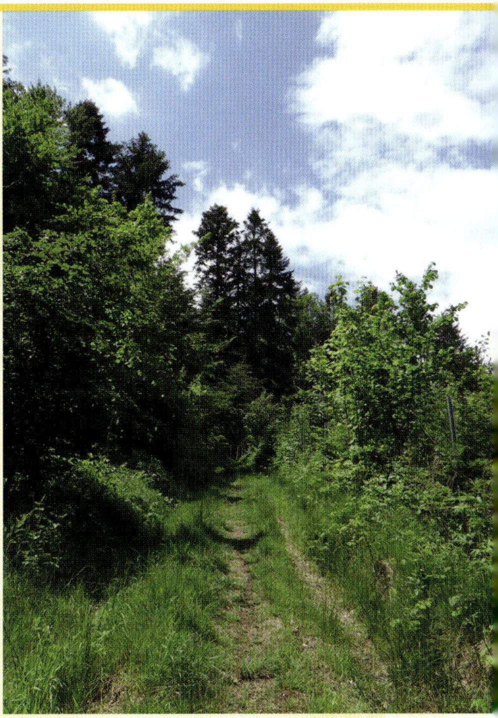

fekten Blick nach Falkenstein mit seiner Burg.

An der Kreuzung halten wir uns links und wandern knapp einen Kilometer bis nach Ettmannsdorf. Dort 5 biegen wir am Bushäuschen nach links ab und es geht hinab in das Tal des Altweihergrabens. Am Waldrand wird der Untergrund wieder zu einem angenehmen Waldweg und wir folgen dem Weg unterhalb des Schweinsbergs. Am Ende einer Waldwiese heißt es aufpassen, denn es geht scharf links in den Wald hinein und auf einem Pfad weiter. Nur einige Meter später biegen wir nach links auf einen Waldweg, der uns weiter durch das Tal führt. Am Waldrand angelangt, sehen wir bereits wieder den Ort Hagenau vor uns sowie unser nächstes Ziel, den Sengersberg.

In Hagenau 3 gehen wir bis zur Dorfmitte und biegen hier nach rechts ab. Diesen Weg kennen wir schon vom Hinweg. Es geht wieder leicht bergauf und vor uns erkennen wir schon einen Wegweiser an der Rastbank 2, die unter dem Sengersberg liegt. Wir biegen hier nach rechts ab und folgen der kleinen Straße für 200 Meter. Ab hier und bis zum Schluss folgen wir der Markierung „Wilder Mann 94".

Vor einem Haus biegen wir nach links in den Wald ein. Auf einem Waldweg geht es zunächst bergauf und nach ca. 200 Metern halten wir uns an der Kreuzung links. Nun

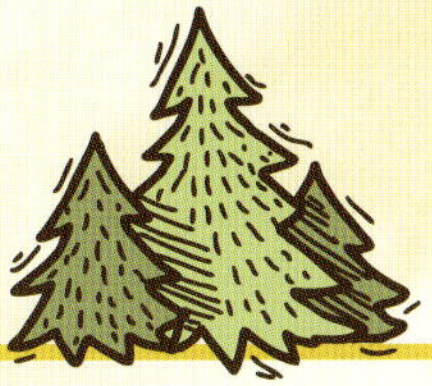

» Dieser Weg überrascht mit traumhaften Aussichten und vielen stillen Waldwegen. «

folgt der härteste Teil der Tour. Knapp 150 Höhenmeter liegen vor uns. Es geht immer geradeaus bergauf. Auf dem Waldweg, der kurz darauf zu einem Pfad wird, erreichen wir an dessen Ende eine Kreuzung. Dort halten wir uns rechts, und nur ein paar Meter weiter biegen wir beim Wegweiser links ab. Über einen Hohlweg geht es nun hinauf zum Gipfel ❻.

Oben angekommen sehen wir auch schon die ersten Überreste der Burgruine Sengersberg, die 1269 erbaut wurde und im Dreißigjährigen Krieg fast vollständig zerstört wurde. Der Pfad führt uns direkt in die Burg und auf der rechten Seite sehen wir eine Treppe mit einer Kette. Diesen Abstecher hinauf auf den Gipfel mit Gipfelkreuz und Fernsicht sollte man auf jeden Fall einplanen. Aber Achtung, es geht richtig steil rauf und der ganze Weg bis zum Gipfel ist mit einer Eisenkette gesichert.

Der spektakuläre Aufstieg wird mit einer tollen Fernsicht belohnt. Auch hier gibt es wieder ein Sage: *„Zwei Brüder wohnten einst auf der Burg und stritten sich stetig, bis der eine den anderen tötete. Als Buße ging dieser bis nach Rom und gelobte als Sühne die Kirche Marienstein zu erbauen. Nachdem diese fertiggestellt worden war, ließ er eine Hängebrücke zwischen der Burgruine Sen-*

»Wagen Sie den spektakulären Aufstieg auf den Felsensporn des Sengersbergs, auf dem das Gipfelkreuz thront.«

Spektakulärer Aufstieg zum Gipfelkreuz

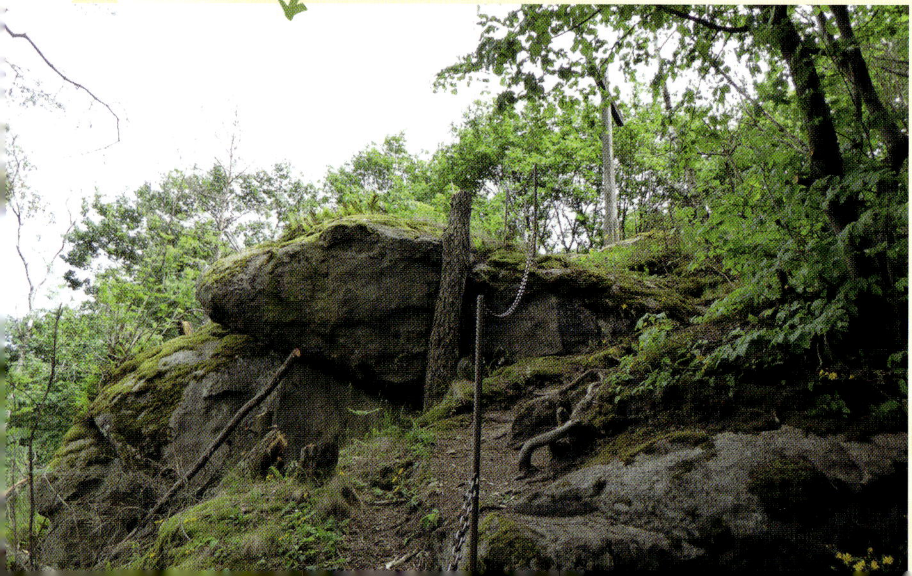

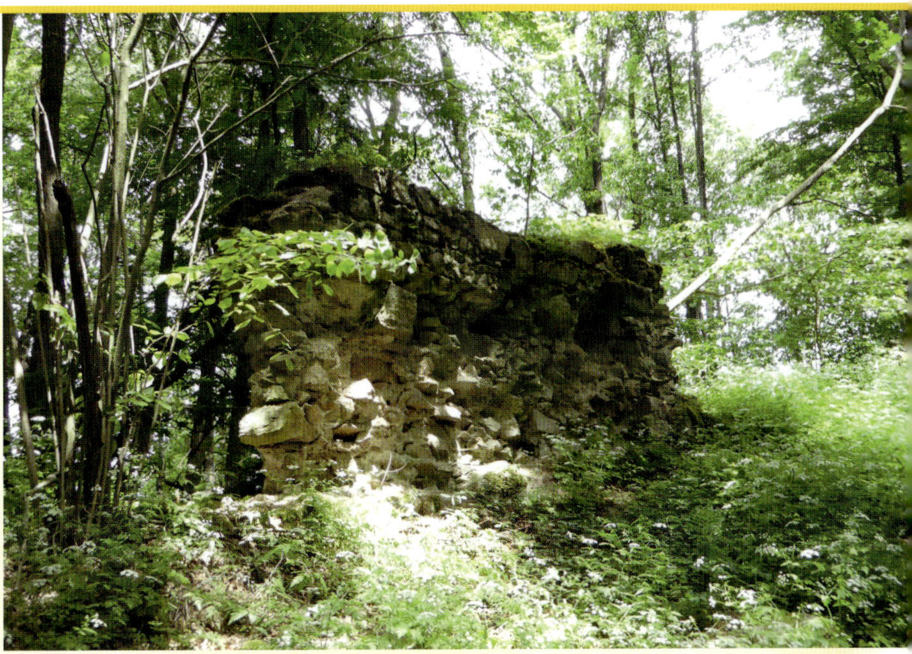

Reste der Burgmauer

gersberg und der Kirche Marienstein erbauen. Diese überspannte den Perlbach und der Brudermörder konnte dadurch ungesehen zum Beten zur kleinen Kirche gehen". An der Kirche Marienstein sieht man noch die Befestigungen der angeblichen Brückenaufhängung.

Nach der Gipfelbesteigung geht es wieder bergab. Ein Weg führt uns steil den Wald hinab. Am Waldrand lohnt ein kurzer Abstecher nach links zu einem Wiesenkreuz. Wir folgen nun einem Feldweg, der uns am Waldrand entlang zurück in den Ort Au bringt. An der Straße angelangt, halten wir uns links und stehen wieder auf dem Parkplatz ❶, an welchem wir unsere Tour gestartet haben.

Essen/Einkehren:

Gasthaus zur Grünen Au
Au 7, 93167 Falkenstein
Tel. 0 94 68 / 2 37

Gasthaus zur Post
Marktplatz 8, 93167 Falkenstein
Tel. 0 94 62 / 2 13
Öffnungszeiten: tgl. 7 – 24 Uhr

Burggaststätte Falkenstein
Burgstr. 10-12, 93167 Falkenstein
Tel. 0 94 62 / 91 11 29
Öffnungszeiten: Di – So ab 11 Uhr durchgehend geöffnet

Leicht

2,7 km

↓↑ 109 m

2 Std.

Auf dem Grottenweg zum Schwammerlstein

Dörfling – Mariengrotte – Schwammerlstein – Kirnstein – Dörfling

Kurze, aber lohnenswerte Tour zum Naturdenkmal Schwammerlstein und zu der zum Verweilen einladenden Mariengrotte.

Markierung:
Wilder Mann 95

Parken:
Wanderparkplatz am Friedhof in Dörfling (Navi: Dörfling, 93158 Michelsneukirchen)

Tourist-Information:
Straubinger Straße 3
93185 Michelsneukirchen
Tel. 0 94 67/2 57

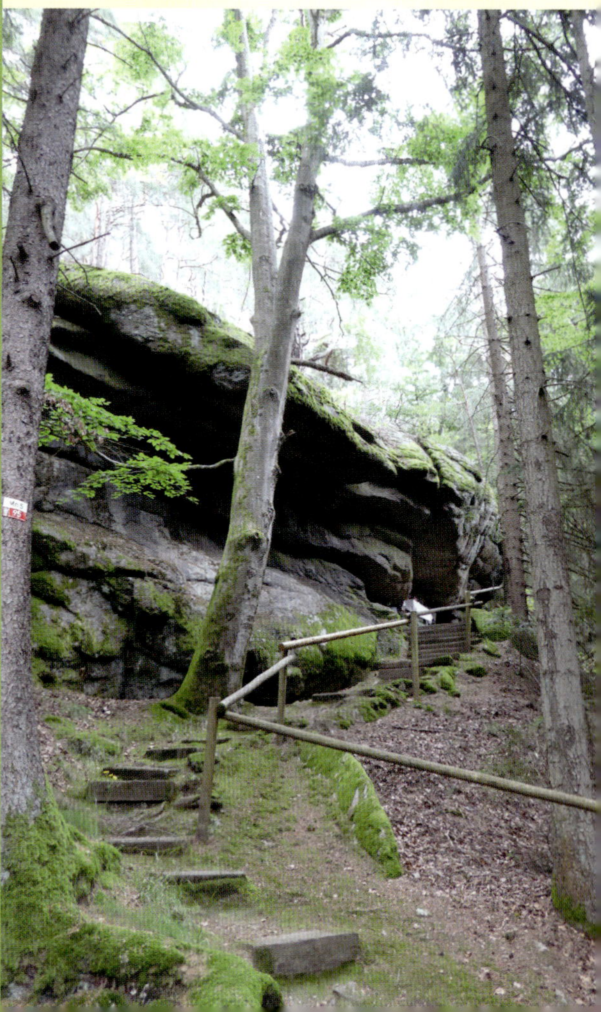

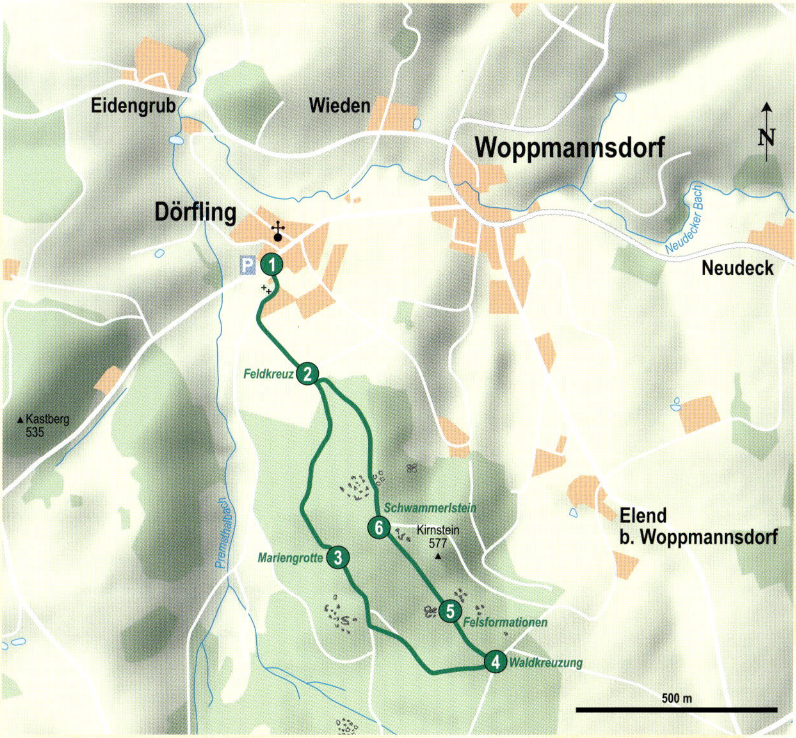

1. Dörfling – Start/Ziel
2. Feldkreuz
3. Mariengrotte
4. Waldkreuzung
5. Felsformationen
6. Schwammerlstein

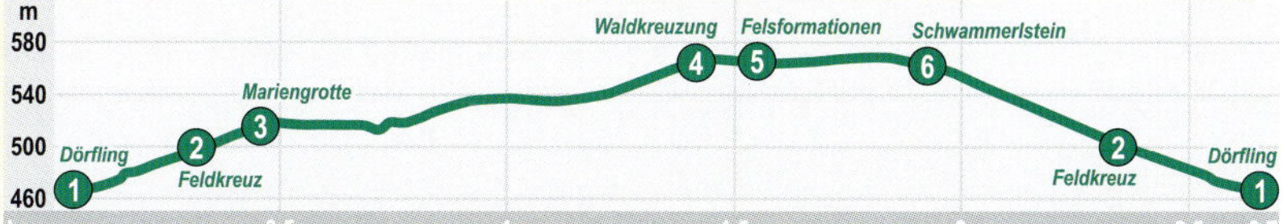

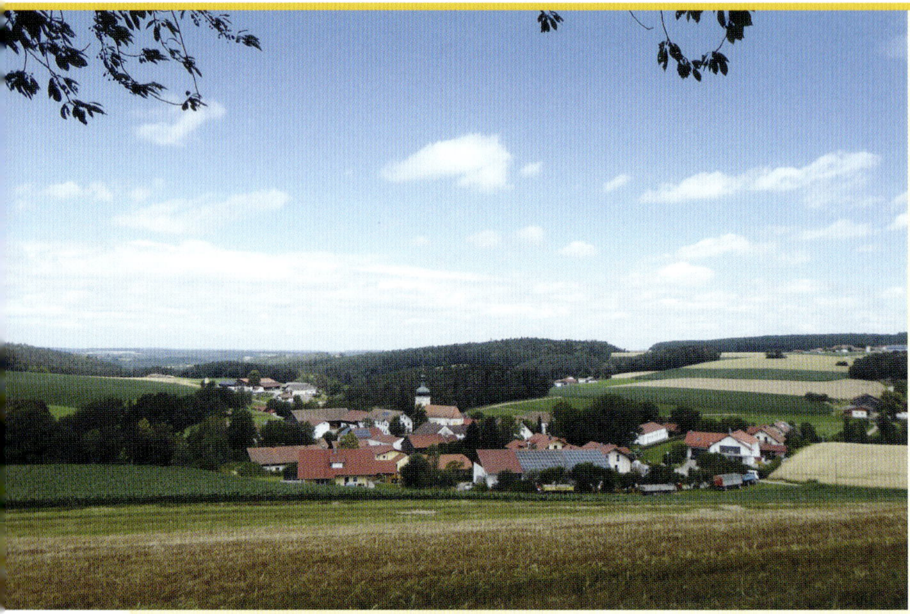

Blick hinab nach Dörfling

Wir starten unsere Tour am Friedhofsparkplatz in Dörfling ❶. Der komplette Rundweg ist mit „Wilder Mann 95“ markiert. Über eine kleine Straße geht es am Friedhof vorbei und gleich dahinter biegen wir nach links auf einen Wiesenweg ab. Wir sehen von hier bereits den Kirnstein, auf dem sich die Mariengrotte und der Schwammerlstein befinden.

Vorbei an Feldern und Wiesen bringt uns der Weg bergauf. Nach 250 Metern erreichen wir den Waldrand, wo sich ein Wegkreuz ❷ befindet. Wir gehen zuerst auf dem rechten Weg weiter. Bevor wir in den Wald eintauchen, sollte man aber noch die schöne Sicht auf Dörfling und das Tal genießen.

Nun geht es auf einem Waldweg stetig bergauf. Wir folgen immer dem „WM 95“ und erreichen einen Abzweig, wo wir uns rechts halten. Ein Schild mit Aufschrift „Zur Grotte“

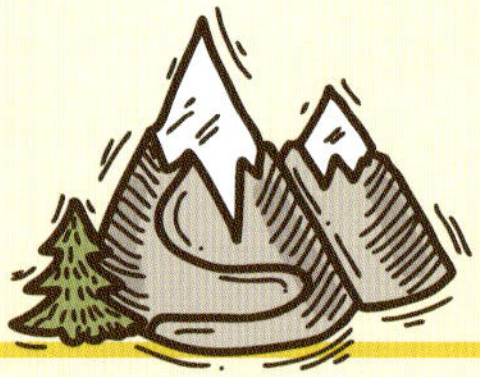

» Der imposante Schwammerlstein ist eine beeindruckende Laune der Natur. «

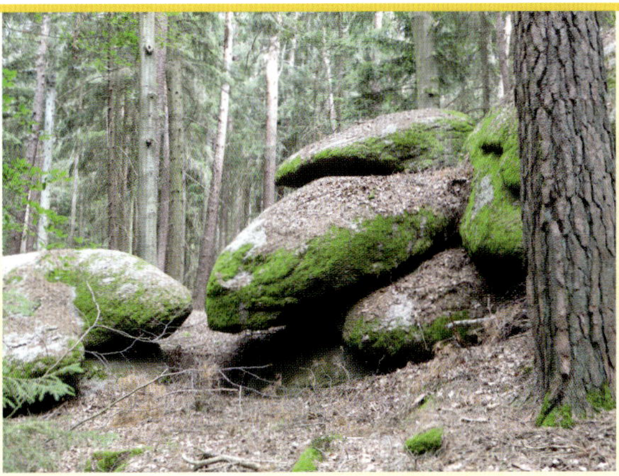

Felsformationen am Kirnstein

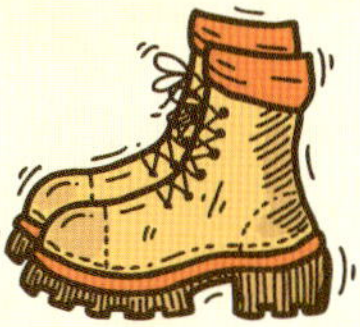

weist uns den Weg. Es geht wieder ein wenig bergab und wir wandern an vielen großen Felsbrocken vorbei. Der Weg ist echt klasse. Links und rechts ist der Pfad mit Steinen gesäumt. 500 Meter, nachdem wir in den Wald eingebogen sind, erreichen wir auch schon einen größeren Platz. Vor uns liegt nun die Mariengrotte. Ein Geländer und Steinstufen führen uns unter einem großen Gesteinsmassiv entlang. Genau in der Mitte befindet sich die malerische kleine Mariengrotte ❸. So etwas erwartet man hier gar nicht, wenn

Der Weg zur Mariengrotte

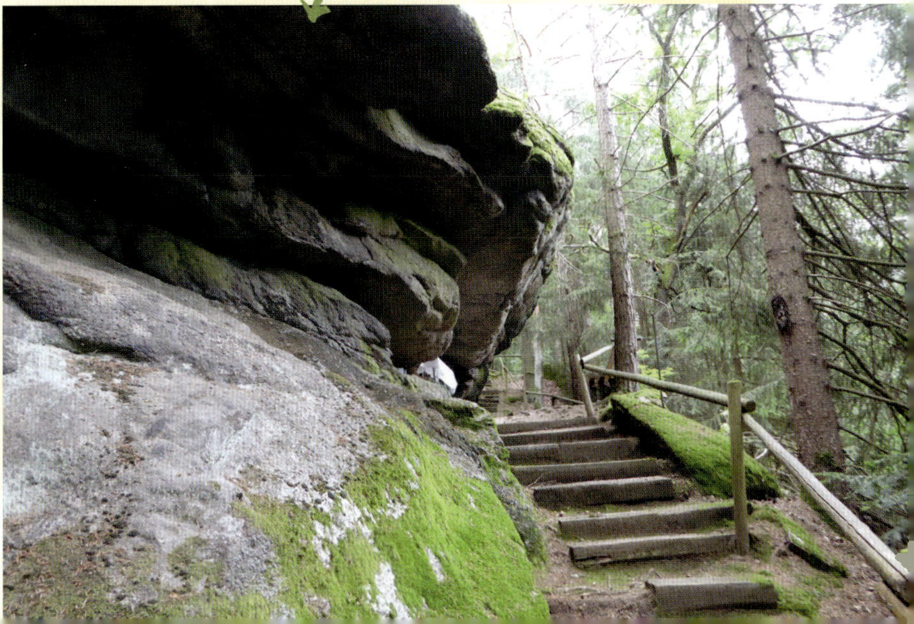

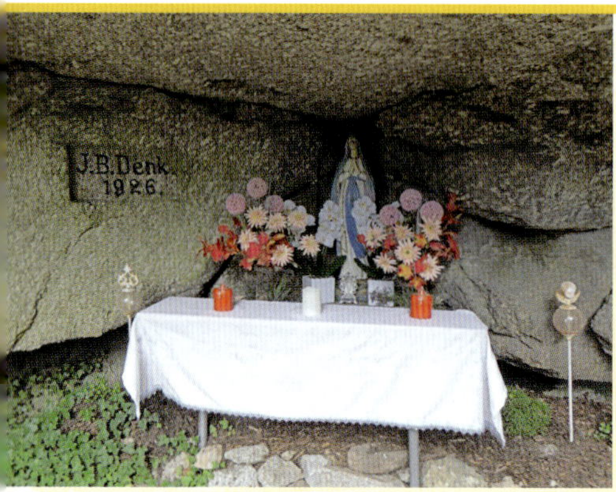

Mariengrotte

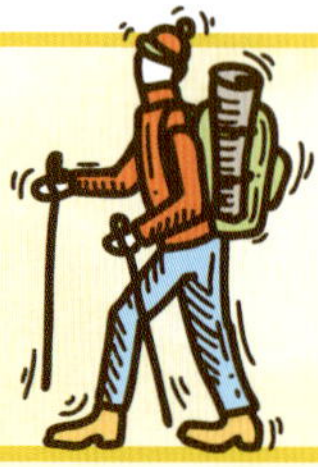

»Die Mariengrotte liegt malerisch unterhalb einer riesigen Gesteinsformation.«

man nur zum Kirnstein hinaufschaut. Toll! Hier sollte man ein wenig verweilen und die Atmosphäre genießen.

Im Anschluss geht es die restlichen Stufen weiter hinauf. Am Ende des Pfades treffen wir auf einen Waldweg, dem wir nach rechts folgen. Auf dem nächsten flachen Teilstück kann man links und rechts des Weges die wildesten Felsformationen entdecken. Immer wieder sollte man stehenbleiben und überlegen, was das alles so sein könnte. Wir haben ein Steinmonster, die Erde mit Haaren aus Bäumen und vieles mehr entdeckt. Hier ist es echt klasse, und wie gesagt, man erwartet das eigentlich gar nicht, wenn man den „Hügel“ Kirnstein von unten betrachtet. Nach 300 Metern treffen wir auf einen Forstweg, dem wir nun nach links folgen. Nun geht es wieder knapp 300 Meter auf einem Forstweg entlang. Immer leicht bergauf, kommen wir auch an einer kleinen Waldwiese vorbei und kurze Zeit später weist uns die Markierung an einer Waldkreuzung ④ nach links. Diesem Waldweg folgen wir nun für die nächsten 500 Meter. Auf der rechten Seite entdeckt man wieder eine Vielzahl von Gesteinsformationen ⑤. Wer genau sucht und seine Phantasie walten lässt, entdeckt vielleicht die Nase der Sphinx, den Kopf von Mr. Burns und vieles mehr. Das macht echt Spaß.

Schwammerlstein

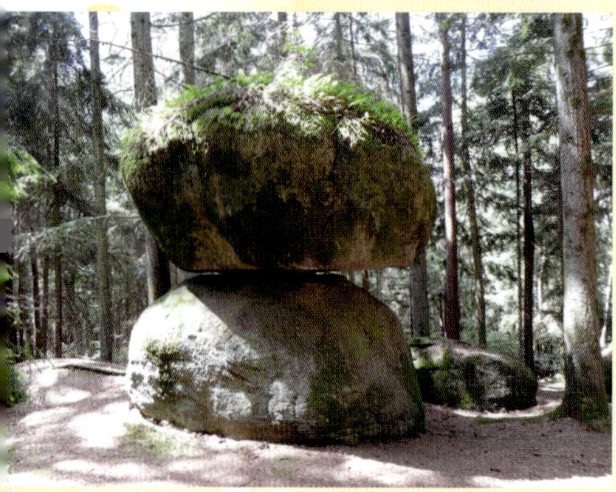

Nach 500 Metern treffen wir auf ein Schild, das uns zum Schwammerlstein weist, der 10 Meter links vom Weg entfernt liegt. Über einen Waldpfad geht es hinab zum Naturdenkmal Schwammerlstein ⑥. Zwei riesige Felsen sind hier natürlichen Ursprungs aufeinander gestapelt und sie berühren sich wirklich nur an einigen wenigen Stellen. Wenn die Sonne zwischen den Felsen hindurchscheint, erlebt man hier eine einzigartige Atmosphäre. Echt Wahnsinn, was die Natur so alles für Gebilde hervorbringt.

Im Anschluss geht es wieder hinauf zum Weg, wo wir uns links halten. Wir treffen nach einigen Metern auf eine Rastbank. Direkt dahinter befindet sich wieder ein Felsenmassiv und ganz oben ist auch der Gipfel des Kirnstein mit 577 m NHN. Es führt kein Weg hinauf und deshalb schauen wir nur von unten hinauf auf die höchste Stelle des Berges. An der Kreuzung halten wir uns links und der Abstieg nach Dörfling beginnt auch schon wieder. Nun sind es nur noch knapp 400 Meter bis zum Waldrand, wo wir heute schon mal an dem Wegekreuz gestanden sind.

War es bisher meist ein Nadelwald, durch den wir gewandert sind, treffen wir nun auf Laubbäume und viele Gräser. Wir halten uns immer auf dem Hauptweg bzw. immer leicht links. Am Waldrand stehen wir auch schon wieder direkt neben dem Wegekreuz ② und können wieder den traumhaften Blick hinab nach Dörfling genießen. Über den Wiesenweg, der von Gräsern und Wildblumen gesäumt ist, geht es zurück zu unserem Parkplatz ① neben dem Friedhof.

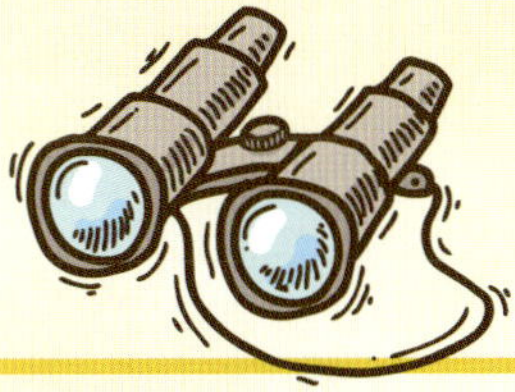

» Entdecken sie die vielen lustigen oder geheimnisvollen Gesteinsformationen am Kirnstein. «

Essen/Einkehren:

Landgasthof Stubenhofer-Sturm
Rodinger Straße 2
93185 Michelsneukirchen
Tel. 0 94 67/2 87
Öffnungszeiten: Mo, Mi-Fr ab 16 Uhr

Pizzeria Nina
Hauptstraße 4
93185 Michelsneukirchen
Tel. 0 94 67/71 12 30
Öffnungszeiten: Di-Sa 17-22 Uhr, So 11-14 Uhr und 17-22 Uhr

Michlhof
Hauptstraße 19
93185 Michelsneukirchen
Tel. 0 94 67/9 52, Öffnungszeiten: Di-Sa 17-23 Uhr, So 11-23 Uhr

Leicht

5,8 km

↓↑ 6 m

2 Std.

Mangrovensümpfe im Rainer Wald

Rain – Rainer Wald – Infotafeln – Rain

Lehrpfad durch die „Mangrovensümpfe“ im Rainer Wald.

Markierung:
LBV-Lehrpfad

Parken:
Parkplatz „Rainer Wald“ bei der Hundeschule direkt an der B8 (Navi: B8, 94369 Rain)

Tourist-Information:
Schlossplatz 2
94369 Rain
Tel. 0 94 29/94 01-0

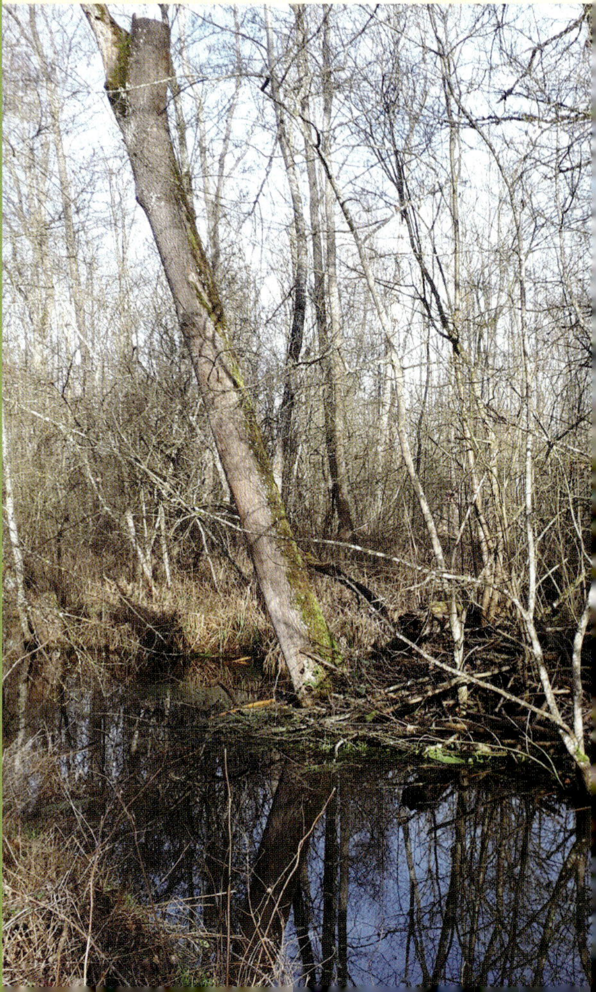

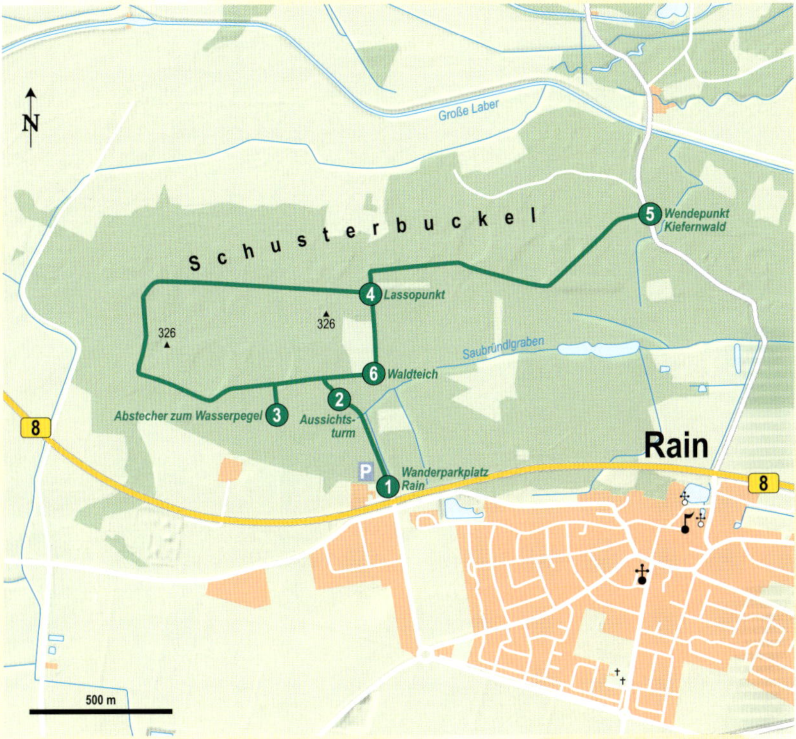

❶ Wanderparkplatz Rain – Start/Ziel

❷ Aussichtsturm

❸ Abstecher zum Wasserpegel

❹ Lassopunkt

❺ Wendepunkt Kiefernwald

❻ Waldteich

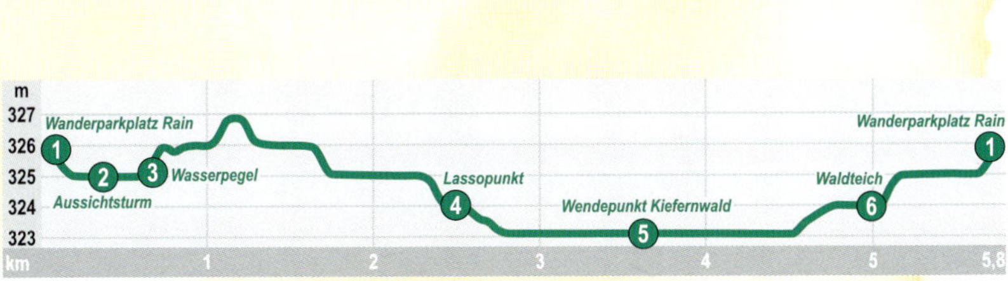

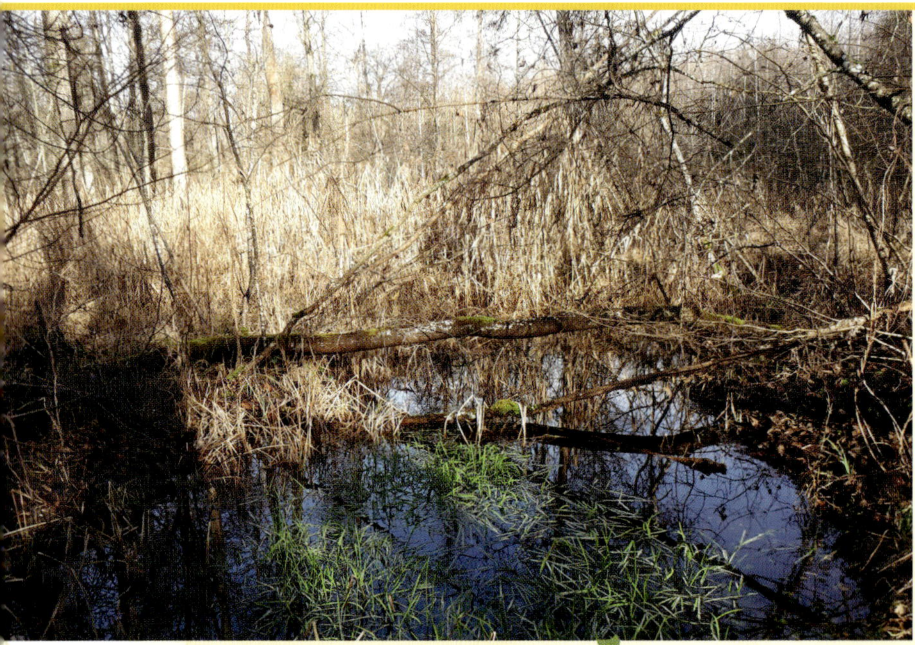

Mangroven im Rainer Wald

Direkt neben der Bundesstraße 8 befinden sich eine Hundeschule und ein Parkplatz ❶. Der Rainer Wald ist ein Vogelschutzgebiet, in welchem wieder ein Urwald entstehen soll. An der Willkommensinfotafel startet unser Rundweg durch die „Mangrovensümpfe" von Rain.

Gleich am Eingang befindet sich eine „High-Tech-Infotafel". Per LED wird uns der Rundweg eingeblendet, auf Knopfdruck hören wir schon mal die ersten Infos zu den Stationen

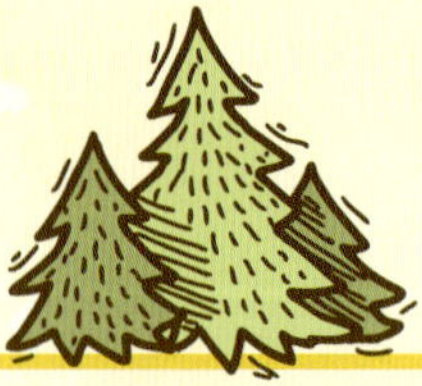

» Hier darf der Wald wieder Urwald werden. «

Interaktive Infotafel mit LED und Soundeffekten

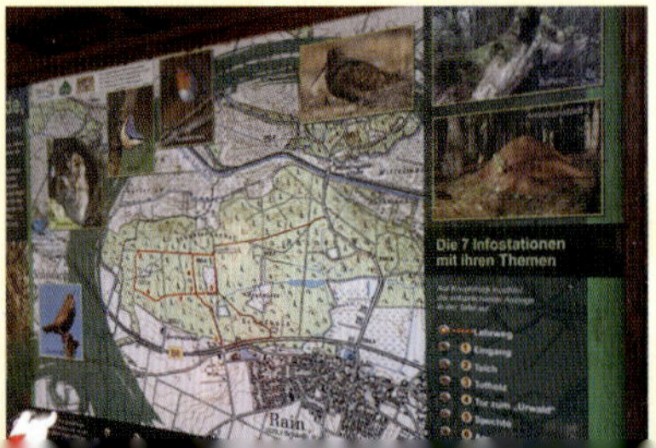

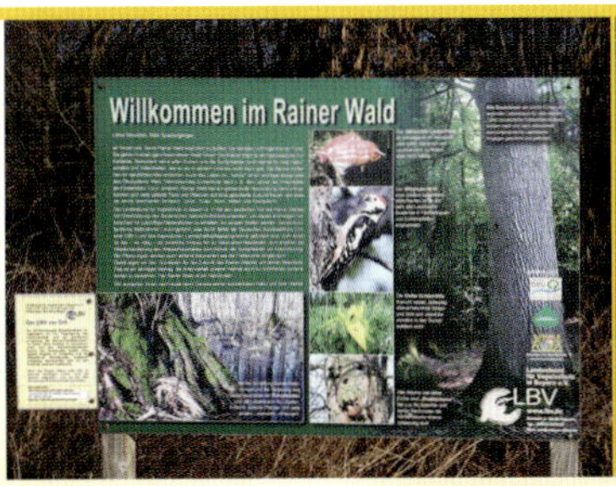

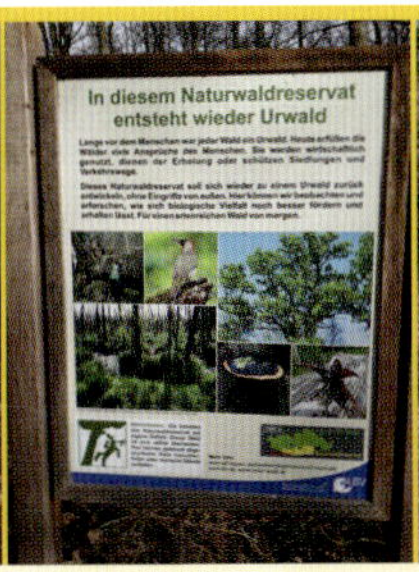

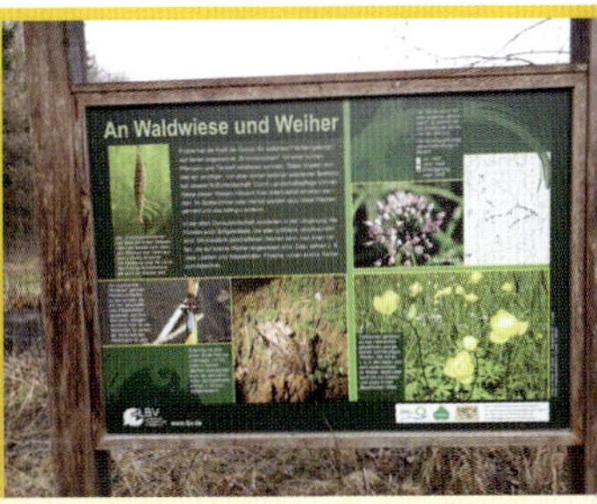

Infotafeln erklären uns vieles über den Urwald, der hier entsteht.

und das passende Vogelgezwitscher gibt es auch noch dazu. Über einen Forstweg geht es nun hinein in den Rainer Wald, vorbei an kleinen Kanälen und mangrovenartigen Altwassern erreichen wir nach 400 Metern eine Kreuzung, an der wir uns links halten. Dort sehen wir auch schon die erste Markierung des Rundwegs. Sie ist an allen relevanten Kreuzungen angebracht, so dass man sich nicht verlaufen kann.

Hier befindet sich auch ein Waldwipfelweg, ein hölzerner Aussichtsturm ❷. Leider ist er nur bei Führungen geöffnet. Gleich nach der Kreuzung kommen wir auch schon an der

Aussichtsturm

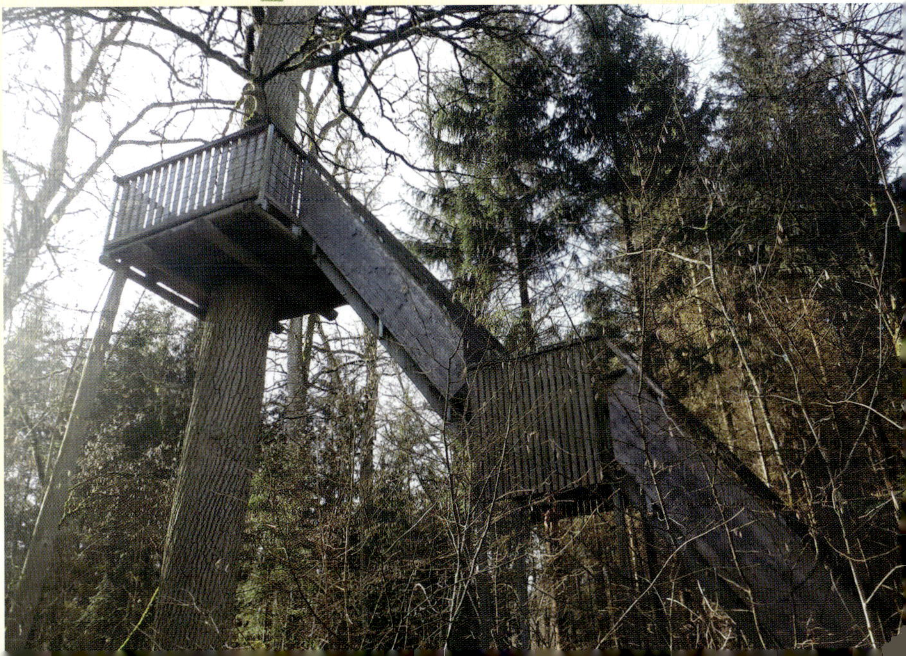

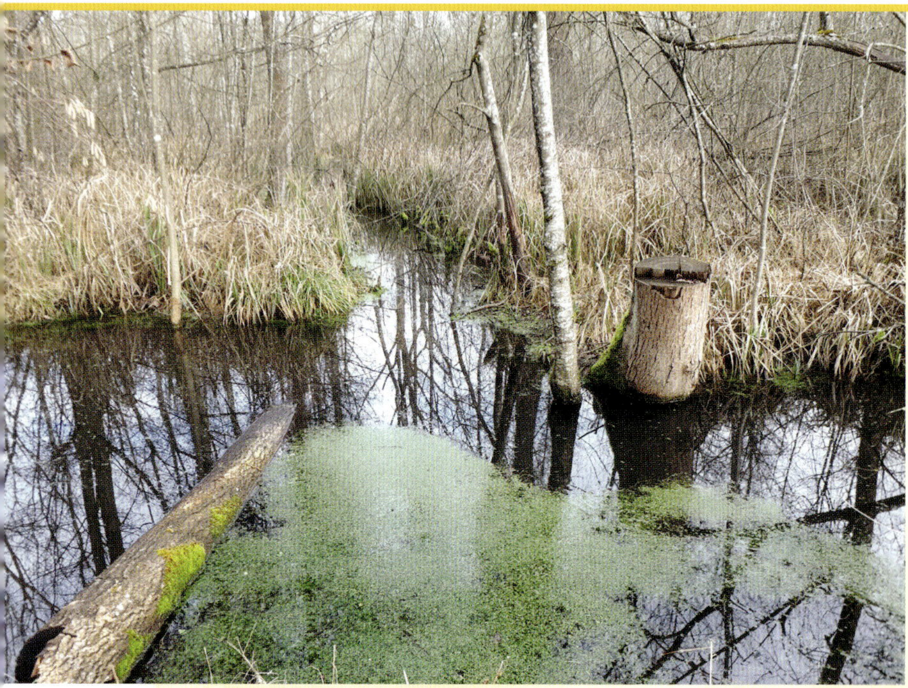

Kanäle durchziehen den Rainer Wald.

nächsten Infotafel vorbei. Diese erklärt uns allerhand über das hier liegende Totholz. Ein paar Meter weiter sehen wir auf der linken Seite die nächste Informationstafel, hier biegen wir nach links auf einen kleinen Waldpfad ein ③. Vier Tafeln erklären uns den Baumbestand des Rainer Waldes und dass sich nur 20 - 50 cm unter unseren Füßen das Grundwasser befindet. Es scheint, als würde man hier durch einen kleinen Sumpf laufen.

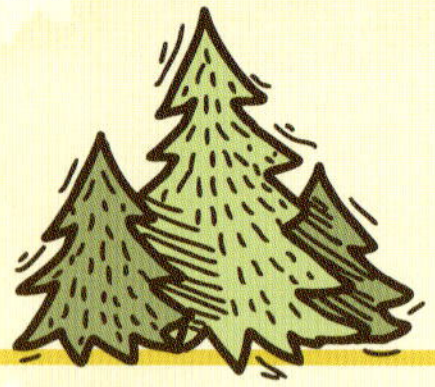

» Der Rainer Wald ist eine Perle für Vogelliebhaber und Naturentdecker. «

Es geht wieder zurück auf den Forstweg und wir kommen an einigen Ameisenhügeln vorbei. Während unserer Wanderung lauschen wir stets den vielen Vögeln, die hier zu Hause sind. Ein wunderschönes Pfeifkonzert begleitet uns auf diesem Abschnitt. Danach geht es um eine Rechtskurve und wir kommen an die nächste Infotafel, die uns einiges über

Totholz im Mangrovensumpf

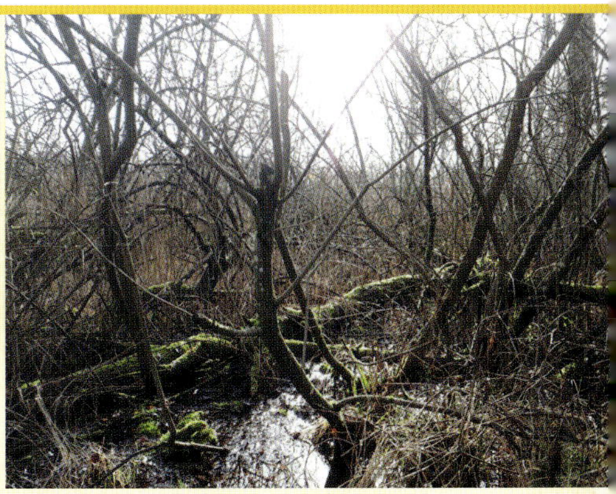

die Spechte des Waldes erklärt. Wir folgen weiter dem Forstweg und erreichen wieder einen Wegweiser, der uns auf eine Abkürzung hinweist. Von hier sind es nur noch knapp 300 Meter zurück zum „Waldwipfelweg". Wir gehen aber geradeaus weiter. Auf dem ganzen Rundweg kann man die Schönheiten der Natur entdecken.

Nur 200 Meter weiter erreichen wir die nächste Kreuzung. Der Wegweiser zeigt nach rechts ④, wir halten uns aber links und folgen immer weiter dem Forstweg. Auf diesem Abschnitt findet man anfangs zur Linken viele kleine Birken, die auf den sumpfigen Boden hinweisen. Es lohnt sich, immer wieder mal stehenzubleiben und links und rechts des Weges zu schauen. Mangroven und schöne Kiefernbäume gilt es hier zu entdecken.

Wir folgen dem Weg bis zur Straße ⑤, wo wir wieder umkehren und auf dem gleichen Weg zurück zum Wegweiser ④ gehen. Der Abstecher ist hin und zurück ca. 2,5 km lang und wir werden mit tollen Blicken auf den hier entstehenden „Rainer Urwald" belohnt. Nun folgen wir aber dem Wegweiser und es geht über einen Waldweg zu einer Waldwiese. An der Kreuzung halten wir uns rechts und sehen den idyllischen Waldteich ⑥. Gleich daneben befinden sich einige Waldbienenhäuser. Nur einige Meter weiter treffen wir wieder auf den Aussichtsturm ② und biegen hier nach links ab.

Wir sind nun auf der Zielgeraden zum Parkplatz. Diesen Abschnitt sind wir am Anfang der Runde schon gelaufen. Vorbei an den Kanälen und durch den mangrovenartigen Urwald erreichen wir nach 400 Metern wieder unseren Parkplatz bei der Hundeschule ①. Die Tour ist zu jeder Jahreszeit anders und lohnt sich deshalb immer.

Essen/Einkehren:

Schlossstub'n Rain
Schlossplatz 2, 94369 Rain
Tel. 0 94 29 / 9 48 50 42
Öffnungszeiten: Mi-Do 17-22 Uhr, Fr-So 11-14 Uhr und 17-22 Uhr

Rainer Keller - Valentino
Kellerweg 1, 94369 Rain
Tel.0 94 29 / 9 49 99 74
Öffnungszeiten: Di-Sa 11-14 Uhr und 16-21 Uhr, So 11-21 Uhr

Leicht

6,7 km

↓↑ 20 m

2 Std.

Stadtpark – Tiergarten – Eisweiher – Rosengarten – Stadtpark

Überraschende Rundtour durch den Stadtpark und Straubings wundervolle Grünanlagen.

Markierung:
AOK Aktiv Route

Parken:
Parkplätze an der Regensburger Str. / Frauenbrünnlstr. (Navi: Regensburger Str., 94315 Straubing); alternativ am Tierpark oder am Großparkplatz Hagen

Tourist-Information:
Frauenhoferstr. 27
94315 Straubing
Tel. 0 94 21/94 46 91 99

Stadtpark, Eisweiher und Rosengarten in Straubing

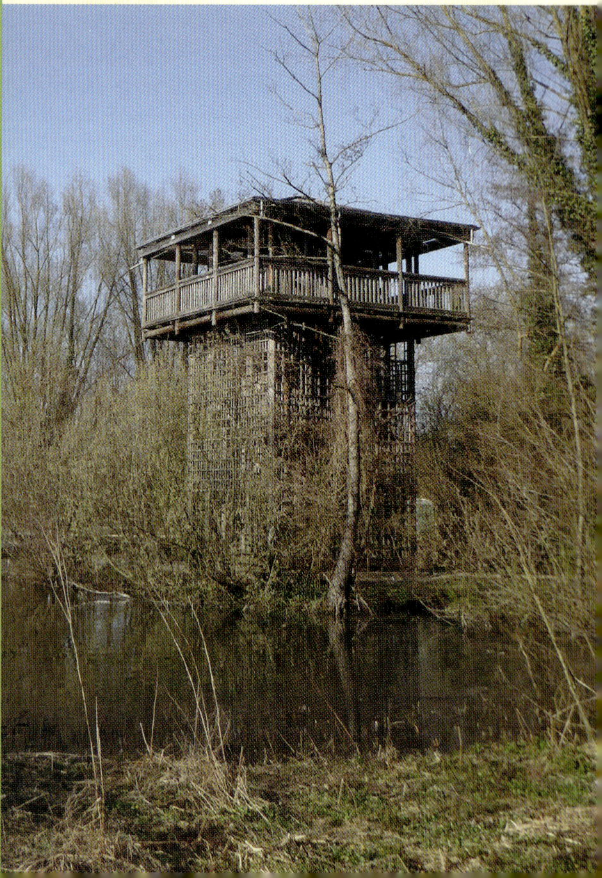

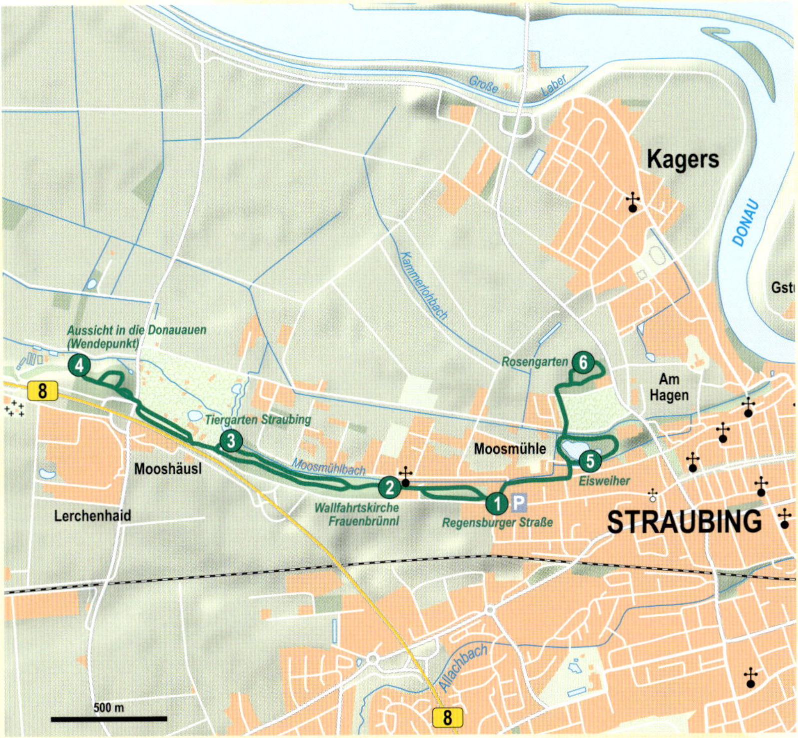

1 Parkplatz Regensburger Straße – Start/Ziel

2 Wallfahrtskirche Frauenbrünnl

3 Tiergarten Straubing

4 Aussicht in die Donauauen – Wendepunkt

5 Eisweiher

6 Rosengarten

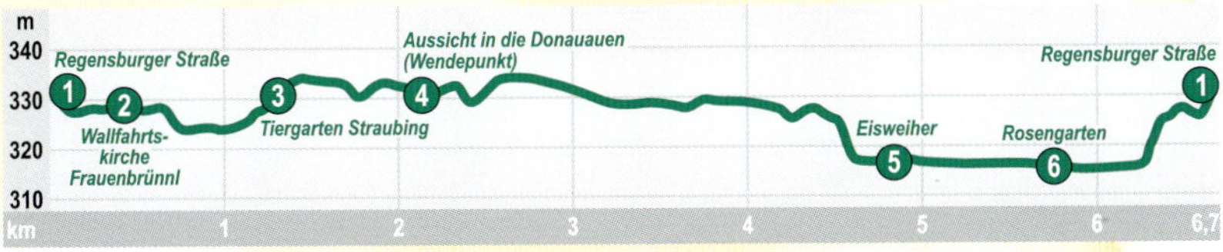

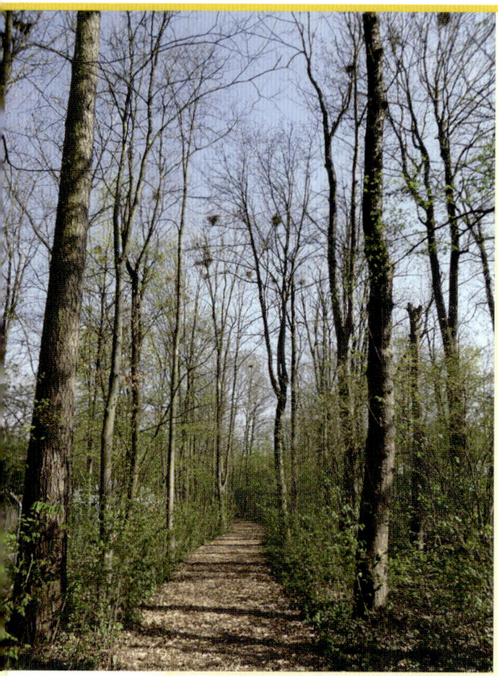

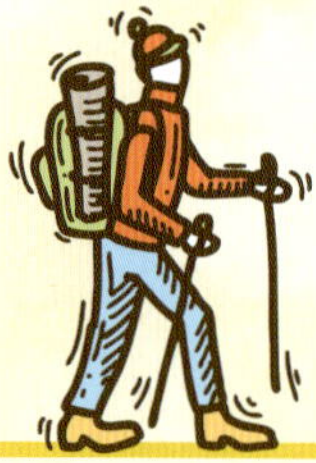

»Abwechslungsreiche Runde für die ganze Familie.«

Pfade im Stadtpark

Diese Wanderung ist ein wenig außergewöhnlich, denn es geht auf dem AOK-Nordic-Walking Parcours durch die „grüne Lunge" Straubings. Wir starten unsere Tour an der Kreuzung Regensburger Str. / Frauenbrünnlstraße ❶ und folgen heute immer den kleinen Nordic-Walking-Markierungen.

Es geht hinein in den Stadtpark, wo wir uns kurz vorm Spielplatz rechts halten. Bald darauf treffen wir auf eine Straße, an der wir uns zuerst rechts und gleich wieder links halten. Wir sehen vor uns die kleine, aber imposante Wallfahrtskirche Frauenbrünnl ❷. Wer Lust hat, kann natürlich auch die vielen Trimm-dich-Geräte entlang des Weges nutzen, die uns auf der ganzen Tour begleiten.

Gute 200 Meter später führt uns die Markierung den Hang hinab, wo wir nun am Moosmühlbach entlang wandern. Zwei Kneipp-Becken laden vor allem an heißen Sommertagen zu einer Erfrischung ein.

Es geht nun ein wenig bergauf und beim Cafe am Park treffen wir wieder auf eine Straße. Hier halten wir uns links, gehen zum Parkplatz hinauf und dann geht es rechts weiter.

Wir sind jetzt am Tierpark ❸ in Straubing angelangt, wo sich ein Besuch immer lohnt. Weiter geht es linkerhand am Tiergehege vorbei und nach ein paar Metern halten wir uns wieder rechts. Auf einem holzbedeckten Pfad kommen wir am Bärengehege vorbei. Wer genau schaut, entdeckt zwischen den

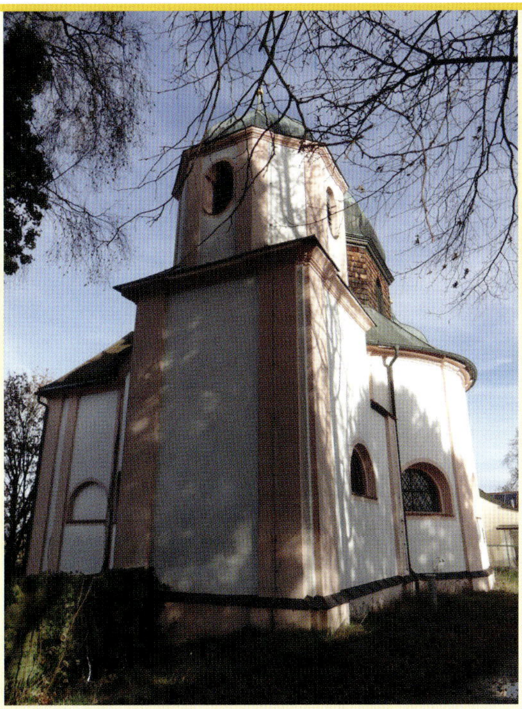

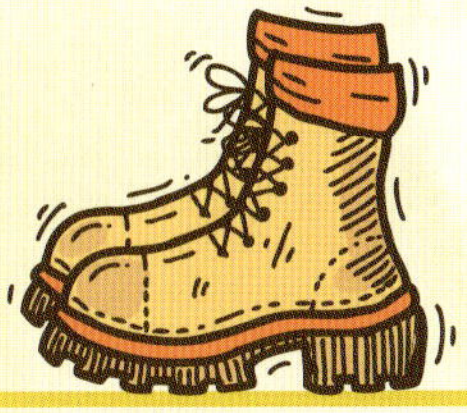

» Das Quellwasser vom Frauenbrünnl hilft gegen allerlei Krankheiten. «

Wallfahrtskirche Frauenbrünnl

Bäumen sicher den einen oder anderen „Bärenwanderer“.
Am Ende des Pfades folgen wir wieder dem breiten Weg nach rechts, es geht bergab und quer über die Straße. Jetzt kommt die Herausforderung der Tour, denn es geht über eine Treppe erst bergab und auf der anderen Seite gleich wieder steil den Hügel hinauf.

Tiger im Tierpark

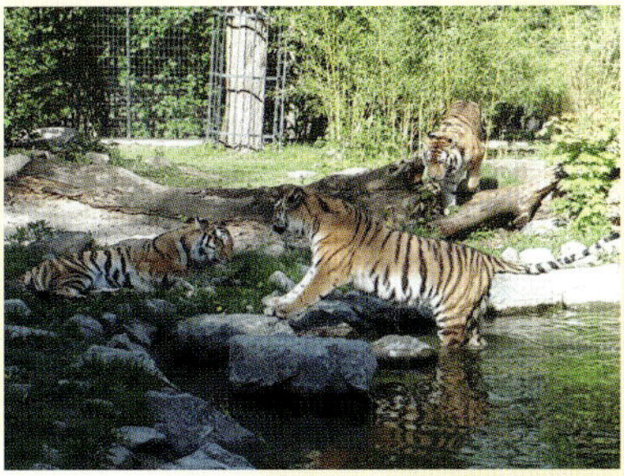

Von der Tour aus sieht man sogar in das Bärengehege

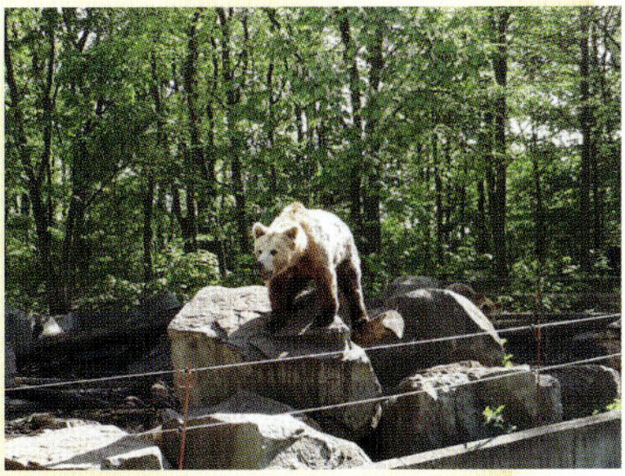

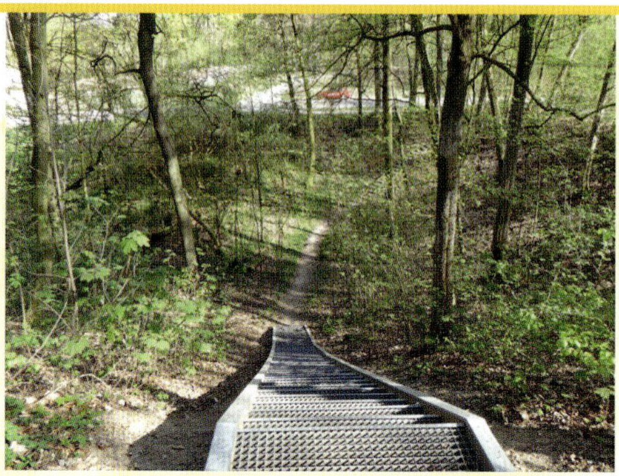

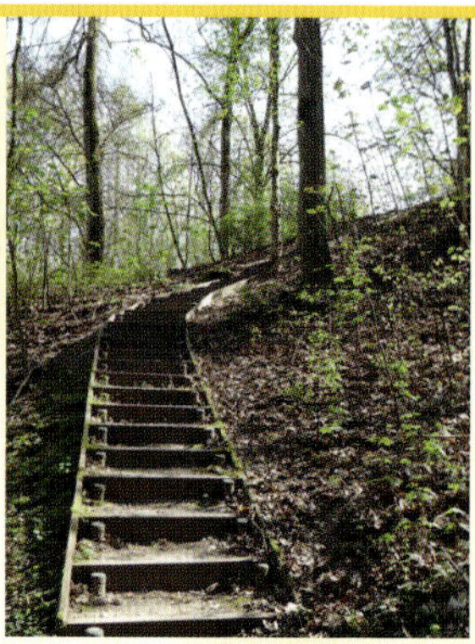

Auf und ab im Stadtpark

Oben angekommen halten wir uns wieder rechts und folgen dem Waldweg bis zum Ende des Waldstücks.

Hier verlassen wir den AOK Parcours für einen kurzen Abstecher nach rechts. Wir treffen auf eine Infotafel des Landschaftsschutzgebiets „Polder Straubing" und gleich darauf stehen wir an der Fuchsenberg – Hochterrassenkante 4. Von hier haben wir eine wunderbare Sicht über den Gäuboden in Richtung Donau, die wir auf der dortigen Rastbank genießen können. Es geht auf dem gleichen Weg wieder zurück zum AOK Parcours, wo wir nun wieder zurück zur Straße gehen.

Eisweiher

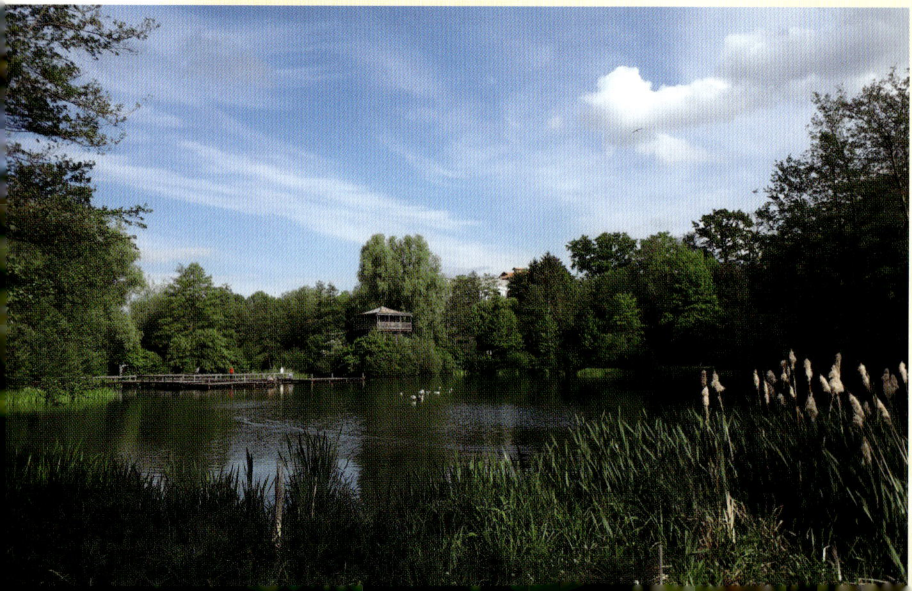

Dieses Mal halten wir uns aber immer auf dem rechten Weg und folgen der Beschilderung. Wir überqueren die Straße und nehmen den rechten Weg zurück zum Tierpark. Am Parkplatz ❸ geht es geradeaus zu dem breiten Waldweg, der uns nun oberhalb des Moosmühlbachs zurück zum Spielplatz führt. Auch dort halten wir uns wieder auf dem rechten Weg und erreichen so den Parkplatz ❶, an dem wir gestartet sind. Hier biegen wir nach links ab auf die Frauenbrünnlstraße. Es geht erst bergab und dann gleich nach rechts weiter. Wir folgen der Straße bis zum Fußgängerüberweg, wo wir links abbiegen.

Am unteren Ende der Straße erreichen wir den idyllischen Eisweiher ❺. Auf einem breiten Weg geht es nach rechts in Richtung Aussichtsturm, wo sich ein Aufstieg lohnt. Als weiteres kommen wir an einem Bewegungsparcours vorbei, wo wir uns links halten. Nachdem wir am Eisstadion der Straubing Tigers vorbeigewandert sind, halten wir uns wieder links.

Wir kommen wieder an den Eisweiher, wo sich ein Abstecher auf die Holzplattform mitten im Wasser lohnt. Es gibt viele Wasservögel zu beobachten. Wir treffen auf dem weiteren Weg auf eine kleine Steinbrücke, die wir überqueren und dann gerade über die Straße gehen. Vorbei an schönen Rosen erreichen wir den gleichnamigen Rosengarten ❻. Wir umrunden diesen, kommen wieder an einem Aussichtsturm vorbei und auf dem gleichen Weg geht es wieder zurück zur Brücke. Hier halten wir uns rechts und nach

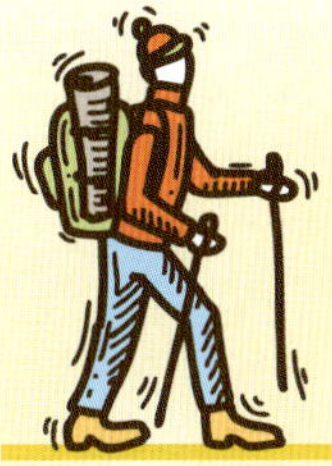

» Entdecken Sie „Straubings Outdoor-Fitnessstudio" mitten im grünen Stadtpark. «

einigen Metern am Eisweiher ❺ entlang treffen wir wieder auf den Weg, den wir schon gegangen sind.

Wir halten uns rechts und folgen der Markierung zurück zu unserem Parkplatz ❶. Wer Lust hat kann jetzt noch einen Abstecher in die Innenstadt von Straubing machen. Der Stadtturm, der Theresienplatz und die vielen Geschäfte laden dort zum Flanieren ein.

Essen/Einkehren:

Café im Park
Am Tiergarten 1, 94315 Straubing
Tel. 0 94 21/9 89 08 09
Öffnungszeiten: Di–Fr 11.30–18 Uhr, Sa und So 9.30–18 Uhr

Weitere tolle Einkehrmöglichkeiten finden sie rund um den Stadtturm von Straubing.

Mittel

11,8 km

↓↑ 23 m

3½ Std.

Durch den ursprünglichen Donaubogen Gollau

Straubing – Staustufe – Sossau – Unterzeitldorn – Gollau – Hornstorf – Vogelau – Straubing

Angenehmer Rundweg um Straubing, durch den ehemaligen Donaubogen Gollau und die wilde Vogelau.

Markierung:
Donau-Panoramaweg, Rot 6, teilweise nicht markiert

Parken:
Großparkplatz am Hagen (Navi: Am Hagen, 94315 Straubing)

Tourist-Information:
Frauenhoferstr. 27
94315 Straubing
Tel. 0 94 21/94 46 91 99

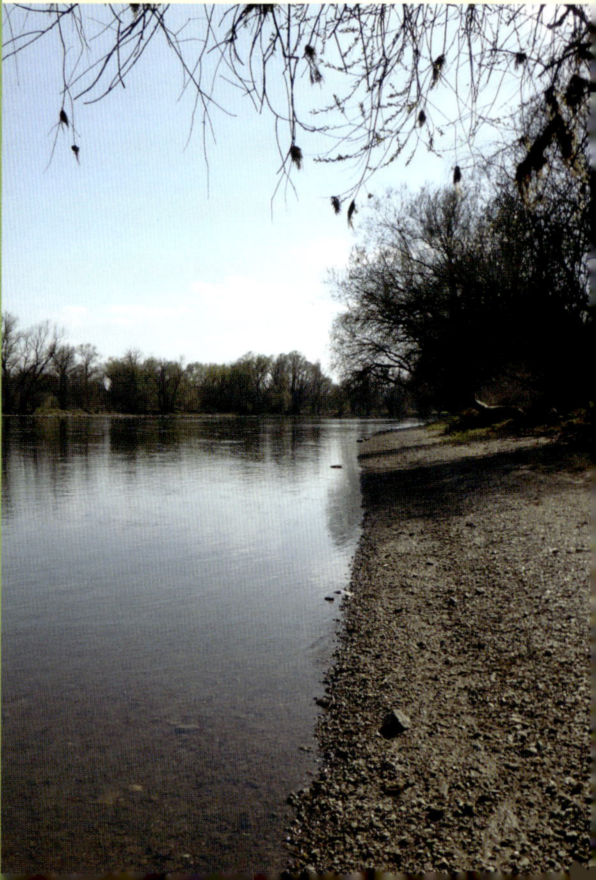

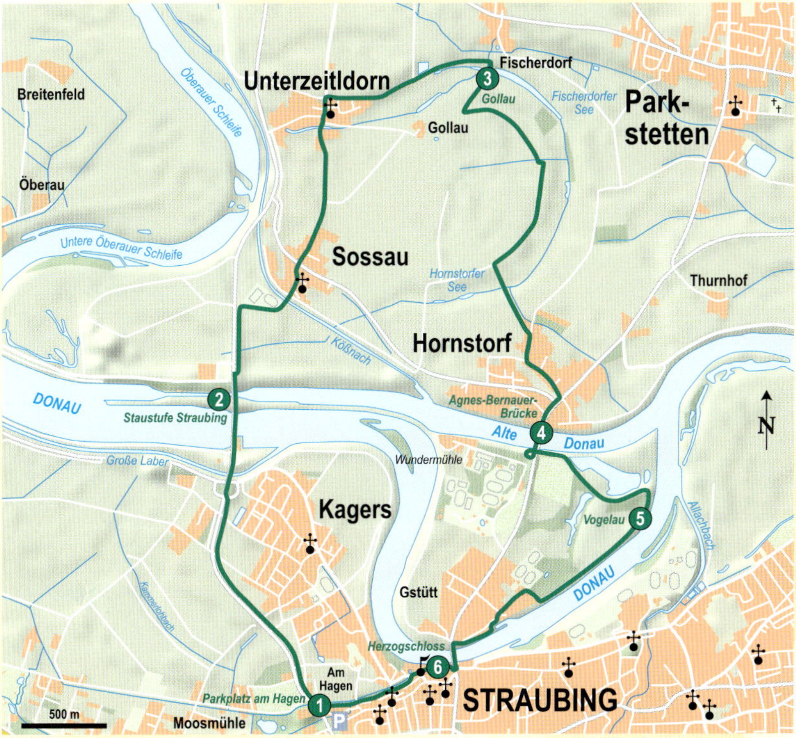

1 Parkplatz am Hagen – Start/Ziel

2 Staustufe

3 Gollau

4 Agnes-Bernauer-Brücke

5 Vogelau

6 Herzogsschloss

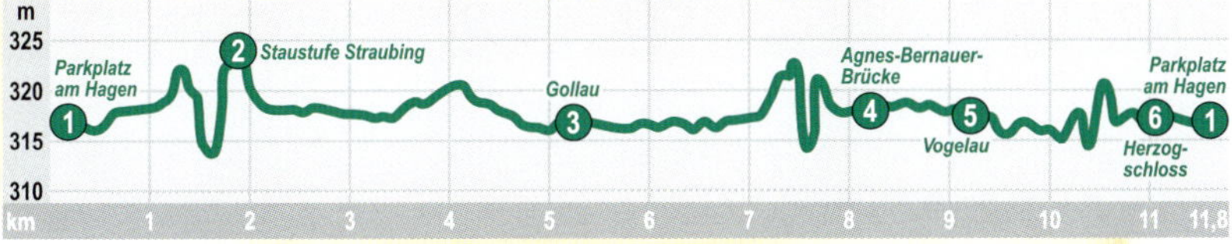

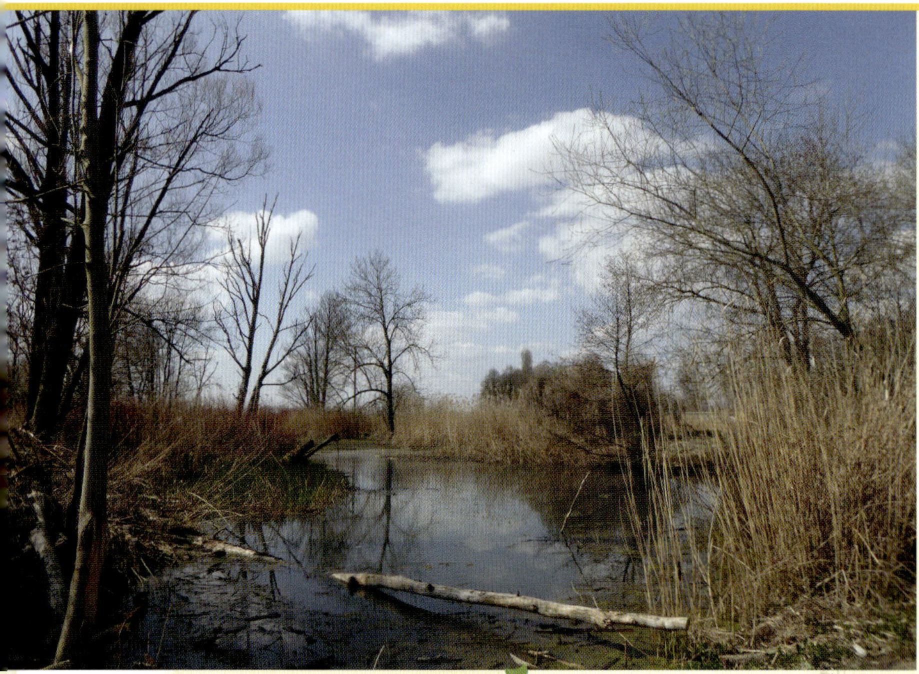

Altwasser in der Gollau

Die Tour startet am Großparkplatz Hagen ❶ in Straubing. Wir gehen zum Pulverturm gegenüber vom Eisstadion der Straubing Tigers. Dort halten wir uns rechts und folgen der Straße. Dieser Abschnitt ist mit der Markierung „Donau-Panoramaweg“ markiert. Über einen breiten Radweg verlassen wir nun Straubing und sehen vor uns auch schon die Staustufe ❷ und die Schleuse. Mächtige Flussschiffe werden hier auf- und abgeschleust und es lohnt sich, diesen Vorgang einmal zu beobachten.

Nach der Schleuse treffen wir auf die Markierung „Rot 6“, welcher wir nun folgen. Es geht immer weiter geradeaus und ca. 100 Meter nach der Schleuse biegen wir nach rechts ab. Vor uns sehen wir bereits Sossau und seinen Sportplatz. Kurze Zeit später treffen wir auf die Brücke über die Kößnach und verlassen hier die Markierung „Rot 6“.

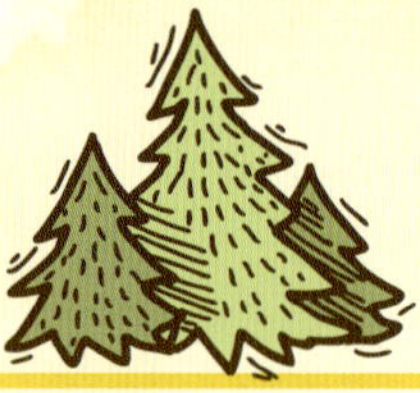

» Die Gollau mit ihrem Altwasser der Donau ist ein kleines Naturparadies. «

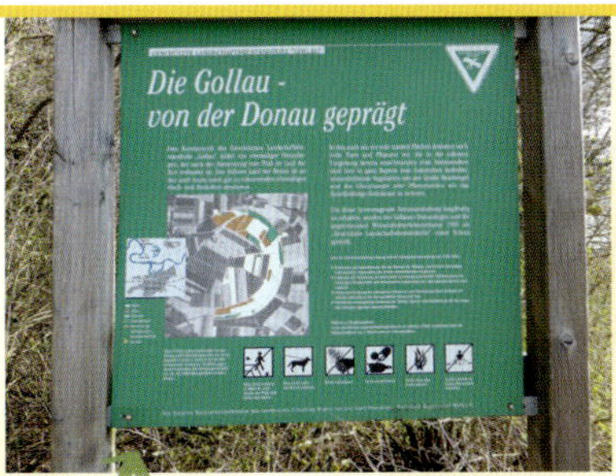

Infotafel über die Gollau

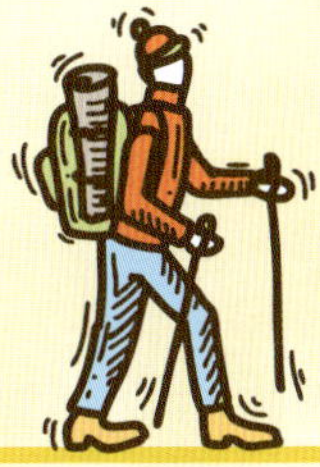

»Natur pur – direkt vor den Toren der Stadt Straubing.«

Auf einer kleinen Anhöhe befindet sich eine Infotafel und es lohnt sich, die paar Meter hinaufzugehen, denn von hier hat man eine fantastische Aussicht auf die Silhouette von Straubing.
Wir folgen der Straße hinein in den Ort Sossau. Dieser Abschnitt ist nicht markiert, aber mit der Beschreibung sehr einfach zu finden. Vorbei am Landgasthof Reisinger erreichen wir die Staatsstraße, die wir überqueren. Über die Windberger Straße und durch eine Wohnsiedlung verlassen wir Sossau wieder. Vor uns sehen wir schon unser nächstes Zwischenziel Unterzeitldorn. Auf diesem Abschnitt haben wir schon etliche Male Rehe und allerlei Wasservögel gesehen. Es ist immer spannend, wie viele Tiere gleich in unmittelbarer Nähe zu Straubing unterwegs sind.
Nach einem Kilometer erreichen wir Unterzeitldorn. Wir folgen weiter der Windberger

Weiherlandschaft bei Gollau

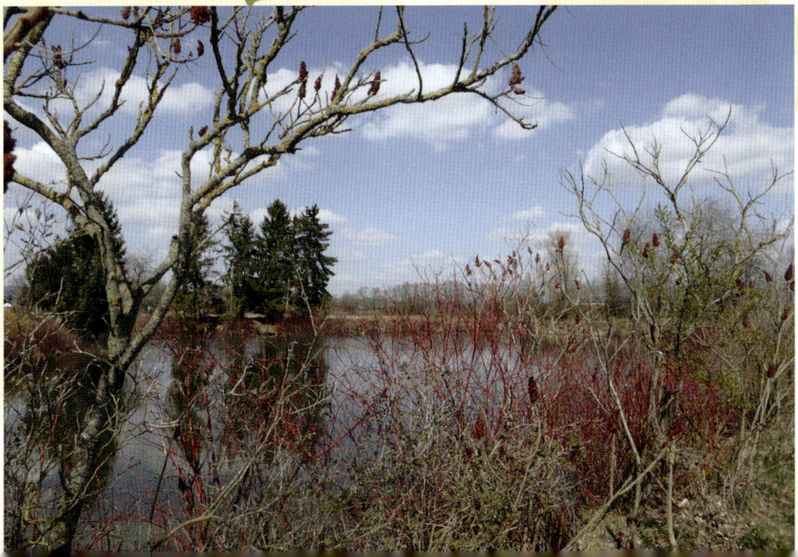

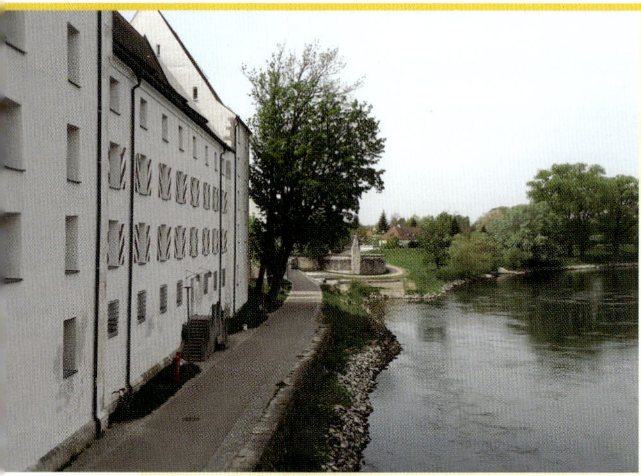

Herzogsschloss Straubing

Straße, vorbei an der Kirche St. Jakobus und am Ende des Ortes biegen wir nach rechts in die Straße „Am Kirchenfeld“ ein. Vor uns sehen wir die Gollau, bzw. eigentlich sehen wir die Bäume und Hecken, die den ehemaligen Donaubogen flankieren. Wir treffen auf einen Weiher und wandern rechts an ihm vorbei. Kurze Zeit später treffen wir auf die erste Infotafel, die uns einiges über die Gollau erklärt. Hier leben noch viele seltene Pflanzen und Vögel, wie der Große Brachvogel, die Uferschnepfe oder das Spießblättrige Helmkraut.

Wir folgen dem Wiesenweg und treffen am Ortsrand von Fischerdorf auf eine kleine Kreuzung, wo wir rechts abbiegen. Nun überqueren wir das allererste Mal den ehemaligen Donaubogen Gollau ❸. Das Altwasser zur einen und der Fischerdorfer See zur anderen flankieren den Übergang.

Hinweis: Bitte in der Gollau die Wege nicht verlassen, denn hier gilt das Wegegebot.

Wir folgen dem Feldweg und biegen knapp 100 Meter weiter scharf links ab. Der Feldweg führt uns am ehemaligen Donaubogen entlang und überall gilt es etwas zu entdecken, ob es das Altwasser, die wunderschönen Pflanzen, die vielen Rehe oder die Wasservögel sind. Wir folgen immer dem Feldweg und treffen nach einiger Zeit auf eine Straße, der wir nun nach links folgen. Kurz bevor wir in den Ort Hornstorf kommen, überqueren wir noch einmal den Donaubogen Gollau. Auch hier bieten sich wieder traumhafte Blicke auf das Altwasser.

Wir gehen in den Ort hinein, biegen an der nächsten Straßenkreuzung nach rechts ab und folgen der Furmannstraße, die uns zur großen Chamer Straße bringt. Hier halten wir uns rechts und überqueren den Kreisel. Vor uns liegt nun die beeindruckende Agnes-Bernauer-Brücke ❹ und wir treffen hier wieder auf die Markierung „Rot 6“, der wir nun folgen. Von der Brücke aus sehen wir wieder die Staustufe und mit etwas Glück kann man den vielen Schiffen bei ihrer Fahrt entlang der Donau zusehen. Am Ende der Brücke führt eine Treppe nach rechts hinab zur

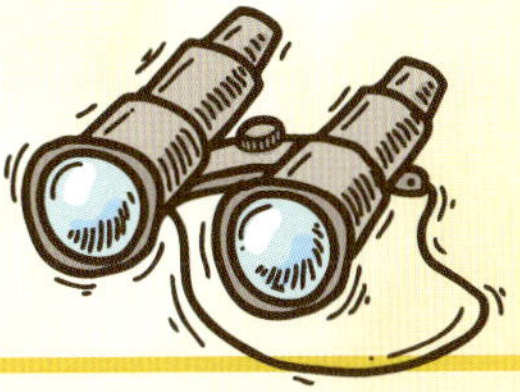

» In der Gollau und Vogelau kann man mit etwas Glück viele Wasservögel und Wildtiere beobachten. «

Donau. Wir gehen unter der Brücke hindurch und auf der anderen Seite wieder über die Treppe hinauf. Nun folgen wir zuerst nach links der kleinen Straße und dann der Dammkrone, die uns durch die wilde Vogelau 5 bringt. Mangrovenartige Sümpfe begleiten uns auf dem Weg. Nach einer Rechtskurve des Damms erblicken wir die Donau. Ab hier kann man immer wieder hinab zum Donauufer wechseln. Vor allem bei Niedrigwasser kann man direkt am Ufer entlangwandern. Am Ende der Dammkrone halten wir uns rechts und nach ein paar Metern an der Straße links. Wir folgen dem Vogelauweg für ca. 200 Meter und biegen dann nach links in den kleinen Park an der Donau ein. Vor uns sehen wir bereits die Schlossbrücke, die wir als nächstes überqueren. Am Ende der Brücke steigen wir nach rechts hinab zur Donau, wo wir auch wieder die Markierung „Rot 6" verlassen. Dort halten wir uns links und gehen an der Promenade am Herzogsschloss 6 entlang. Am „Adler" befinden sich mehrere Rastbänke. Es lohnt sich, an diesem tollen Platz eine Rast einzulegen und die Blicke über die wunderschöne Donau schweifen zu lassen. Sandbänke, kleine Verwirbelungen, Wasservögel und Kanufahrer gilt es hier zu entdecken. Frisch gestärkt geht es weiter durch einen Durchgang und wir treffen danach auf die Straße Gscheiderbrückl. Wir folgen dieser nach rechts und nach dem Fußgängerüberweg halten wir uns links und gehen in die Parkanlage. Es geht nun zwischen dem Moosgraben und der Stadtbefestigung Straubings entlang. Kurze Zeit später überqueren wir am historischen Spitaltor wieder eine Straße. Am Ende des Parks treffen wir auf den mächtigen Pulverturm und rechts daneben befindet sich der Großparkplatz am Hagen 1. Eine tolle Runde mit einem zwar relativ hohen Asphaltanteil, aber die Naturerlebnisse, die herrlichen Blicke auf die Donau und in den Gäuboden wiegen dies wieder auf.

Essen/Einkehren:

Landgasthof Reisinger
Sossauer Platz 1, 94315 Straubing
Tel.: 0 94 21/1 06 58, Öffnungszeiten:
Dienstag – Donnerstag ab 17.00 Uhr,
Freitag – Sonntag ab 11.00 Uhr
geöffnet.

Weitere Einkehrmöglichkeiten finden Sie rund um den Stadtturm von Straubing in der wunderbar gelegenen Fußgängerzone (ein paar Meter abseits des Weges)

Mittel

13,4 km

↓↑ 318 m

4 Std.

Durch das Tal der Kößnach

Saulburg - Neumühl - St. Johann - Falkenfels - Geßmannszell - Spitzhaus - Saulburg

Toller Rundweg mit vielen einsamen Abschnitten, überraschenden Pfaden und herrlichen Ausblicken.

Markierung:
Grün 1, Grün 3, Grün 2

Parken:
Wanderparkplatz am Friedhof in Saulburg (Navi: Bayerwaldstr., 94344 Wiesenfelden/ Saulburg)

Tourist-Information:
Georgsplatz 1
94344 Wiesenfelden
Tel. 0 99 66/94 00 16

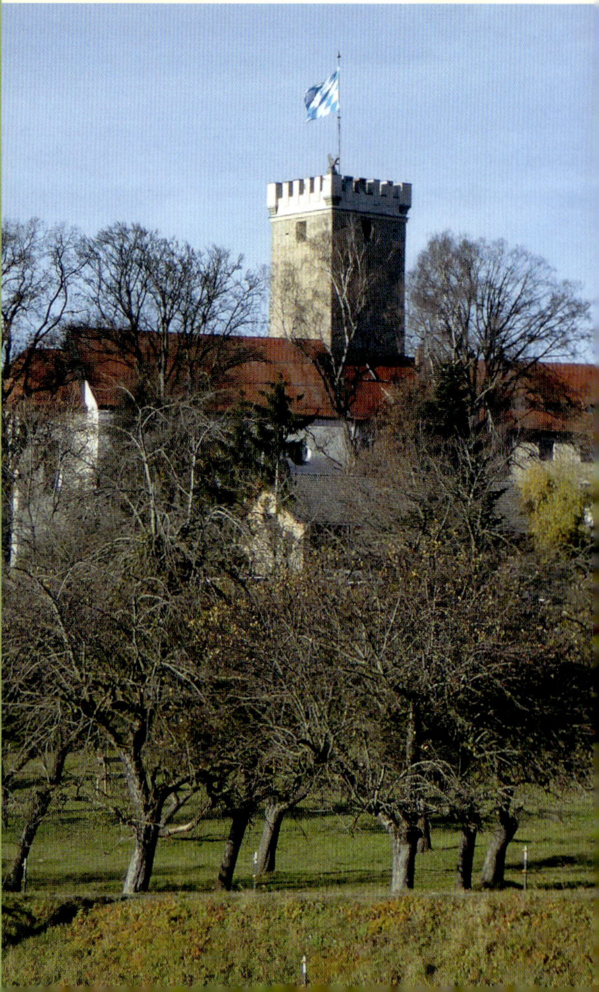

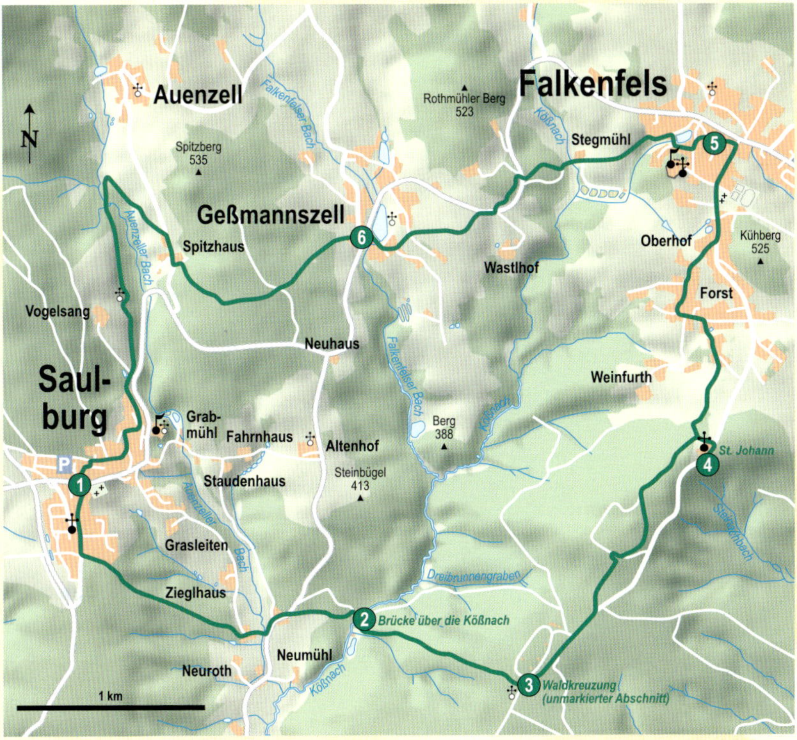

1 Saulburg – Start/Ziel

2 Brücke über die Kößnach

3 Waldkreuzung – unmarkierter Abschnitt

4 St. Johann

5 Falkenfels

6 Geßmannszell

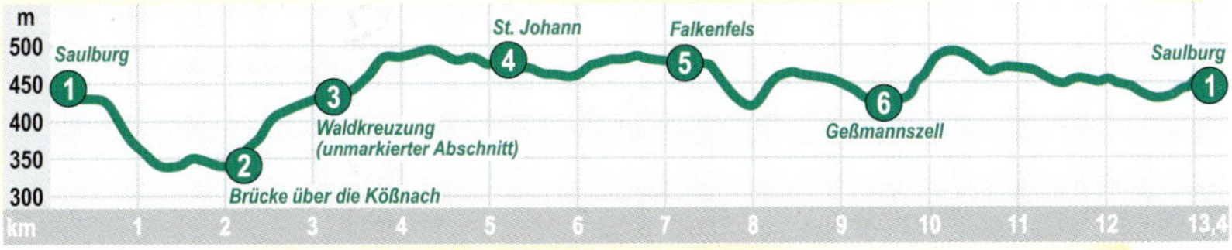

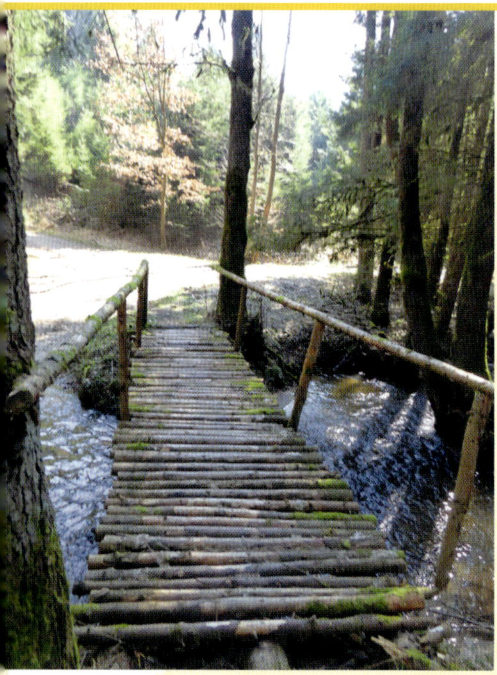

Brücke über die Kößnach

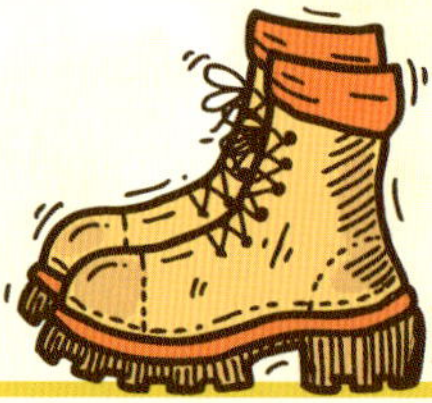

»Wilde Pfade führen in das Tal der Kößnach hinab.«

Unsere Tour startet am Wanderparkplatz in der Bayerwaldstraße in Saulburg, direkt am Friedhof, wo wir der Markierung „Grün 1" folgen. Wir biegen in die Angerstraße ein und kommen kurze Zeit später an der schönen Kirche Maria Schnee vorbei. Am Ortsende biegen wir nach links ab. Nur ein paar Meter später biegt der Weg nach rechts in den Wald ein und wir kommen zu einem tollen Streckenabschnitt. Ein wilder Pfad am Hang führt uns nun hinab ins Tal.

Über einen Waldweg erreichen wir die Ortschaft Neumühl. Dort halten wir uns an der Straße zuerst rechts und kurz darauf an der Brücke links. Wir folgen für kurze Zeit der Straße und biegen nach einem Hof rechts auf einen Feldweg ein. Am Waldrand führt uns der Weg entlang einer Wiese weiter, von welcher wir eine tolle Sicht auf die Umgebung haben.

Nun geht es in den Wald hinein und steil bergab. An der nächsten Waldkreuzung halten wir uns rechts und sehen vor uns bereits die Kößnach. Diese können wir auf zwei Arten überqueren. Einmal für die „Harten" direkt durch den Bach oder für die „Zarten" über eine kleine Holzbrücke.

Nach der Brücke halten wir uns rechts und wandern über einen alten Hohlweg wieder bergauf. Ein traumhafter Laubwald begleitet uns nun für einen guten Kilometer, bis wir auf einen breiten Forstweg treffen. Hier weist uns ein Wegweiser nach links in Richtung

Schöner Garten bei St. Johann

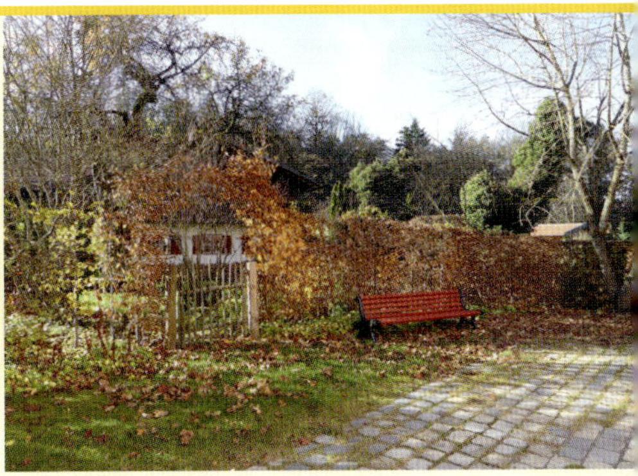

Falkenfels, dieser Abschnitt ist aber für ca. 200 Meter nicht markiert. An der nächsten Kreuzung gehen wir geradeaus weiter und treffen hier auf die Markierung „grün 3“, der wir folgen.

Wir wandern ein kurzes Stück auf einer Straße und biegen dann nach links auf einen Waldweg ein, der später zu einem tollen Waldpfad wird. Es folgen mehrere kleine Richtungswechsel, die aber sehr gut markiert sind, und nach einem guten Kilometer durch einen traumhaften Laubwald sehen wir auch schon die Wallfahrtskirche Sankt Johann. Wir treffen ein wenig unterhalb davon auf eine Wegekreuzung und machen hier einen lohnenswerten Abstecher hinauf zur malerischen Wallfahrtskirche, wo es auch einige Sitzbänke gibt, die zu einer Rast einladen.

Im Anschluss geht es wieder die paar Meter hinab zur Wegekreuzung und wir folgen weiter der Markierung „Grün 3“. Am Waldrand biegen wir rechts ab und über einen Wiesen-

St. Johann

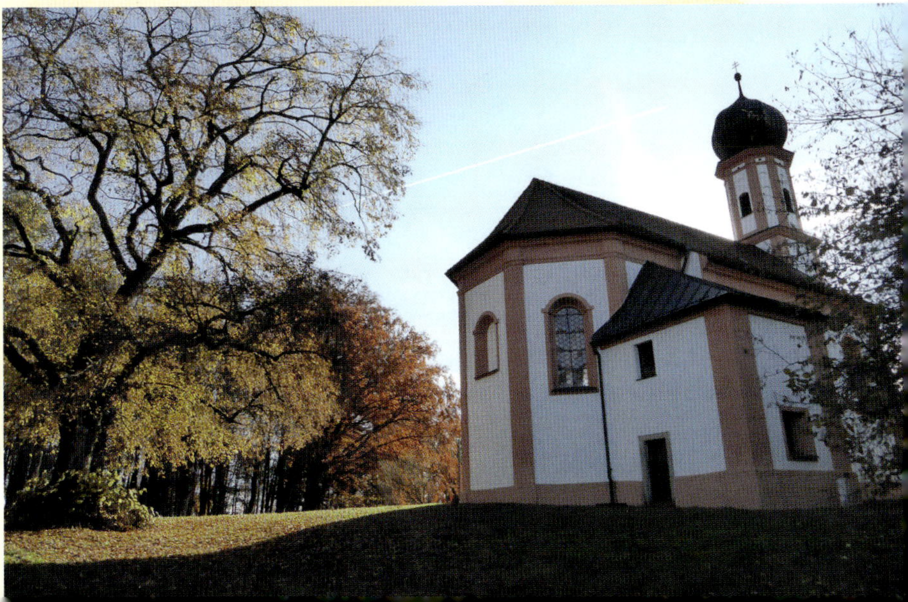

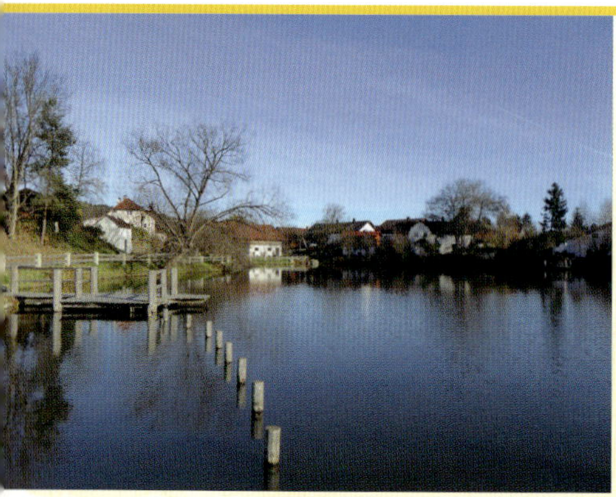

Badeweiher in Falkenfels

weg mit einer tollen Fernsicht über das Tal der Kößnach können wir Saulburg entdecken. Ein Pfad führt uns zur Ortschaft Weinfurth, wo wir geradeaus weiter gehen und den Ort Forst erreichen. Hier biegen wir nach links in die Forststraße ein und an deren Ende biegen wir wieder nach links auf die Oberhofer Straße. Links neben uns sehen wir die tolle Burg Falkenfels, die sich in Privatbesitz befindet.

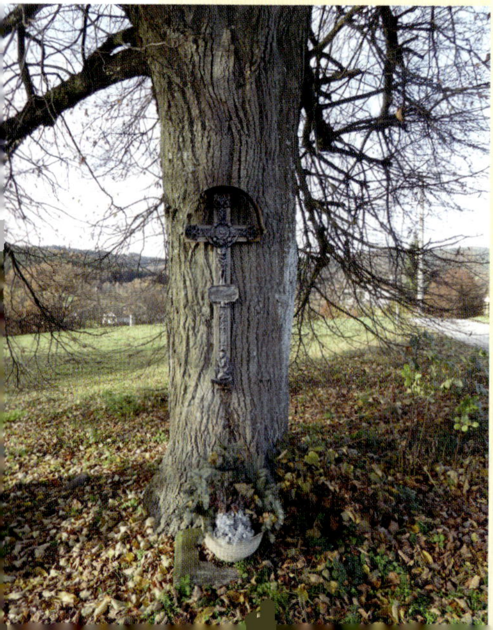

Am Ende der Straße, direkt an der Gastwirtschaft, wechseln wir ein letztes Mal die Markierung und folgen der „Grün 2". Wir biegen nach links in die Dorfstraße ein und nach 300 Metern nach rechts auf die „Am Dorfweiher". Vor uns liegt der malerische Badeweiher von Falkenfels. Am Stegmühler Weg biegen wir nach links ab und verlassen den Ort. Auf einer kleinen Straße mit toller Sicht auf die umliegenden Hügellandschaften geht es hinab nach Stegmühl und in das Tal der Kößnach hinein.

Dort überqueren wir diese ein zweites Mal und biegen nach der Brücke nach rechts auf einen Waldweg ein. Es geht steil hinauf zur Straße, die wir überqueren und uns dann links halten. Die Markierung weist uns kreuz und quer durch den Wald. Am Waldrand geht es auf einem Wiesenpfad bis zur Straße weiter. An dieser halten wir uns rechts und gleich wieder links. Im Anschluss geht es über einen Wiesenfpad bergab. Geradeaus vorbei an einem Wegekreuz erreichen wir Geßmannszell, wo wir der Straße nach rechts folgen. Vor uns sehen wir auch schon den malerischen Dorfweiher.

Die große Straße überqueren wir, halten uns dann gleich wieder links und verlassen Geßmannszell auch schon wieder. Über einen Wiesenweg geht es wieder bergauf in den Wald hinein. Nach einem Kilometer aufpassen, denn eine Markierung an einem Baum weist uns nach rechts auf einen „wilden"

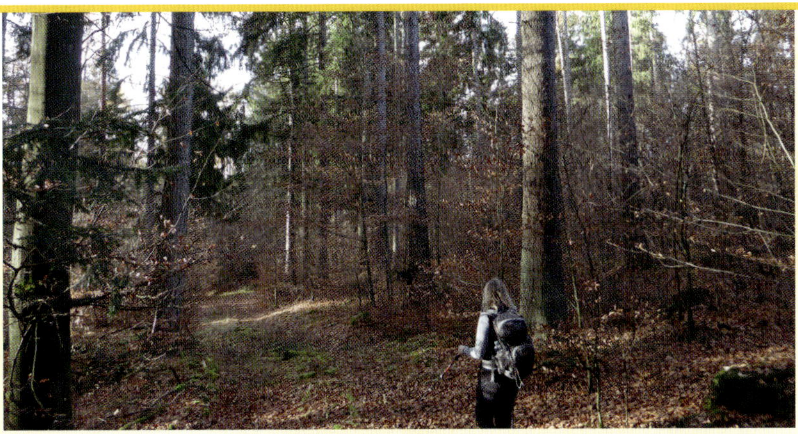

Tolle Waldwege nach Spitzhaus

Waldweg. Nach 200 Metern erreichen wir die Ortschaft Spitzhaus und an der Straße halten wir uns rechts, gehen bis zum letzten Haus, wo wir nach links auf einen Wiesenweg abbiegen. Es geht wieder bergab und wir treffen auf den nächsten Waldweg, dem wir nun scharf links folgen.

Wir sind nun im Tal des Auenzeller Bachs, der bei Neumühl in die Kößnach mündet. Dieser Abschnitt ist ebenfalls wieder traumhaft. In einer S-Kurve treffen wir auf die malerische Kapelle am Kalvarienberg. Wir folgen weiter dem Weg und sehen vor uns schon die ersten Häuser von Saulburg. Am Waldrand entlang und vorbei an einem idyllischen Garten treffen wir auf die Straße „Am Schloßberg", der wir nun folgen. Nach 400 Metern biegen wir nach rechts in die Forstbergstraße ein und kurz nach dem Ortsschild, am höchsten Punkt des Weges, biegen wir nach links auf einen Pfad ein. Dieser führt uns steil hinab zum Sankt Ägidiusweg, wo wir uns rechts halten. Wir folgen der Straße und sehen vor uns bereits den Startpunkt am Friedhof von Saulburg.

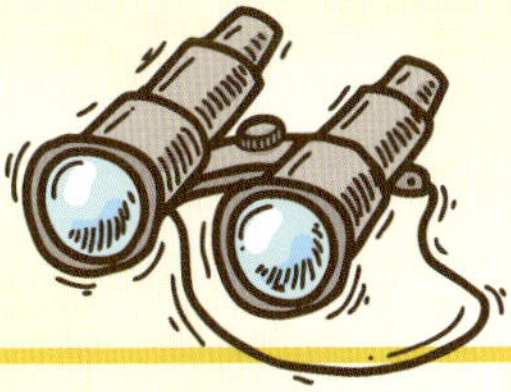

» Diese Tour überrascht mit vielen Aussichten und urigen Pfaden. «

Essen/Einkehren:

Burgterrasse Falkenfels
Burgstraße 8, 94350 Falkenfels
Tel. 09961/1745, Öffnungszeiten:
So 13–17 Uhr oder nach Absprache

Mittel

11,3 km

↓↑ 183 m

3½ Std.

Zinzenzell - Kagerhof - Haunsbach - Mittnach - Geraszell - Steinernkreuz - Zinzenzell

Malerische Tour über Felder und durch urige Wälder rund um Zinzenzell.

Markierung:
„Rot 1“ und „Rot 2“

Parken:
Wanderparkplatz bei der Kirche St. Michael (Navi: Dorfstr., 94344 Wiesenfelden/Zinzenzell)

Tourist-Information:
Georgsplatz 1
94344 Wiesenfelden
Tel.: 0 99 66/94 00 16

Über den Heizerberg und Steinernkreuz rund um Zinzenzell

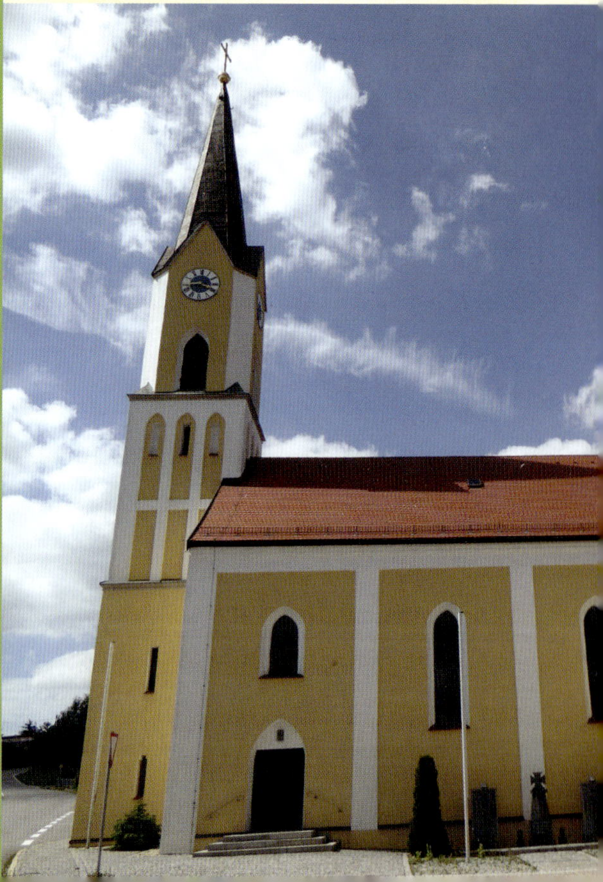

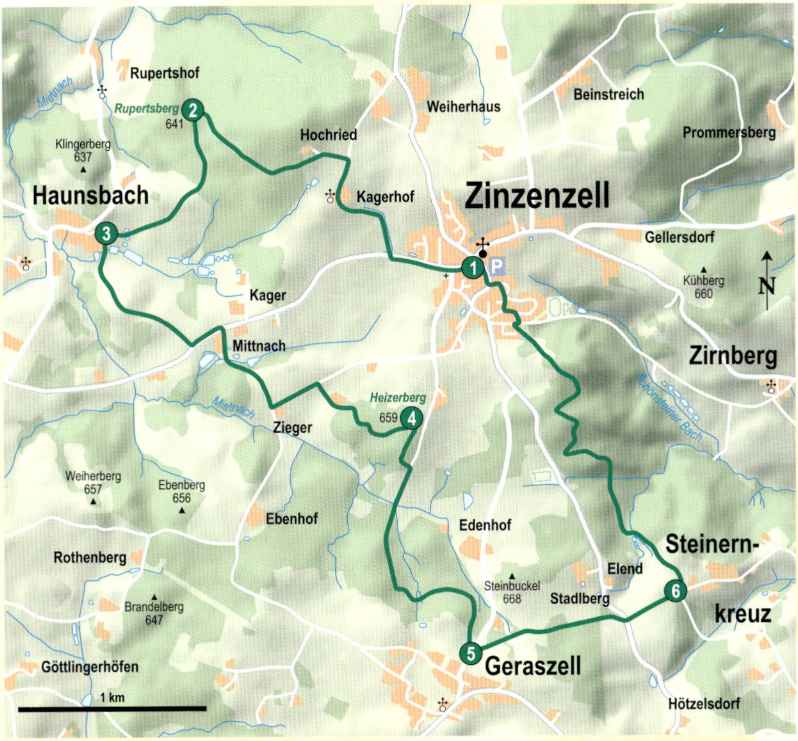

1. Zinzenzell – Start/Ziel
2. Rupertsberg
3. Haunsbach
4. Heizerberg
5. Geraszell
6. Steinernkreuz

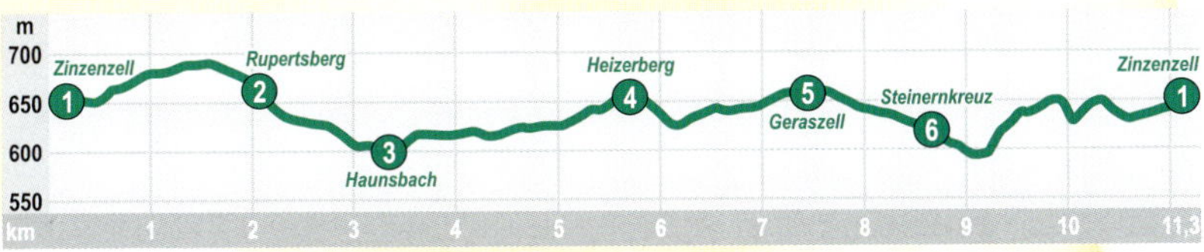

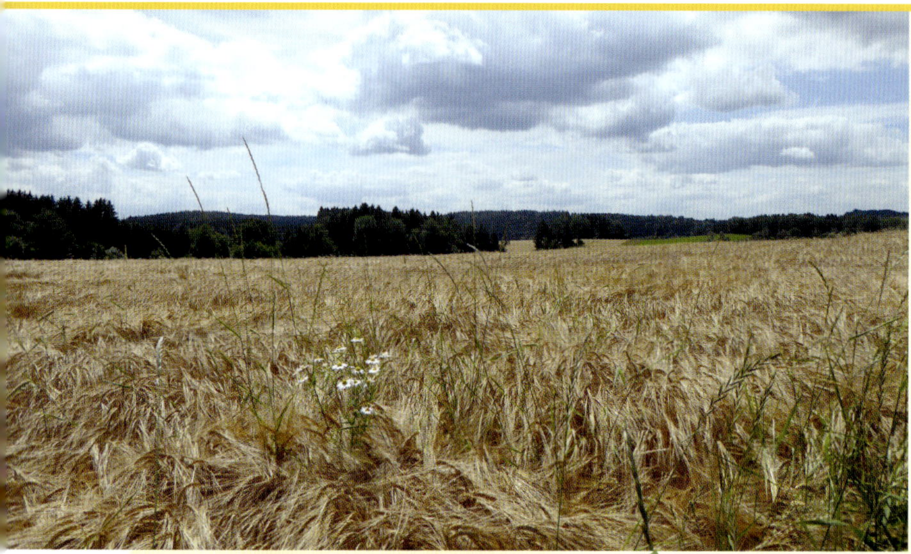

Felderlandschaften bei Haunsbach

Wir parken direkt neben der Kirche auf dem Wanderparkplatz ❶ mitten in Zinzenzell. Heute folgen wir anfangs der Markierung „Rot 1" und wechseln nach 6½ km auf die Markierung „Rot 2". Wir überqueren die Kreuzung und folgen der Haunsbacher Straße. Vorbei am Friedhof verlassen wir Zinzenzell auch schon. Nach 500 Metern auf der Straße biegen wir nach rechts ab und es geht hinauf zum Kagerhof. Immer wieder haben wir einen schönen Blick auf das Tal und auf Zinzenzell.

Wir folgen der kleinen Straße hinauf zum Kagerhof, dann geht es einmal durch den Hof und nach 200 Metern biegen wir links nach Hochried ab. Von hier haben wir eine wunderbare Sicht zurück auf Zinzenzell. Wir folgen der kleinen Straße nach Hochried, bleiben aber auf dem Weg, der unterhalb vorbeiführt und wandern in den Wald hinein. Dort bleiben wir immer auf dem Hauptweg. Durch einen Nadelwald führt uns der Waldweg immer weiter bergab. Links und rechts entdecken wir allerlei große Felsen.

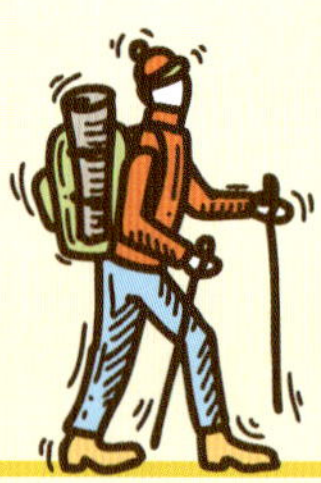

» Erleben Sie romantische Wege über die Wiesenlandschaften bei Zinzenzell. «

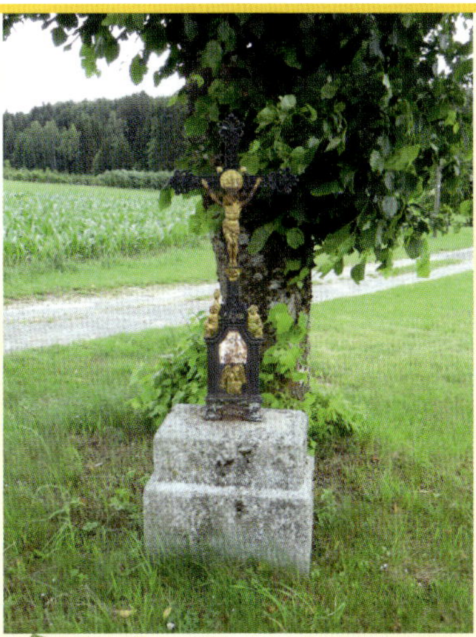

Wegkreuz bei Kager

Nach 800 Metern treffen wir auf eine Kreuzung. Hier trennen sich die Wanderwege „Grün 3“ und „Rot 1“. Wir bleiben auf dem „Rot 1“ und biegen scharf nach links ab. Es geht weiter bergab und wir wandern durch ein sumpfigeres Gelände auf einem angenehmen Waldweg ②. Nachdem wir den Waldrand erreicht haben, folgen wir dem Feldweg immer geradeaus in Richtung Haunsbach ③. Vorbei an Feldern und Wiesen gibt es schöne Ausblicke in das Tal. Kurz vor den ersten Häusern folgen wir dem Weg weiter zu einem Weiher und einer Pferdekoppel. Nach der Pferdekoppel biegen wir links ab und auf einem Feldweg wandern wir bergab. Gleich darauf überqueren wir einen kleinen Bach und kommen an ein paar richtig idyllischen Weihern vorbei. Danach geht es leicht bergauf und man sollte sich hier nochmals umdrehen, um den Blick auf Haunsbach zu genießen.

Wir folgen nun für 800 Meter dem Feldweg, bis wir auf eine Straße treffen, an der wir uns

Traumhafte Wege bei Haunsbach

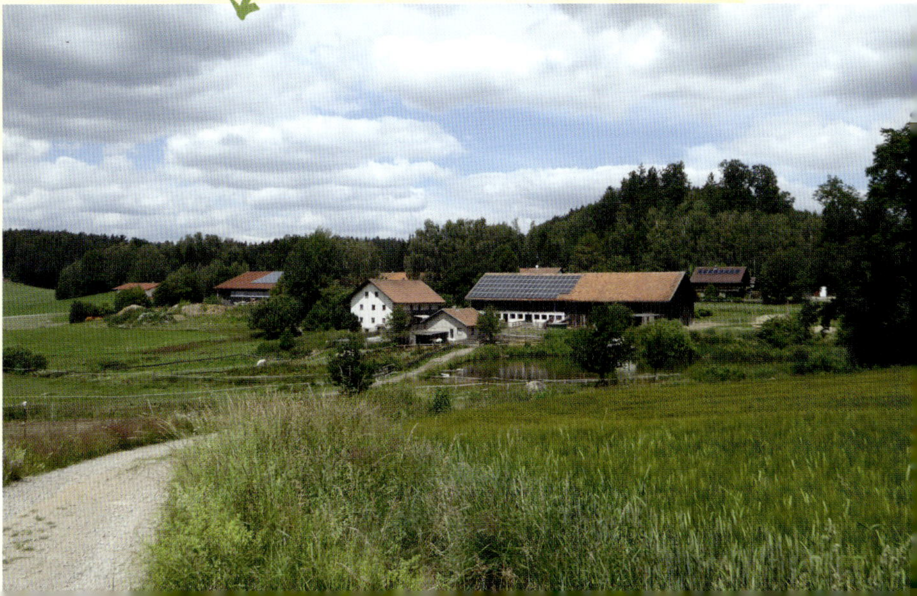

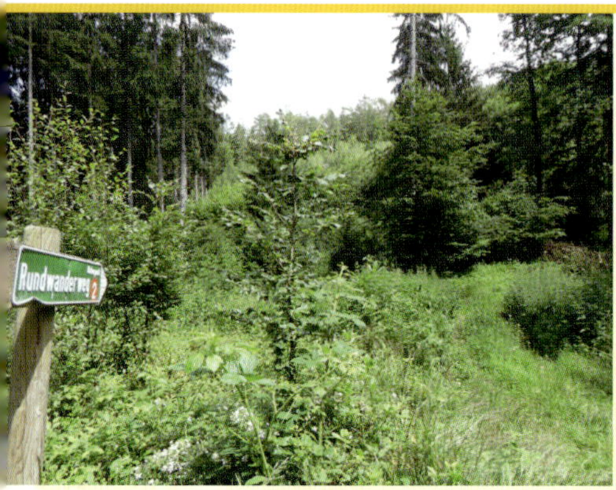

Naturbelassene Wege

links halten. Nach 100 Metern auf der großen Straße biegen wir nach rechts ab. Es geht durch den kleinen Ort Mittnach. Kurz nach dem Ort verlief der Wanderweg nach rechts in den Wald. Aber anscheinend wurde er verlegt und führt nun geradeaus auf der kleinen Straße weiter.

Nach 500 Metern treffen wir auf einen Bauernhof, wo wir uns links halten und wieder einer kleinen Straße folgen. Nach 200 Metern biegen wir nach rechts ab und folgen der Straße zu einem Bauernhof. Der Ort heißt Zieger. Nachdem wir nun wieder einige Zeit auf Asphalt unterwegs waren, wird es jetzt wieder besser ☺. Gleich hinter dem Haus führt ein Waldweg geradeaus in den Wald hinein.

Nach ein paar Metern halten wir uns an der Kreuzung rechts und nur 10 Meter weiter wieder rechts. Über einen Wiesenweg geht es durch den Wald. Wir folgen immer dem Hauptweg. Die Markierung ist gut und deshalb kann man sich hier nicht verlaufen. Wir überqueren einen breiteren Waldweg und nun geht es hinauf auf den „mächtigen" Heizerberg ④. Nach der Waldwegüberquerung treffen wir auf den nächsten Weg, welchem wir nach links folgen. An der nächsten Kreuzung müssen wir scharf rechts abbiegen und wandern nun unterhalb des Heizerbergs entlang. Die Wege sind klasse zu gehen, das macht Spaß und nachdem wir heute schon einige Asphaltabschnitte hatten, freuen wir uns über jeden Meter auf Waldwegen.

Am Waldrand treffen wir auf einen Wegweiser und einen Feldweg. Hier halten wir uns rechts und gehen in Richtung Wald. Hier beginnt auch die Markierung „Rot 2", der wir nun bis zum Ende folgen. Wer die Tour hier beenden will, biegt nach links ab und kommt direkt zurück nach Zinzenzell.

Wir folgen aber dem Feldweg hinein in den Wald. Am Waldrand überqueren wir einen kleinen Bach, die Mietnach, und an der nächsten Kreuzung gehen wir geradeaus weiter. Wir folgen für 500 Meter diesem Forstweg und kommen dann zu einem Wegweiser. Dort biegen wir nach links auf einen Waldpfad ein. In einer langen Rechtskurve geht es um viele kleine Nadelbäume herum. Gute 100 Meter später treffen wir auf den nächsten Wegweiser. An diesem Wegweiser biegen wir links ab und auf einem Wiesenweg geht es über einen kleinen Bach. Jetzt heißt es aufpassen, denn direkt nach dem Bach geht es nach links zwischen den Büschen hindurch. Dort ist zwar eine Markierung, die aber schon ziemlich eingewachsen war.

Über einen Wiesenpfad geht es über den nächsten Bach und dann treffen wir auf eine Kreuzung. Dort biegen wir halblinks ab und folgen dem Waldweg. Nun geht es 400 Meter auf diesem Waldweg weiter. Wir bleiben immer am Hauptweg, der in einer langen Rechtskurve durch den Wald führt. Am Waldrand angelangt stehen wir an einer Wiese, wir halten uns dort rechts und folgen der Hecke zur Straße. Rechts würde es nach Geraszell gehen, wir folgen aber weiter unserer Markierung „Rot 2" und überqueren die Straße. Auf einem Feldweg geht es nun in ein kleines Waldstück hinein und dann über Felder und Wiesen immer geradeaus weiter. Wir treffen wieder auf ein Waldstück und nehmen hier den linken Weg. Nur kurze Zeit später verlassen wir den Wald und folgen dem Feldweg bis zur Straße.

An der Straße finden wir auch ein großes Kreuz. Wir überqueren diese und folgen dem Weg nach Steinernkreuz 6. Am Ortseingang befindet sich direkt hinter den Bäumen ein cooler Rastplatz und wir biegen hier nach links ab. Über Wiesen und Felder geht es nun hinab in ein Tal. Nach 300 Metern erreichen wir den Wald und nur ein paar Meter weiter kommen wir an drei idyllischen Fischweihern vorbei. Malerisch liegen sie in diesem Tal, umrandet vom Wald. Hier ist es sehr schön. Wir genießen die Blicke auf die Teiche und schauen uns die vielen kleinen Fische an.

30 Meter nach dem letzten Fischteich treffen wir auf eine Waldkreuzung. Hier halten wir uns rechts und folgen dem Waldweg, der weiter hinab ins Tal führt. Nun geht es gute 200 Meter durch das Tal, wir überqueren einen kleinen Bach und haben nun die tiefste

Feldwege bei Steinernkreuz

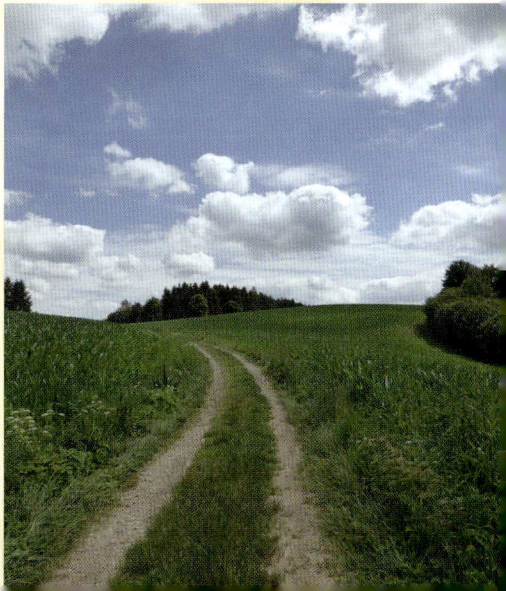

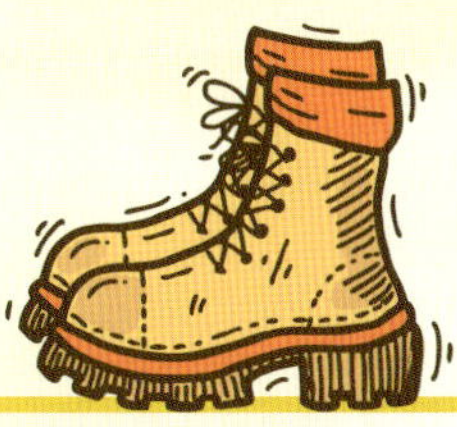

» Urige Wege erwarten Sie auf dem Weg nach Steinernkreuz. «

Stelle der Runde erreicht. Ab jetzt geht es bergauf. Über einen Waldpfad kommen wir an einem Felsenmassiv vorbei. Wir folgen immer weiter dem Pfad, man kann ihm leicht folgen, denn es geht nur bergauf. Oben angekommen treffen wir wieder auf einen Wegweiser. Hier biegen wir scharf rechts ab, es geht wieder ein paar Meter bergab und dann in einer Linkskurve wieder bergauf. Am nächsten Weg halten wir uns links und folgen dem Weg bis zum nächsten Wegweiser, der uns wieder nach rechts weist. Über einen Waldweg geht es wieder bergab. Unten angekommen, halten wir uns links und folgen dem kleinen Waldweg wieder einmal bergauf.

» Genießen Sie den traumhaften Talweg zurück nach Zinzenzell. «

Vorbei an großen Felsen geht es hinauf, wo wir schon eine Waldwiese sehen. Wir bleiben aber am Weg, an der nächsten Kreuzung halten wir uns links und stehen nun auf einer Wiese. Dort halten wir uns links. Wir tref-

Waldteiche bei Steinernkreuz

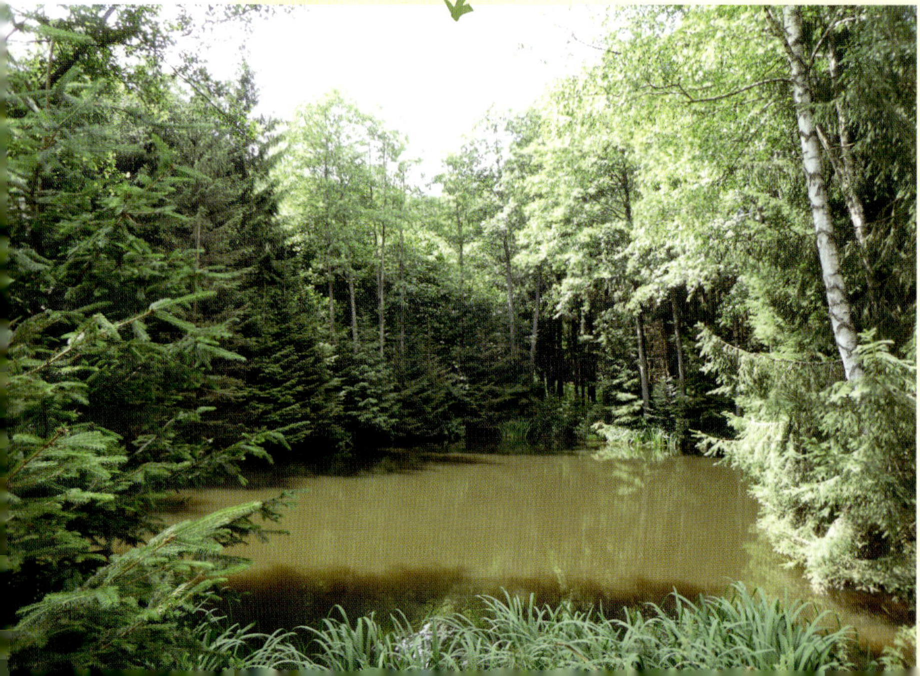

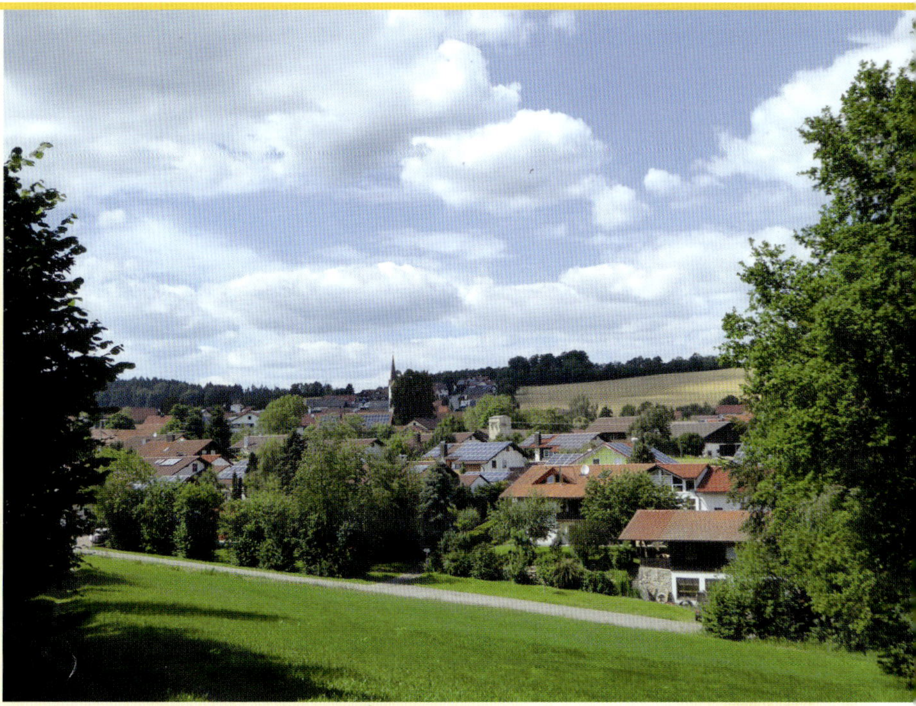

Blick auf Zinzenzell

fen auf einen Wiesenweg und sehen Zinzenzell vor uns. Auch die Kirche, an der wir gestartet sind, können wir schon erkennen. Wir gehen hinab zur Straße, biegen nach rechts ab und dann gleich wieder nach links. Über einen kleinen Asphaltweg geht es nun an schönen Gärten vorbei.

Am Ende treffen wir auf die Straße „Baumgärten" und biegen hier nach links ab. Nur 100 Metern weiter biegen wir nach rechts ab und es geht wieder einmal ein wenig bergauf. An der nächsten Kreuzung geht es geradeaus weiter bzw. leicht links und dann halten wir uns wieder links. Jetzt stehen wir auch schon direkt vor der größeren Dorfstraße, wo wir rechts abbiegen. Die Kirche ist nun direkt vor uns und gleich dahinter befindet sich wieder unser Parkplatz ❶, wo unser Auto steht.

Essen/Einkehren:

Gasthaus Höcherl
Dorfstr. 14, 94344 Zinzenzell
Tel. 0 99 66/3 21
Öffnungszeiten: Mi-Mo 8 - 24 Uhr

Mittel

8,9 km

↓↑ 155 m

2½ Std.

Rund ums Büscherl

Wiesenfelden – Utzenzell – Kragenroth – Büscherl – Utzenzell – Wiesenfelden

Traumhafte Runde zum Büscherl, der höchsten Erhebung des Vorderen Bayerischen Waldes.

Markierung:
Rot 3

Parken:
Parkplatz hinter dem Rathaus (Navi: Georgsplatz, 94344 Wiesenfelden)

Tourist-Information:
Georgsplatz 1
94344 Wiesenfelden
Tel. 0 99 66/94 00 16

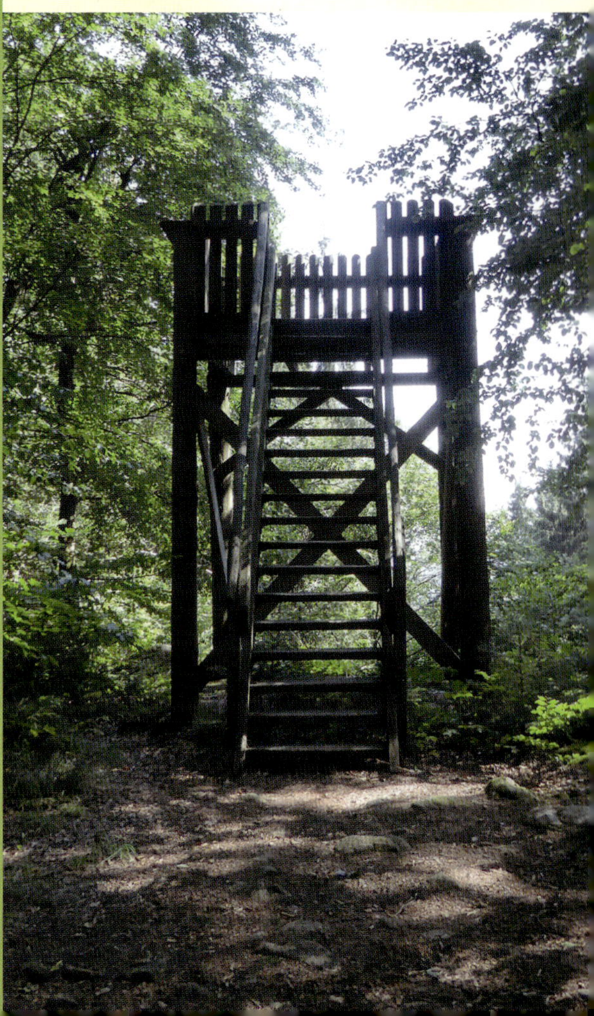

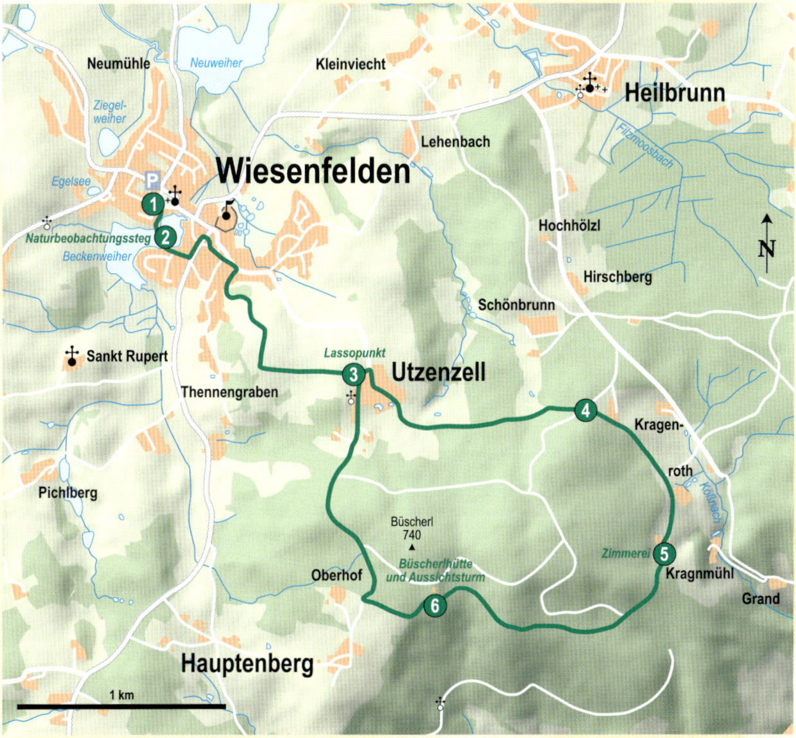

1 Wiesenfelden - Start/Ziel

2 Beckenweiher - Naturbeobachtungssteg

3 Utzenzell - Lassopunkt

4 Kragenroth

5 Zimmerei

6 Büscherl - Hütte und Turm

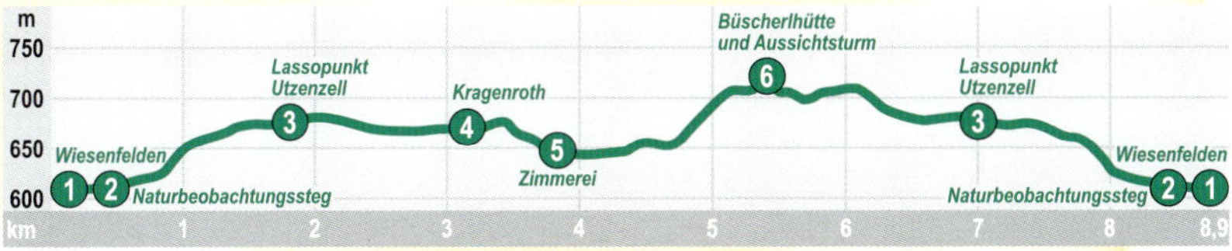

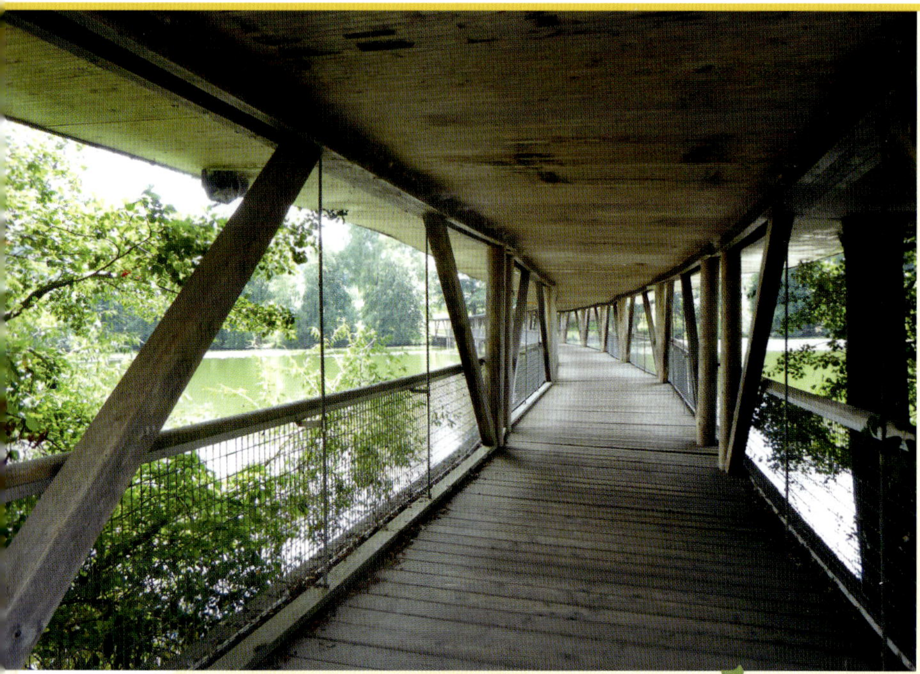

Naturbeobachtungssteg in Wiesenfelden

Wir starten unsere Tour am Parkplatz beim Rathaus ①. Vom Parkplatz gehen wir gleich über eine Promenade hinab zum Beckenweiher, wo wir schon eine erste wunderbare Sicht auf das Gewässer haben. Wir halten uns rechts und gehen gute 20 Meter am Uferweg entlang, wo wir auf den Naturbeobachtungssteg ② treffen. Dieser führt uns über den Beckenweiher.

Wir folgen der Markierung „Rot 3“, die zu großen Teilen auf dem Goldsteig verläuft. Der Weg über den Steg ist phänomenal. Enten, Fische, Wasservögel und vieles mehr gibt es zu entdecken. Im Anschluss treffen

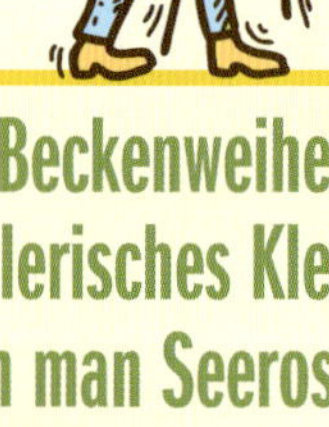

» Der Beckenweiher ist ein malerisches Kleinod, an dem man Seerosen, Fische und Wasservögel entdecken kann. «

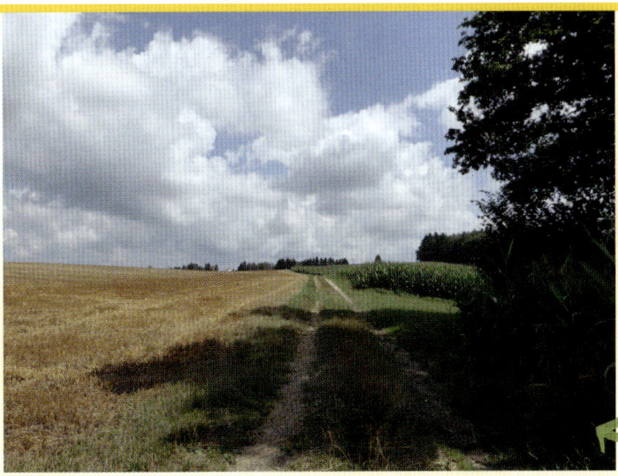

Traumhafte Wege nach Uttenzell

wir auf die Straße „Peterlhöhe", der wir nach links folgen. An der Straubinger Straße halten wir uns wieder links und wandern an einer Metzgerei vorbei.

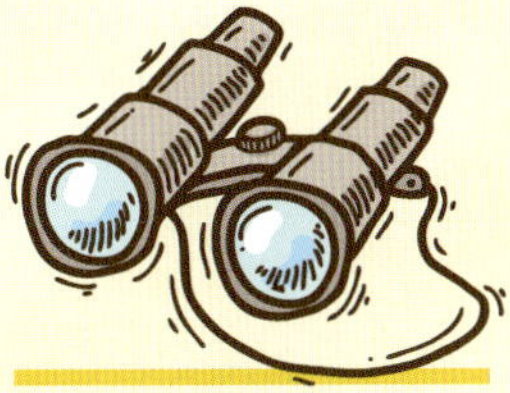

» Der Ausblick oberhalb der Mariengrotte auf Wiesenfelden ist phänomenal. «

Jetzt aufpassen, der Goldsteig biegt vor dem Bäcker nach rechts ab und dahinter halten wir uns links und folgen dem Unteren Grottenweg. An der Utzenzeller Straße biegen wir rechts ab und erreichen nach ein paar Metern den Fledermauskeller von Wiesenfelden, wo sich ein Besuch lohnt. Vor dem Keller biegen wir nach rechts ab und folgen nun dem Oberen Grottenweg, der uns aus Wiesenfelden hinausführt. Nach dem letzten

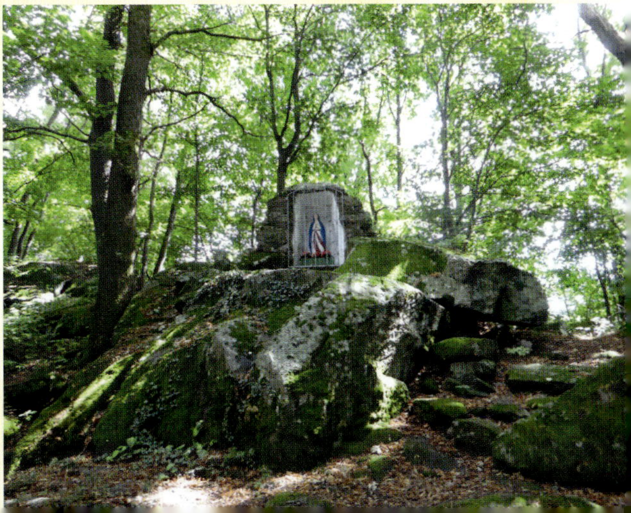

Mariengrotte bei Wiesenfelden

»Genießen Sie die Ruhe am idyllischen Büscherl.«

Haus lohnt ein kleiner Abstecher zur Mariengrotte. Diese Grotte ist ein Geotop und ein sehr idyllischer Platz, der zum Verweilen einlädt.

Es geht wieder weiter auf dem Goldsteig. Über einen Pflasterweg geht es den Berg hinauf, von wo man eine traumhafte Aussicht auf Wiesenfelden hat. Wir folgen dem Feldweg, der kurze Zeit später zu einem Wiesenweg wird. Wir bleiben immer am Hauptweg und es geht links, rechts und wieder links weiter. Über einen sandigen Feldweg geht es kerzengerade weiter. An der Straße angekommen halten wir uns links und an der nächsten Kreuzung gleich wieder rechts. Wir haben Utzenzell ③ erreicht und der Weg führt uns einmal durch den Ort.

Vorbei an zahllosen Pferdekoppeln erreichen wir ein Waldstück. Auch hier halten wir uns

Aussichtsturm und Schutzhaus am Büscherl

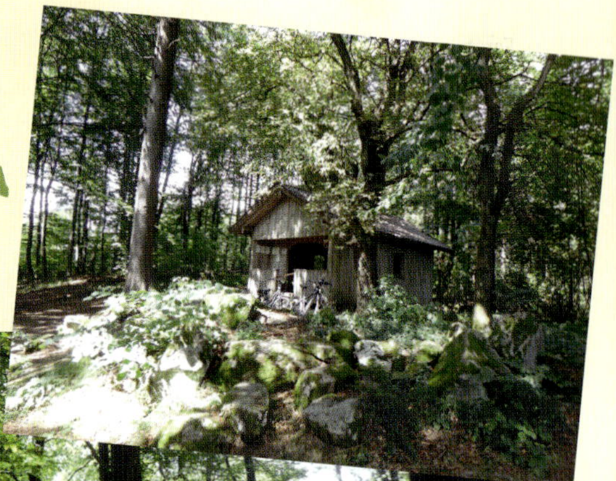

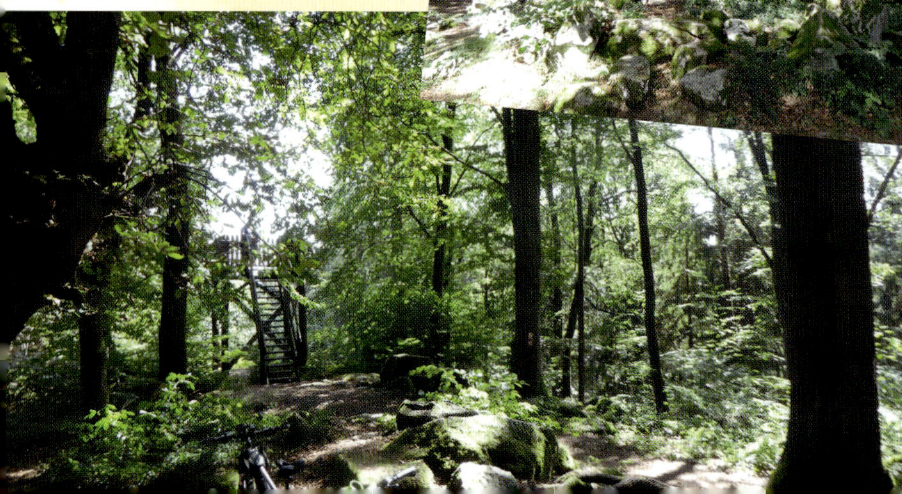

immer auf dem Hauptweg, bis wir den Waldrand erreichen. Nun geht es kerzengerade über die Kreuzung. Wir steigen neben den nächsten Pferdekoppeln, die an einem der vielen einzelnen Häuser von Kragenroth 4 liegen, bergab. Immer geradeaus erreichen wir eine kleine Straße. Hier verlassen wir die Markierung „Goldsteig" und folgen nun nur noch der „Rot 3", die uns nach rechts weiterführt.

Nach einiger Zeit kommen wir an einer Zimmerei 5 vorbei und gleich dahinter befindet sich eine Wegekreuzung. Dort halten wir uns rechts und über einen Waldweg geht es wieder bergauf. Wir treffen auf einen Forstweg und gehen geradeaus weiter. In einer Rechtskurve nach 300 Metern verlassen wir den Forstweg nach links und nun folgt ein toller Waldpfad, der uns langsam aber sicher hinauf zum Büscherl führt. Der Weg ist steinig und wurzelig und es geht wieder ein wenig steiler nach oben. Wir folgen immer dem kleinen Pfad und erreichen nach einem Kilometer das Büscherl 6. Hier gibt es eine Aussichtsplattform, die man über eine Holztreppe erreicht, sowie eine Schutzhütte. Das Büscherl (740 m NHN) ist die höchste Erhebung im Vorderen Bayerischen Wald. Hier sollte man eine kleine Rast einlegen.

Im Anschluss biegen wir links ab und es geht steil den Hang hinab. Der idyllische Waldpfad führt uns oberhalb einer Wiese entlang und große Felsen am Wegesrand weisen uns den Weg. Wir treffen auf einen Forstweg, dem wir nach rechts folgen. Es geht ein wenig bergauf, bevor wir wieder nach Utzenzell

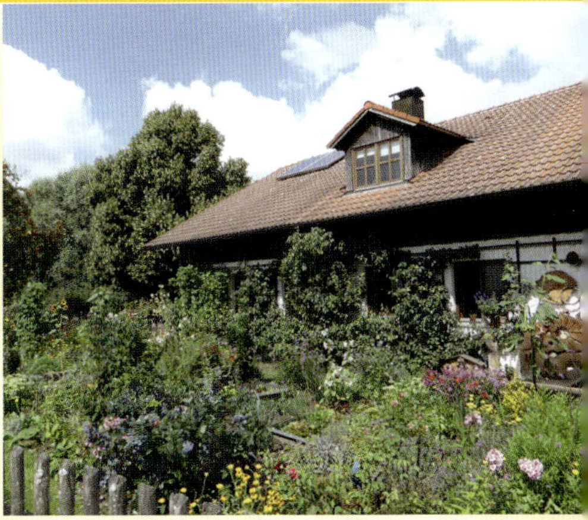

Traumhaftes Wiesenfelden

kommen, wo aus dem Forstweg eine kleine Straße wird. Wir folgen dieser immer geradeaus durch den Ort und treffen nach ein paar Metern am Ortsende 3 auf den Goldsteig und die Kreuzung, die wir vom Hinweg schon kennen. Hier biegen wir nach links ab und über den uns bekannten Weg geht es wieder hinab nach Wiesenfelden. Über den Naturbeobachtungssteg 2 erreichen wir wieder den Wanderparkplatz 1 am Rathaus.

Essen/Einkehren:

Gasthof zur Post
Straubinger Str. 4
93444 Wiesenfelden
Tel. 0 99 66/2 85, Öffnungszeiten:
Dienstag-Sonntag ab 8.00 Uhr,
Mittwoch ab 14.00 Uhr geschlossen

Leicht

7,1 km

↓↑ 70 m

2 Std.

Im Tal des Schanzlgrabens

Steinach – Schanzlgraben – Bärnzell – Steinach

Toller Rundweg durch den idyllischen Schanzlgraben und über das „Pferdedorf" Bärnzell zurück nach Steinach.

Markierung:
Rot 1

Parken:
Wanderparkplatz in der Wittelsbacherstraße am Ortsende von Steinach. (Navi: Wittelsbacherstraße, 94377 Steinach)

Tourist-Information:
Am Sportzentrum 1
94377 Steinach
Tel. 0 94 28/9 42

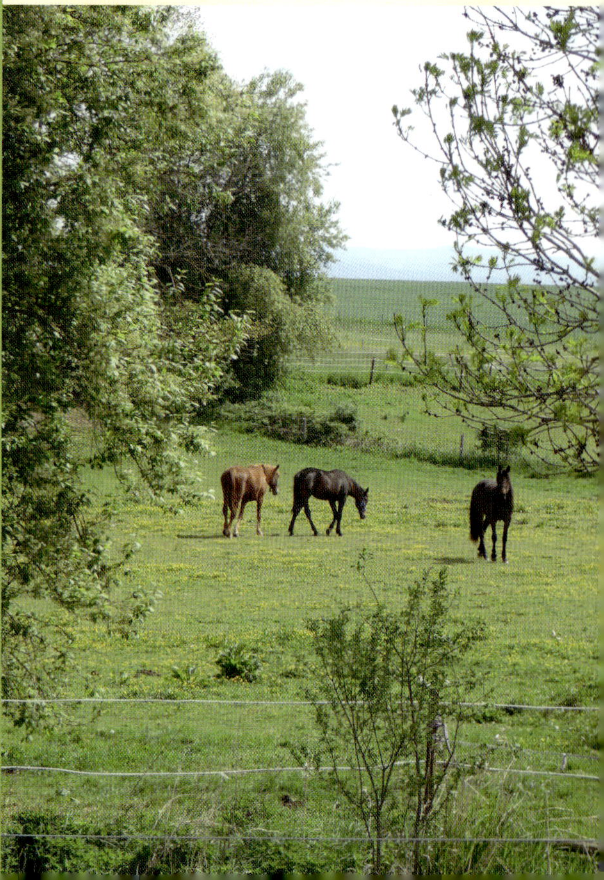

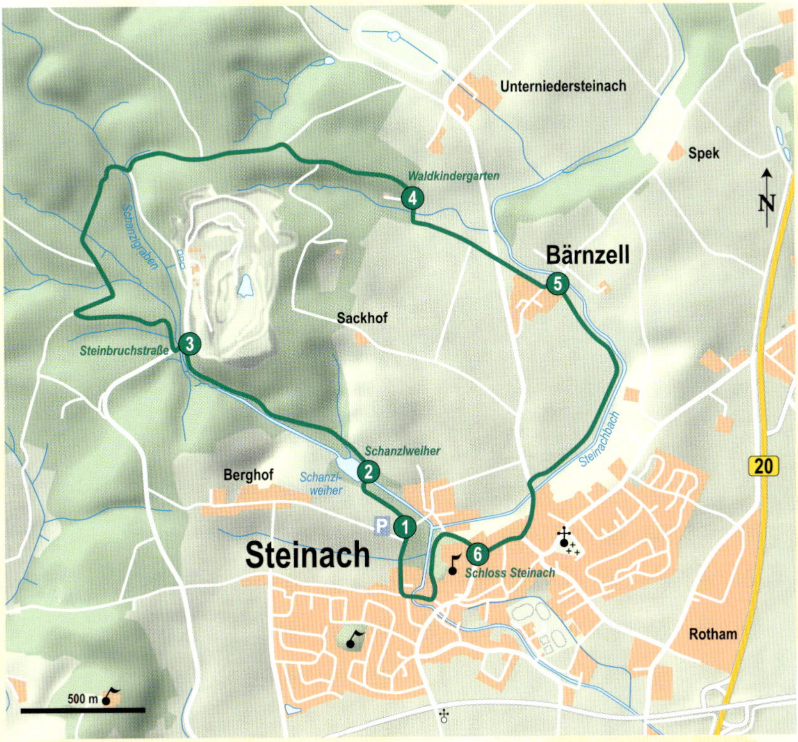

1. Steinach Wanderparkplatz – Start/Ziel
2. Schanzlweiher
3. Steinbruchstraße
4. Waldkindergarten
5. Bärnzell
6. Schloss Steinach

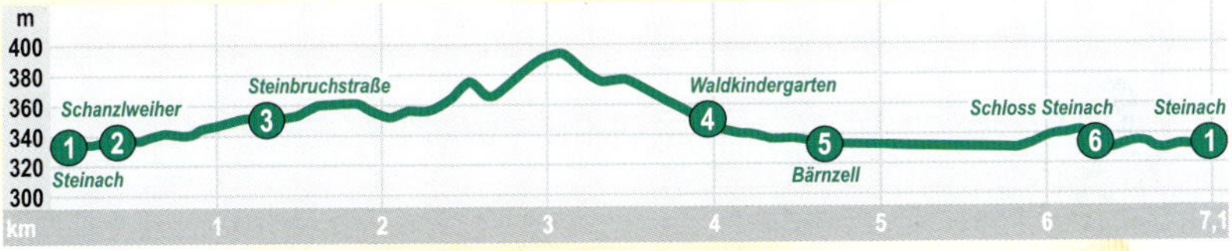

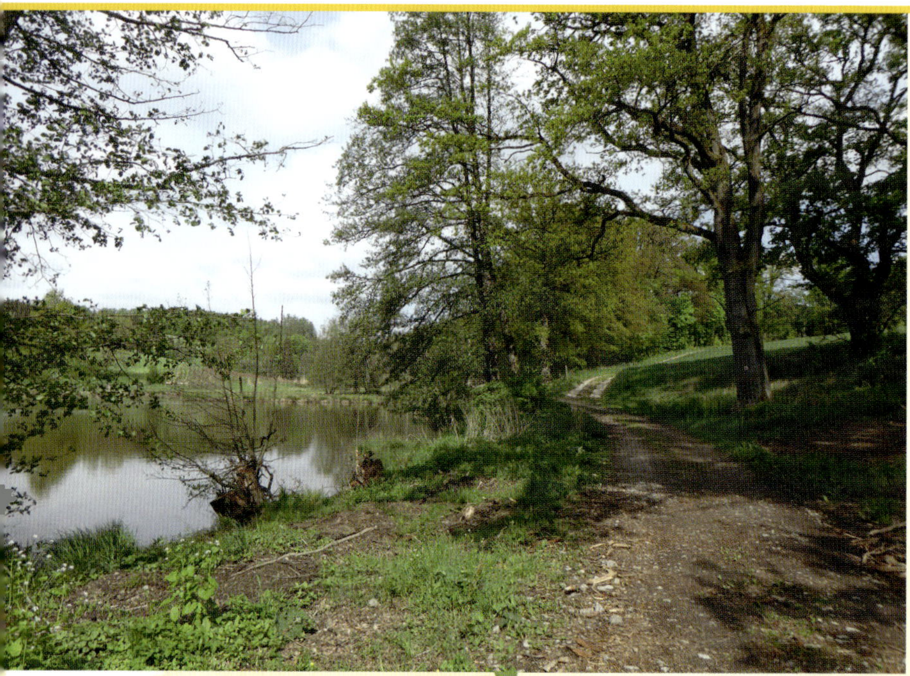

Am Schanzlweiher

Die Tour beginnt am Wanderparkplatz am Ende der Wittelsbacherstraße ①. Wir folgen immer der Markierung „Rot 1“. Am Parkplatz steht auch eine Naturpark-Infotafel, die uns den Weg zeigt. Wir folgen dem Feldweg am Waldrand entlang und erreichen nach kurzer Zeit den idyllischen Schanzlweiher ②. Es geht um den See herum und wir bleiben links auf dem Feldweg, der uns nun in das Tal des Schanzlgrabens, auch Tälerinn genannt, führt. Die Landschaft gleicht einem mystischen Moor.

Wir folgen nun einen guten Kilometer dem Forstweg, bis wir eine Straße an einem Steinbruch ③ erreichen. Hier halten wir uns links und gleich wieder rechts. Jetzt gehen wir auf einem Pfad auf der anderen Seite

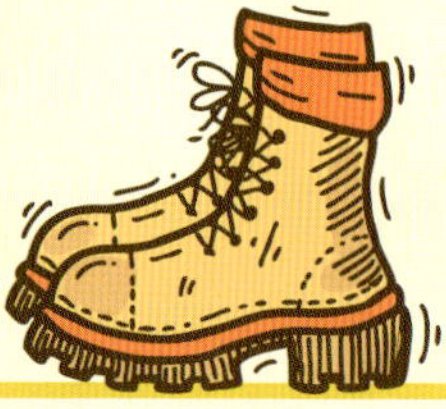

» Der moorartige Schanzlgraben hält allerlei Überraschungen parat.«

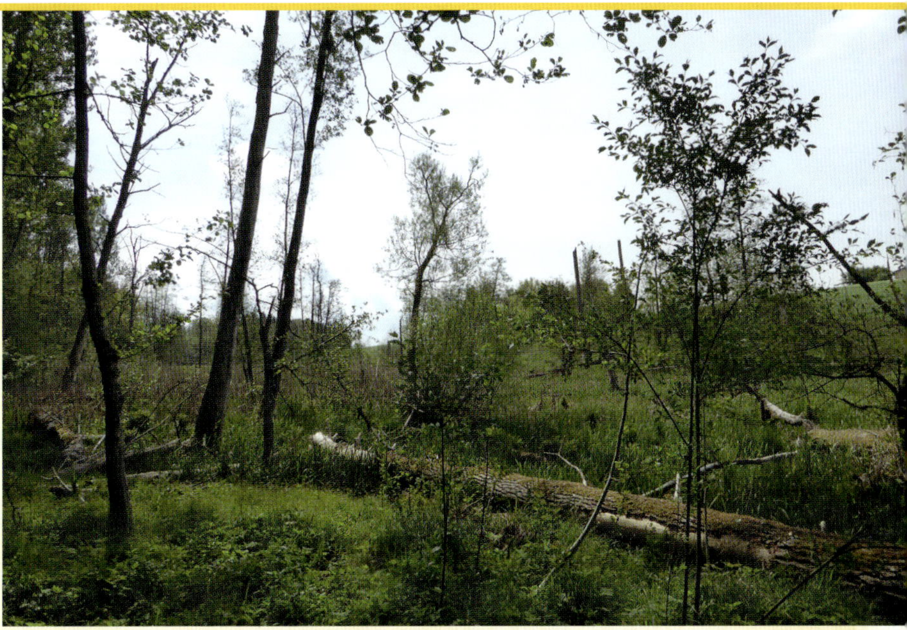

Durch den idyllischen Schanzlgraben

des Schanzlgrabens bergauf. Am Ende des Pfades wird dieser breiter und zu einem Waldweg, wo wir dann auch schon bald auf einen Forstweg treffen, dem wir nun nach rechts folgen. Es geht wieder bergab und nach einer Linkskurve auch schon wieder bergauf.

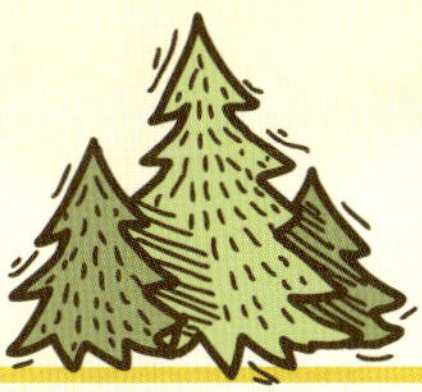

» Mit etwas Glück entdeckt man im Schanzlgraben den einen oder anderen Wasservogel.«

An der nächsten Kreuzung (der Forstweg biegt links ab) gehen wir geradeaus auf einem Waldweg weiter. 400 Meter später treffen wir auf die nächste Kreuzung, wo wir geradeaus weiter gehen. Über eine Rechtskurve wandern wir den Berg hinab. Wir überqueren die Brücke über den Schanzlgraben und halten uns gleich wieder links. Es geht wieder bergauf und am höchsten Punkt befindet sich eine Kreuzung, wo wir geradeaus weiter gehen. Der Forstweg führt uns nun bergab und nach 400 Metern biegen wir

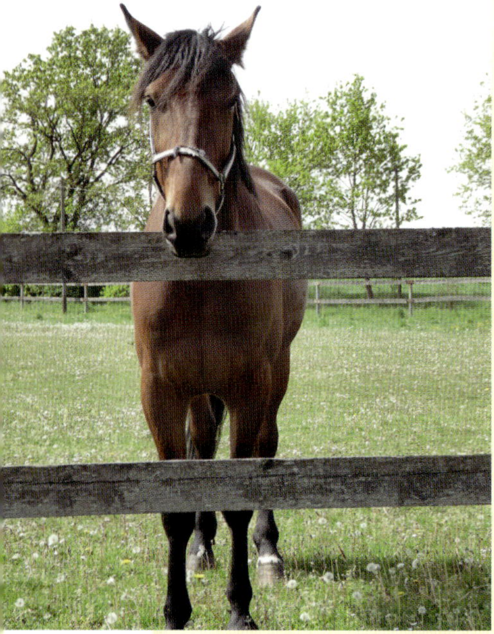

nach rechts ab. Weitere 150 Meter später kommen wir wieder an eine Kreuzung, der Forstweg knickt nach rechts ab, wir gehen aber geradeaus weiter. Der Waldweg führt uns auch schon bald aus dem Wald hinaus. Die Aussicht über die Felder, Wiesen und die liebliche Hügellandschaft ist wunderbar. Vorbei am Waldkindergarten 4 sehen wir vor uns schon eine Rastbank, die zu einer Pause einlädt. Frisch gestärkt gehen wir über einen Schotterweg in Richtung Bärnzell. Die

» Bärnzell ist die heimliche Pferdehauptstadt im Gäuboden. «

Wiesenlandschaften bei Bärnzell

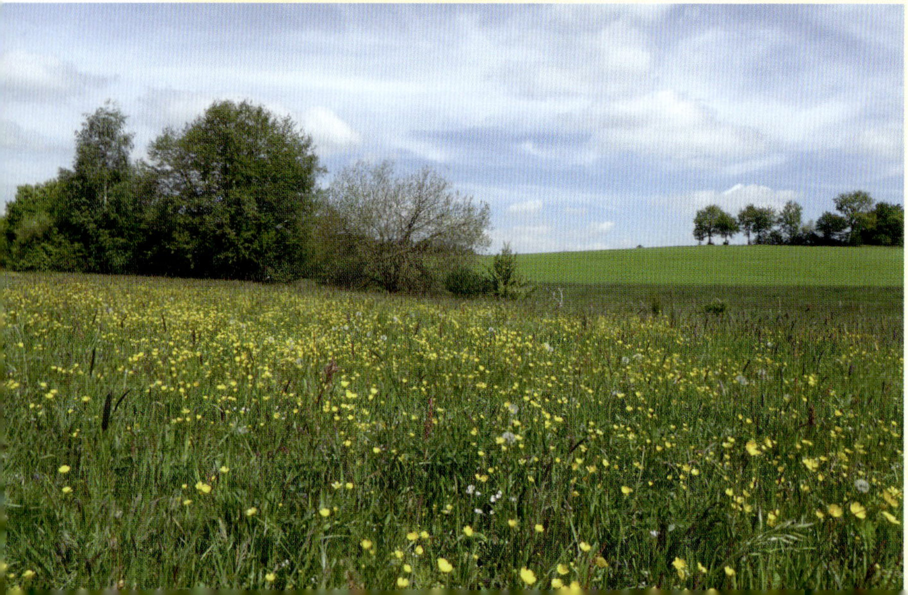

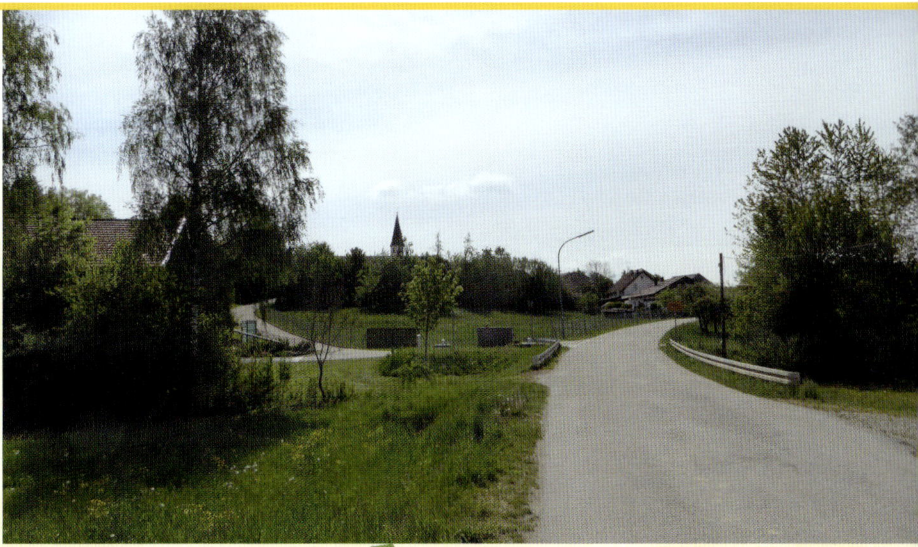

Wir erreichen Steinach

Straße überqueren wir und im Anschluss kommen wir an etlichen Pferdekoppeln vorbei. An der nächsten Straßenkreuzung in Bärnzell 5 biegen wir zuerst links und dann gleich wieder rechts ab. Wir folgen nun einem Feldweg, der zwischen blühenden Wiesen und dem kleinen Steinachbach entlang führt. Am Ende des Weges treffen wir auf eine Straße. Wir biegen nach links ab und haben wieder Steinach erreicht. Wir folgen der Bärnzeller Straße bis zur nächsten Kreuzung, wo wir uns rechts halten.

Nun geht es hinauf in Richtung Neues Schloss Steinach 6. Vor dem Schloss zweigt unser Wanderweg nach rechts ab. Davor machen wir aber noch einen Abstecher zum Schloss, welches wir natürlich erkunden. Zurück vom Abstecher geht es nun bergab und an einem riesigen Schornstein vorbei. Immer geradeaus weiter erreichen wir ein kleines Waldstück, wo wir auf einen Pfad nach links abbiegen müssen. Diesem folgen wir um den „Schlossberg" herum.

Am Ende des Pfades halten wir uns rechts und treffen wieder auf die Wittelsbacherstraße. Wir folgen dieser nach rechts und erreichen nach 400 Metern unseren Wanderparkplatz 1.

Essen/Einkehren:

Landhaus Krone
Hafnerstr. 1, 94377 Steinach
Tel. 0 94 28/9 48 02 50
Öffnungszeiten: Mi–Fr. 17–23 Uhr,
Sa. 11–14 Uhr und 17–24 Uhr,
So. 11–23 Uhr

Schwer

13,9 km

↓↑ 261 m

4 Std.

Steinerne Wand und Eixendorfer Stausee

Bauhof – Schwarzenburg – Steinerne Wand – Stockarn – Eixendorfer Stausee – Wutzschleife – Bauhof

Abwechslungsreiche Wanderung mit einer spektakulären Kraxelei über die Steinerne Wand und abenteuerlichen Pfaden am Eixendorfer Stausee.

Markierung:
Goldsteig,
Rz1, Rz2,
unmarkiert

Parken:
Wanderparkplatz am Ortsrand von Bauhof (Navi: Bauhof, 92444 Rötz)

Tourist-Information:
Böhmerstr. 18
92444 Rötz
Tel. 0 99 76/94 11 60

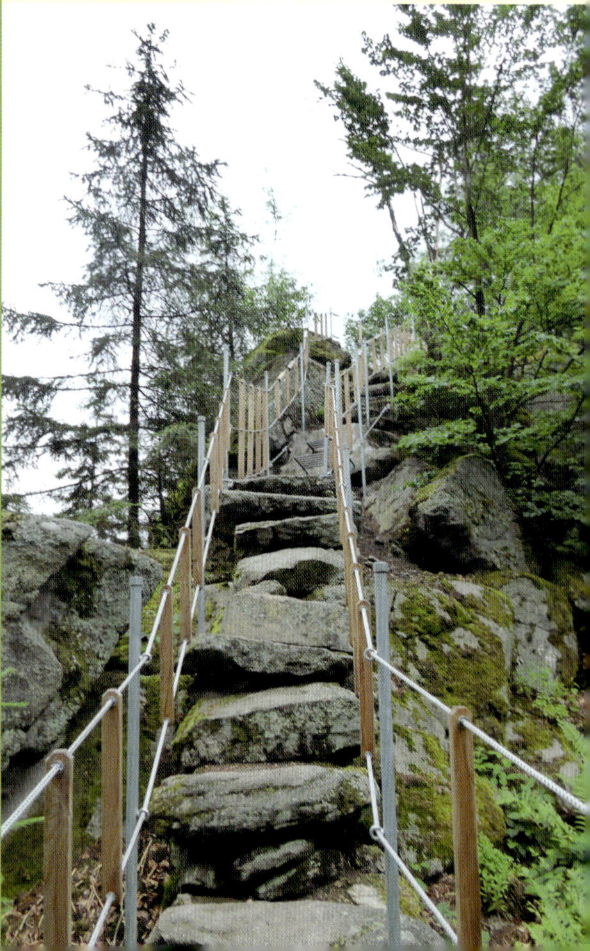

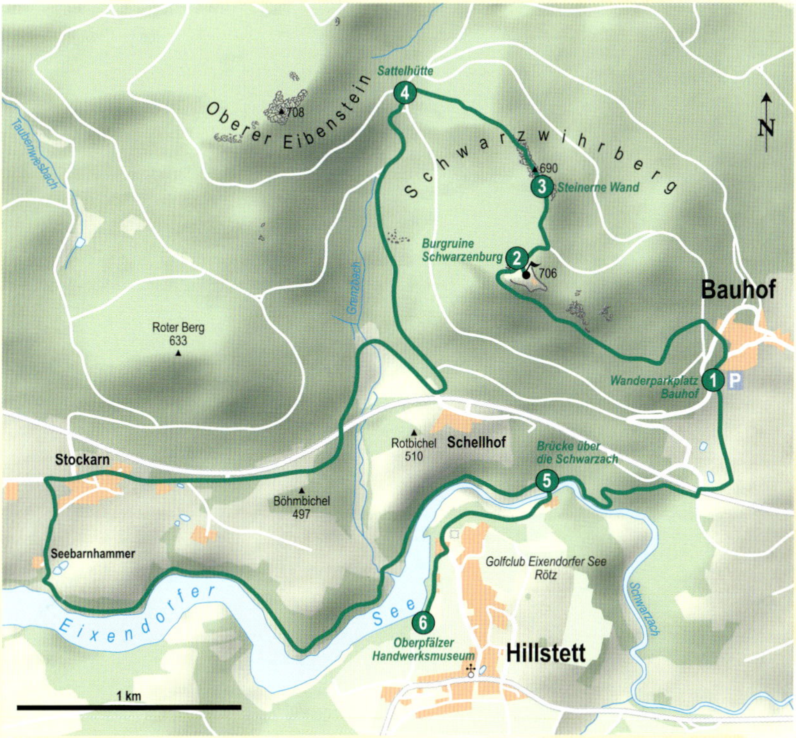

1 Wanderparkplatz Bauhof – Start/Ziel

2 Burgruine Schwarzenburg

3 Steinerne Wand

4 Sattelhütte

5 Brücke über die Schwarzach

6 Oberpfälzer Handwerksmuseum

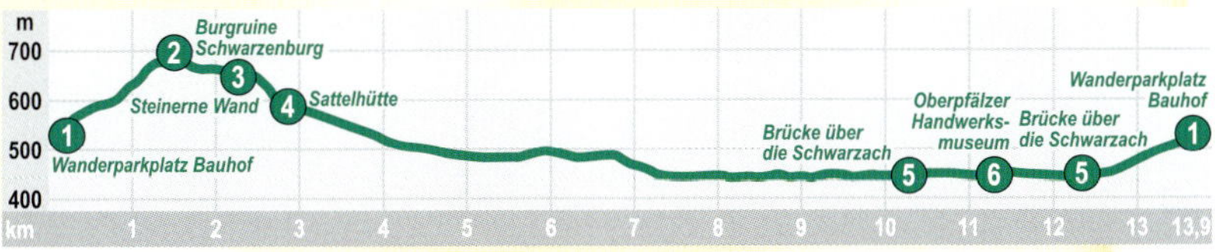

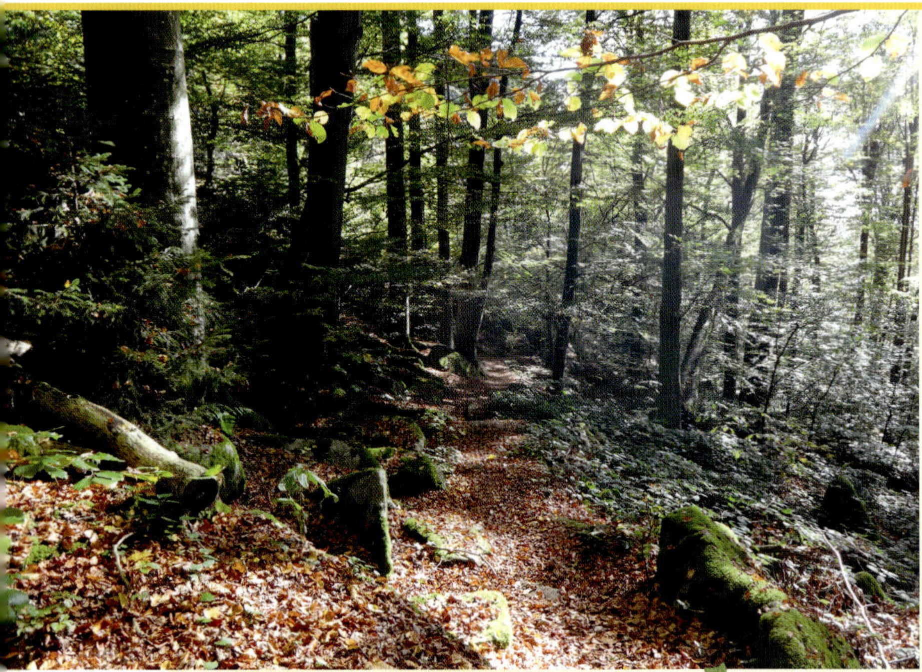

Auf dem Schützensteig geht es hinauf

Wir starten unsere Tour am Wanderparkplatz ❶ des kleinen Ortes Bauhof und folgen ab hier dem Goldsteig. Die Straße führt uns in den Ort hinein. Beim kleinen Brunnen biegen wir nach links ab. Nachdem wir den Forstweg überquert haben, halten wir uns links. Auf einem idyllischen Waldpfad, auch Schützensteig genannt, geht es nun den Berg hinauf. Vorbei an riesigen Gesteinsbrocken erreichen wir nach einem Kilometer eine kleine Rastbank, von der wir eine schöne Fernsicht genießen können. Kurze Zeit später sehen wir auch schon die Burgruine Schwarzenburg ❷.

Aufstieg auf dem Schützensteig

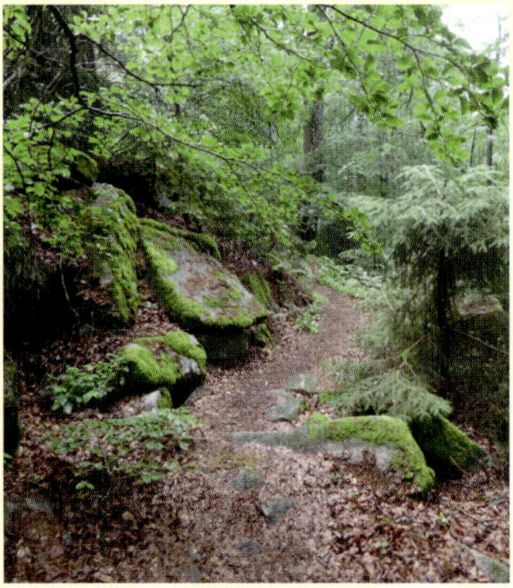

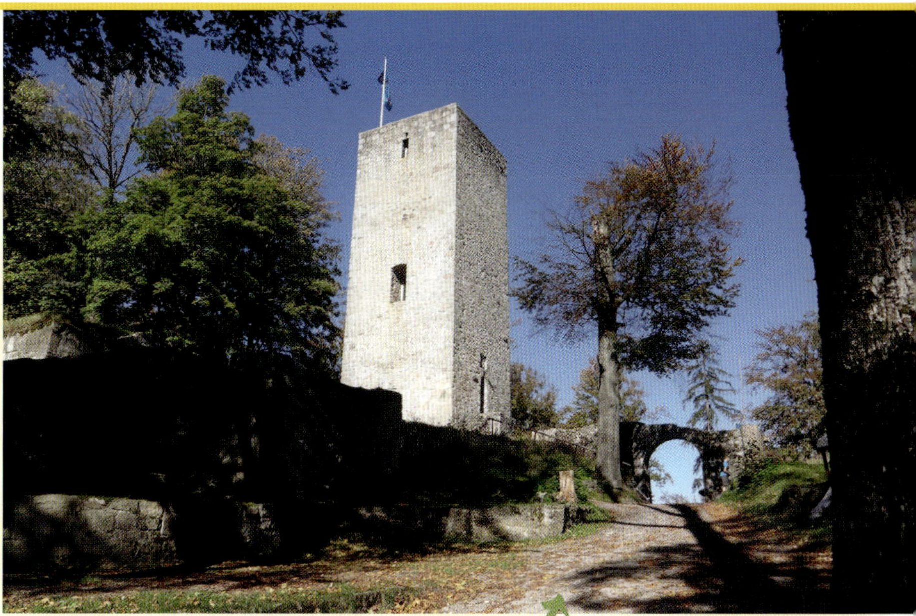

Bergfried auf der Schwarzwihrburg

Der Goldsteig führt uns direkt vor den Eingang und ein Abstecher in die Burg hinein lohnt sich definitiv. Es gibt einen kleinen Pfad rund um den Bergfried und auch die Treppen auf den Turm sollte man erklimmen. Über viele Stufen geht es hinauf und von oben haben wir eine unglaubliche Rundumsicht. Im Anschluss geht es wieder zurück zum Goldsteig, wo wir uns rechts halten. Nach 200 Metern auf dem Forstweg biegen wir nach links auf einen Pfad ab und überqueren einen Waldparkplatz.

Aussicht vom Schwarzwihrberg

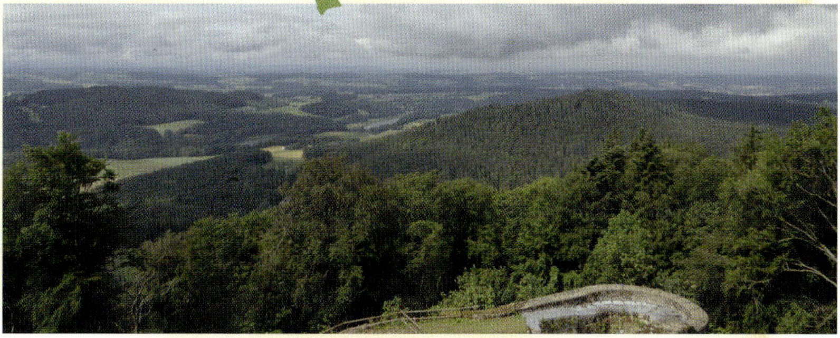

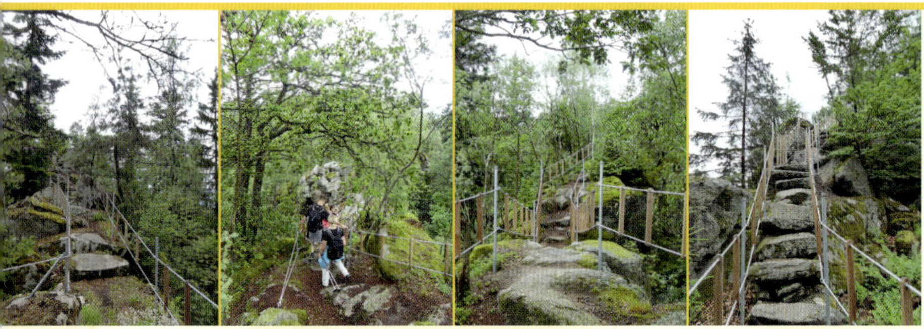

Kraxelspaß an der Steinernen Wand

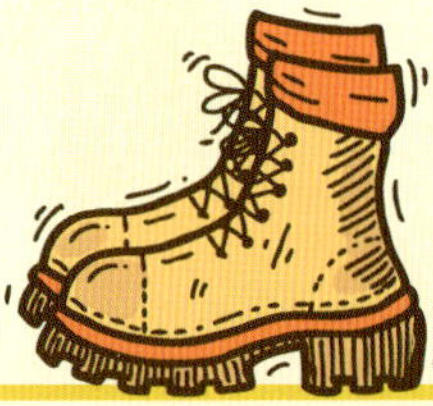

» Die Kraxelei über die Steinerne Wand ist ein Spaß für die ganze Familie. «

Gleich danach müssen wir uns entscheiden, denn wir stehen direkt vor der Steinernen Wand 3. Der leichte Weg führt nach links und der schwere Weg nach rechts. Wir wählen natürlich den schweren Abschnitt über die Steinerne Wand. Ein mit Seilen zu beiden Seiten gesicherter Weg führt über den steinernen Bergrücken des Schwarzwihrbergs. Dieser Abschnitt ist richtig spektakulär und am Ende müssen wir über in den Stein gehauene Eisentritte bergabsteigen.

Der folgende steinerne Weg wird zu einem Waldweg, wo wir uns kurze Zeit später links halten. Über einen Waldpfad geht es steil bergab, bis wir die nächste Kreuzung erreichen. Hier steht die Sattelhütte 4, an der wir den Goldsteig verlassen und auf die Markierung „Rz 1" nach links wechseln. Es geht nun auf einem breiten Forstweg weiter. An der ersten Kreuzung halten wir uns rechts und an der zweiten Kreuzung links. Es geht

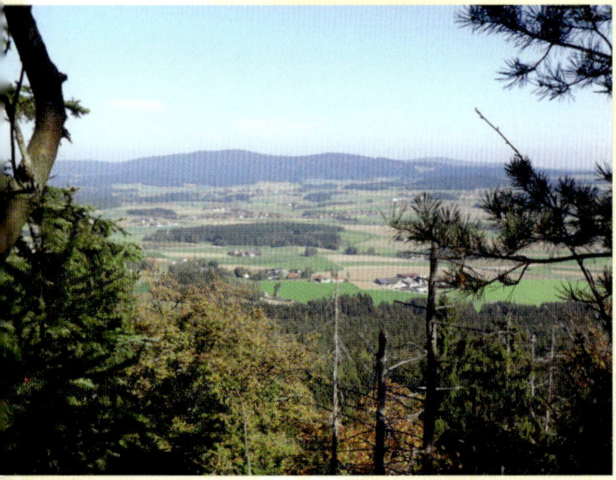

Aussicht von der Steinernen Wand

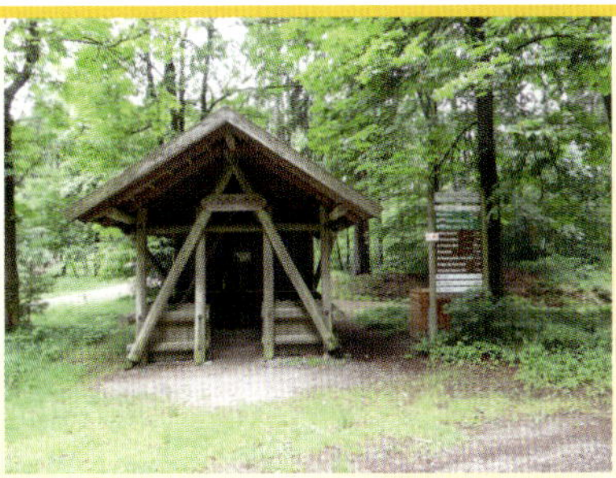

Sattelhütte

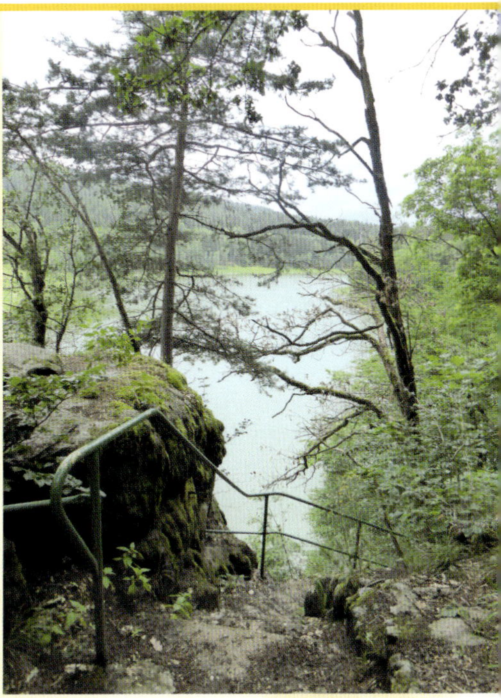

Felsige Pfade am Eixendorfer Stausee

einen Kilometer auf dem breiten Forstweg bergab, bis wir auf die Staatsstraße bei Schellhof treffen. Hier verlassen wir die Markierung und folgen der kleinen Nebenstraße nach rechts. Über eine lange Linkskurve geht es um eine große Wiese herum und dann unter der Staatsstraße hindurch. Wir bleiben immer auf der kleinen Nebenstraße, bis wir den Ort Stockarn erreichen. Am Ortsende biegen wir nach links ab und es geht hinab zum Eixendorfer Stausee.

Brücke über die Schwarzach

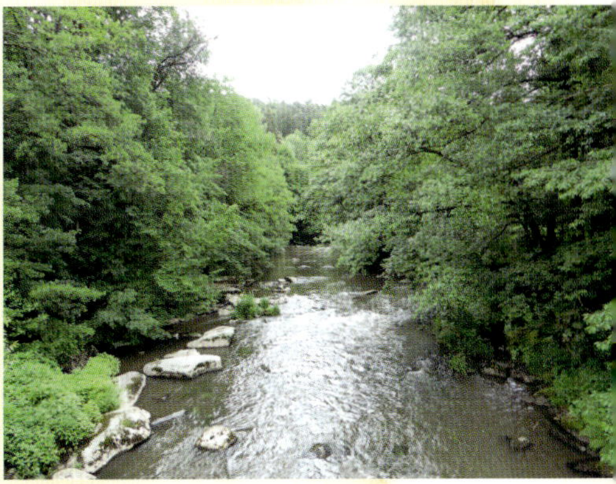

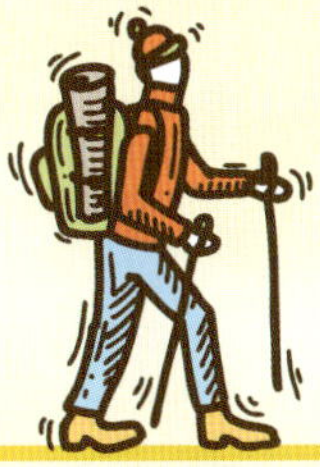

» Der abenteuerliche Pfad am Steilufer des Eixendorfer Stausees ist ein echter Wandergenuss. «

Hier treffen wir auf den Wanderweg „Rz 2“, dem wir nun nach links folgen. Zuerst auf einem breiteren Weg, wird dieser auch schon bald zu einem urigen und steilen Pfad am Ufer des Sees entlang. Wild und romantisch ist dieser Abschnitt und vor allen Dingen richtig abenteuerlich. Auf und ab geht es weiter, bis wir auf eine Wiese treffen. Wir gehen hier geradeaus weiter, bis wir das nächste Waldstück erreichen. An der nächsten Kreuzung halten wir uns rechts und folgen dem schönen Uferpfad. Der Weg wird nun breiter und wir erreichen die Holzbrücke über die Schwarzach 5.

Von hier aus machen wir einen kleinen Abstecher zum „Salzfriedl“. Wir folgen der kleinen Straße auf der anderen Seite der Schwarzach und halten uns an der alten Bahnlinie rechts. Nach einem guten Kilometer erreichen wir den Ort Hillstett und halten

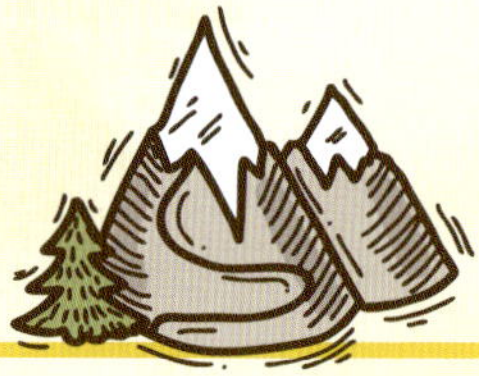

» Beim Salzfriedl genießen wir die Idyllische Atmosphäre des Sees. «

Dampflok in Hillstett

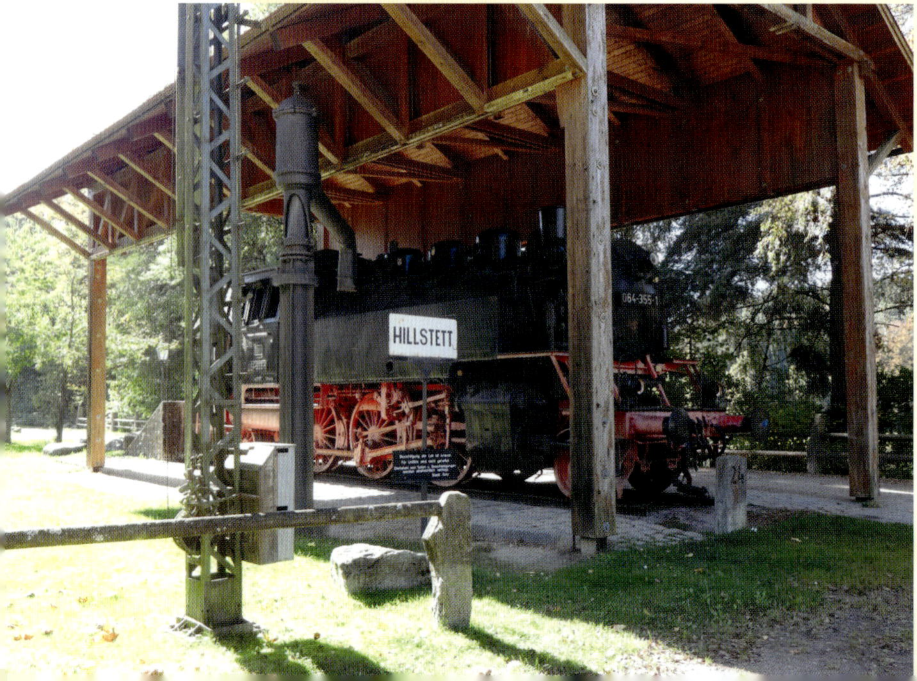

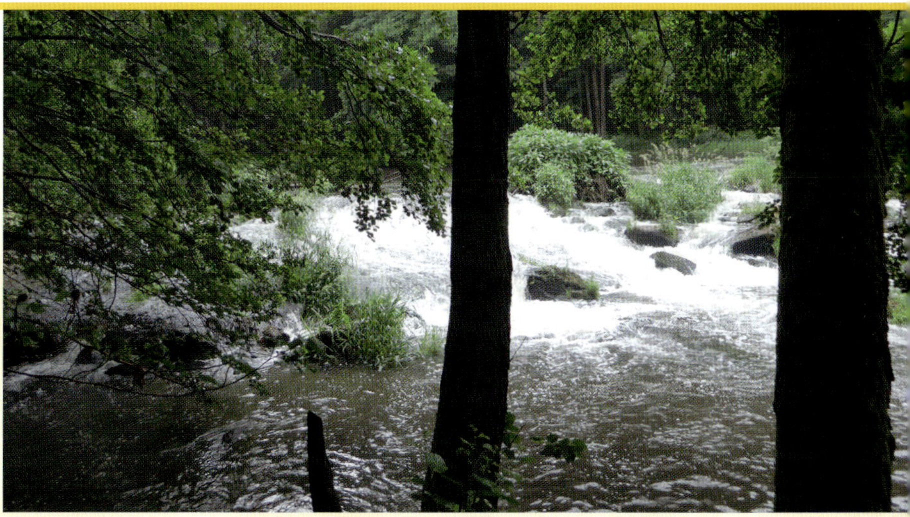

Wasserfall an der Schwarzach

uns nach dem „Eisenbahner Waldheim“ rechts. Nun sehen wir vor uns auch schon die alte Dampflok und gleich dahinter befinden sich der Salzfriedl, eine Ausflugsgaststätte, sowie das Oberpfälzer Handwerksmuseum 6. Hier lohnt es sich zu verweilen und auf der Seeterrasse eine Pause einzulegen. Auf dem gleichen Weg wandern wir wieder zurück zur Brücke über die Schwarzach. Dort treffen wir auch wieder auf den Goldsteig, dem wir nun bis zum Ende der Tour folgen. An der Brücke führt uns ein Pfad nach rechts am Fluss entlang, bis wir auf einen traumhaften kleinen Wasserfall treffen. Eigentlich ist es ein Wehr, aber es ist wunderbar anzusehen, wie hier die Schwarzach das Gefälle hinabstürzt. Kurze Zeit später halten wir uns links und nun beginnt der Aufstieg zurück zu unserem Startpunkt. Wir treffen auf eine Wegekreuzung, an der wir uns rechts halten und am Ende des Weges überqueren wir die Staatsstraße. Gleich danach halten wir uns hinter einer Holztafel rechts und folgen dem Wiesenweg den Hang hinauf. Oben angekommen treffen wir auf einen Feldweg, dem wir nun nach links folgen. Von hier haben wir eine tolle Sicht hinab zum Ort Rötz. Nach einem halben Kilometer erreichen wir unseren Wanderparkplatz 1, von dem wir gestartet sind.

Essen/Einkehren:

Museums-Schänke Salzfriedlhof
Hillstett 47, 92444 Rötz
Tel. 0 99 76/90 20 20
Öffnungszeiten: Di–Sa ab 11 Uhr, So ab 10 Uhr

Mittel

7,6 km

↓↑ 240 m

2½ Std.

Burgruine Kürnburg und Fernsicht vom Sattelberg

Stamsried - Sattelberg - Kettenberg - Kürnburg - Stamsried

Traumtour mit toller Aussicht und einer Ruine mit einer ganz besonderen Aura.

Markierung:
Wilder Mann 70,
grünes Dreieck,
Wilder Mann 69

Parken:
Wanderparkplatz am Ende der Waldheimstraße in Stamsried
(Navi: Waldheimstraße, 93491 Stamsried)

Tourist-Information:
Schlossstraße 10
93491 Stamsried
Tel. 0 94 66/94 01 21

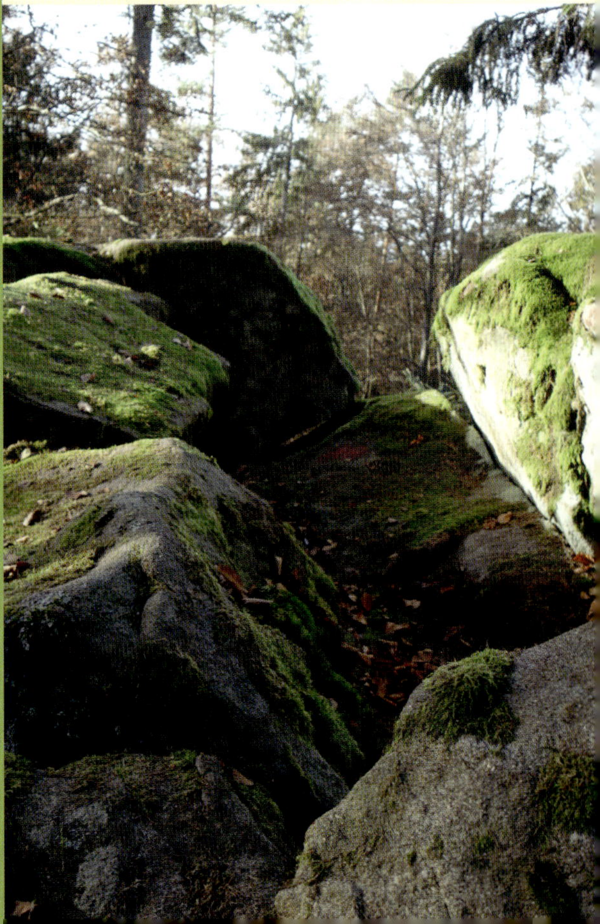

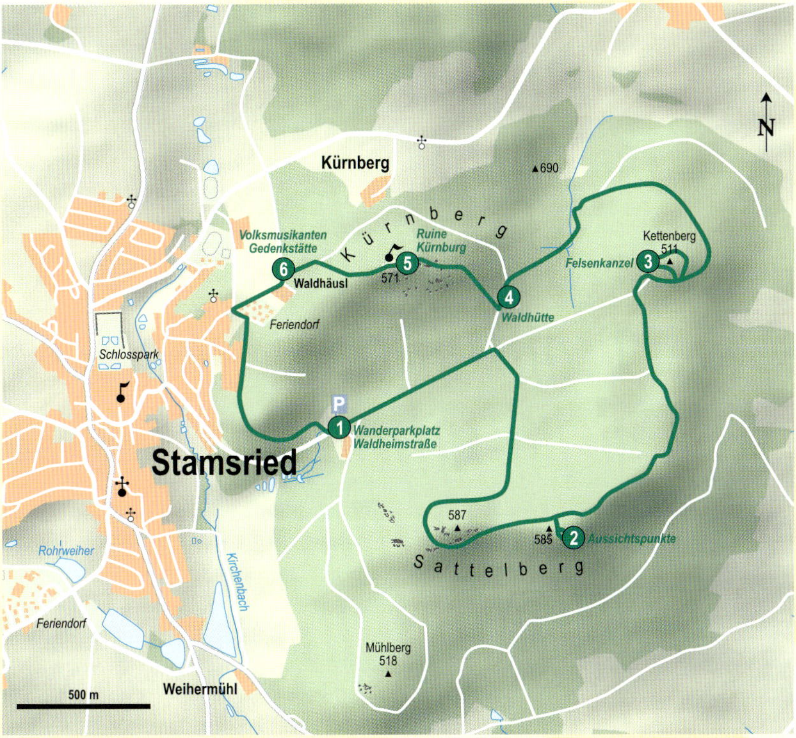

1. Wanderparkplatz Waldheimstraße – Start/Ziel
2. Sattelberg – Aussichtspunkt
3. Kettenberg – Felsenkanzel
4. Waldhütte
5. Burgruine Kürnburg
6. Volksmusikanten Gedenkstätte

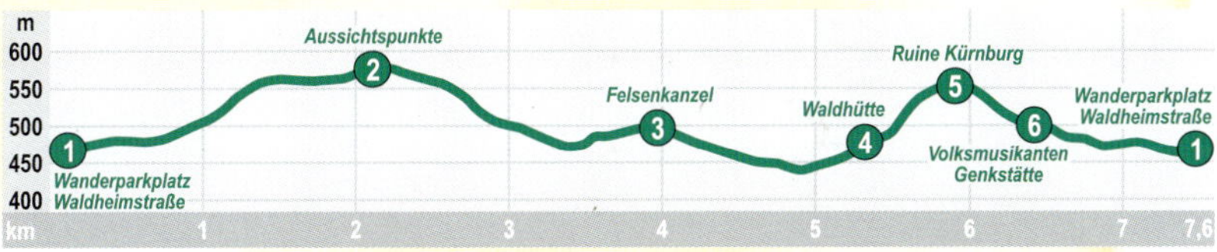

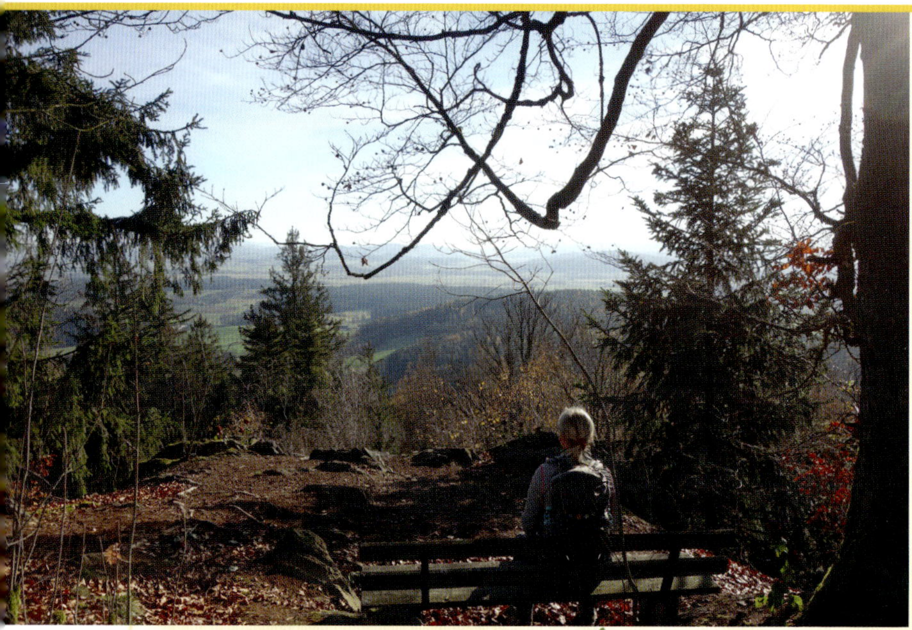

Aussichtspunkt am Sattelberg

Wir starten unsere Tour am Wanderparkplatz ❶ am Ende der Waldheimstraße bei Stamsried. Von dort folgen wir dem Forstweg geradeaus in den Wald hinein, er ist markiert mit dem „Wilden Mann 70". Nach 600 Metern treffen wir auf eine große Waldkreuzung und biegen hier nach rechts ab. Es geht nun immer geradeaus den Berg hinauf. Bis zum Sattelberg müssen wir 100 Höhenmeter überwinden, anfangs noch recht flach, wird der Weg dann immer steiler. Die Markierung führt uns zuerst in einer Rechts- und dann in einer Linkskurve hinauf. Oben angekommen sehen wir zu unserer Linken den Gipfel des Sattelbergs (586 m NHN). Er ist nicht begehbar, aber das Highlight des Berges folgt noch.

Nach weiteren 400 Metern weist uns ein Hinweisschild nach rechts. Wir folgen dem Pfad und gehen zuerst zum Aussichtspunkt ❷, wo uns eine spektakuläre Sicht erwartet. Anschließend gehen wir ein Stück zurück und

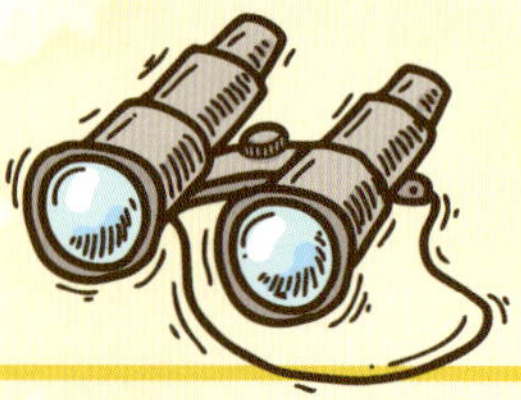

» Traumhafte Aussichten genießen Sie vom Aussichtspunkt am Sattelberg. «

steigen noch hinauf zum Gipfel, wo wir uns im Gipfelbuch verewigen müssen. Der Aufstieg ist sehr steinig und steil. Danach geht es wieder zurück zum Weg und wir halten uns rechts. Aus dem Forstweg wird nun ein Waldweg und nach kurzer Zeit geht es richtig steil den Berg hinab. Der bemooste Waldweg führt uns zu einer großen Waldkreuzung, wo wir den zweiten Weg nach rechts nehmen. Wir sind immer noch auf dem „Wilden Mann 70" unterwegs. Wir folgen der Rechtskurve und nach guten 200 Metern weist uns ein Schild nach links (Achtung: Das Schild ist ein wenig versteckt). Wir folgen dem Waldweg und erreichen kurze Zeit später den Kettenberg (505 m NHN) ❸. Am höchsten Punkt des Weges weist uns das nächste Schild nach links zur Felsenkanzel. Auf einem steinigen Pfad geht es nun den Kettenberg hinauf. Am höchsten Punkt finden wir die mystische Felsenkanzel umringt von bemoosten Steinen.

Wir folgen weiter geradeaus dem Pfad und es geht wieder hinab zum Wanderweg, den wir schon kennen. Wir halten uns links und folgen wieder unserer Markierung. Über einen Forstweg geht es nun bergab bis zur nächsten Kreuzung, wo wir uns links halten. Nun beginnt der Aufstieg auf den Kürnberg. Auf einem breiten Weg geht es steil bergauf und kurz nach der nächsten Kreuzung treffen wir auf eine Waldhütte ❹.

Felsenkanzel am Kettenberg

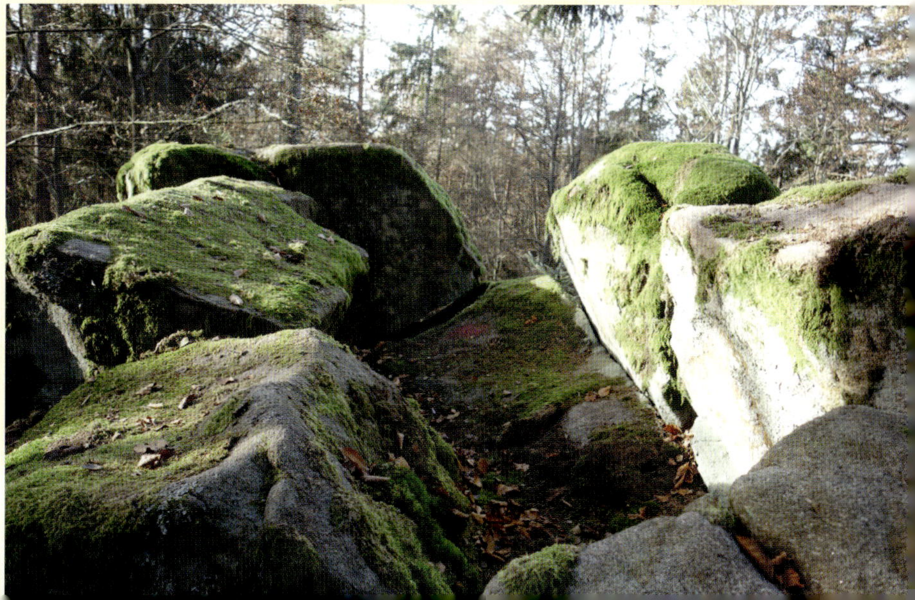

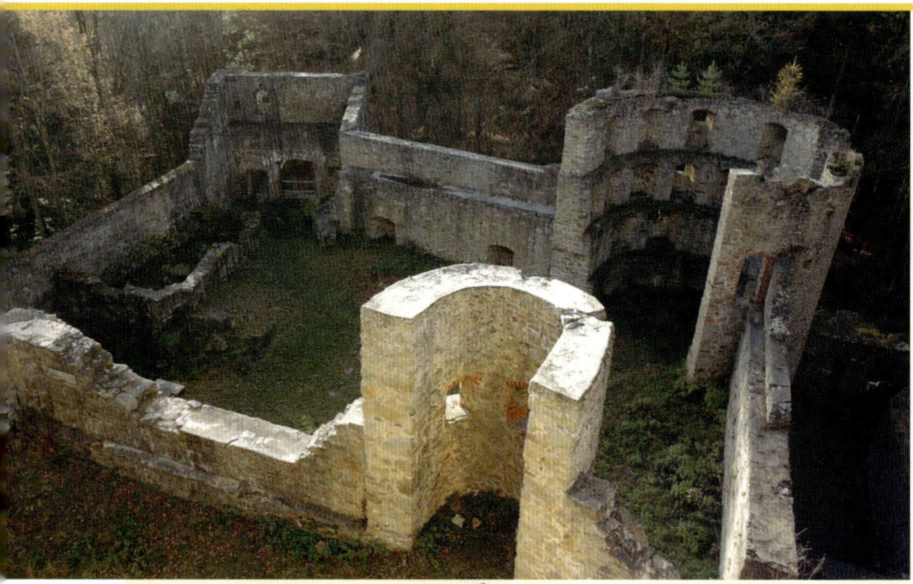

Burgruine Kürnburg

Jetzt aufpassen, denn nach 30 Metern müssen wir nach rechts auf einen Waldpfad einbiegen. Ab hier folgen wir der Markierung „grünes Dreieck". Gute 100 Höhenmeter liegen bis zum Highlight der Tour noch vor uns. Auf diesem steinigen und steilen Abschnitt überqueren wir zwei Forstwege und sehen vor uns nun schon die Burgruine Kürnburg ❺. Wir biegen nach links ab und an der Burgmauer entlang geht es hinein in die Burg. Stufen bringen uns nach oben.

Wir kommen an das Hauptgebäude der Kürnburg, wo ein Abstecher hinauf auf das Aussichtsplateau lohnenswert ist. Über eine Stahltreppe geht es hinauf und wir haben von hier oben einen fantastischen Blick auf das komplette Areal. Es geht wieder hinab und man sollte sich Zeit für eine Erkundung der Burguine nehmen. Die Burgruine Kürnburg wurde 1354 vom Ritter Dietrich von Kürn auf dem Haidberg erbaut, fortan hieß der Berg Kürnberg. Nach einer bewegten Geschichte wurde die Burg von den Schweden

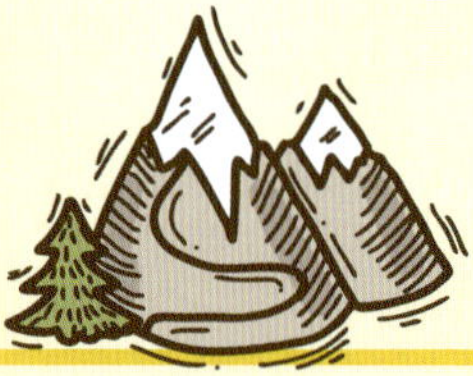

» Die Burgruine Kürnburg ist ein Abenteuerspielplatz für große und kleine Ritter. «

1634 zerstört. Die immer noch imposanten Reste dieser einst so mächtigen Burg laden auch heute noch zum Träumen oder auch zum Ritter-Spielen ein. Sie hat ein einzigartiges Flair, welches noch verstärkt wird durch die Tatsache, dass man hier fast immer alleine ist.

Wir verlassen die Burg auf der Brücke, die über den Wehrgraben führt und gehen immer geradeaus weiter. Dieser Abschnitt ist nicht markiert. Gleich nach der Brücke finden wir einige Sitzbänke, die zu einer Rast einladen. Im Anschluss folgen wir dem Weg, der uns kerzengerade den Berg hinab führt. Es geht vorbei an spannenden Infotafeln, die uns vieles über den Wald erklären.

Unten angekommen treffen wir auf einen Forstweg und einen Pinguin. Hier halten wir uns links und folgen der Markierung „Wilder Mann 69". Nach 200 Metern treffen wir auf eine Straße und folgen dieser nach links. An dieser Kreuzung finden wir viele Totenbretter, es handelt sich hier um die bekannte Volksmusikanten-Gedenkstätte 6.

Die Straße führt uns nach einigen Metern zu einer Ferienhaussiedlung. Direkt am Ende der Anlage biegen wir nach links in Richtung Wald ab. Nach gut 100 Metern treffen wir auf eine Wanderwegkreuzung, wo wir geradeaus weiter gehen. Wir sind jetzt wieder auf der Markierung „Wilder Mann 70" unterwegs. Auf einem Forstweg umrunden wir den Kürnberg und treffen nach 500 Metern auf die Waldheimstraße. Hier halten wir uns links und sehen vor uns auch schon wieder den Startpunkt unserer Tour 1.

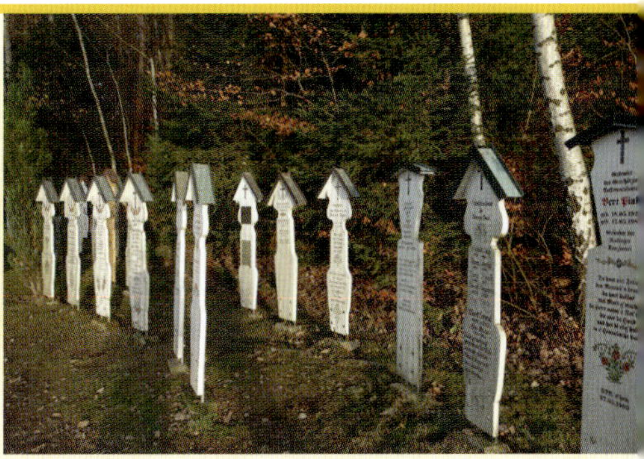

Volksmusikanten-Gedenkstätte

Essen/Einkehren:

Auf der Tour selbst gibt es leider keine Einkehrmöglichkeit, aber am Ende der Tour lohnt es sich, in Stamsried noch eine Rast einzulegen.

Zedernhof Gesundheits- und Wellnesshotel
Markptlatz 6, 93491 Stamsried
Tel. 0 94 66 / 3 26
Öffnungszeiten: tgl. geöffnet

Gasthaus Greiner
Lukas-Rauffer-Str. 10
93491 Stamsried, Tel. 0 94 66 / 3 29
Öffnungszeiten: Mo–Sa, So bis 12 Uhr (nur Brotzeiten)

Gasthaus am Weinberg
Nölppstr. 7, 93491 Stamsried
Tel. 0 94 66 / 2 07, Öffnungszeiten: tgl. geöffnet, Di Ruhetag

Mittel

6,7 km

⇅ 214 m

2½ Std.

Hinterwies - Käsplatte - Kolmberg - Münchshöfen - Hinterwies

Steiniger und wurzeliger Rundweg zum Felsenmeer auf der Käsplatte mit fantastischen Fernsichten.

Markierung:
Rot 16

Parken:
Wanderparkplatz Hinterwies
(Navi: Hinterwies, 94379 Sankt Englmar)

Tourist-Information:
Rathausstraße 6
94379 Sankt Englmar
Tel. 0 99 65/84 03 20

Zu den Granitblöcken auf der Käsplatte

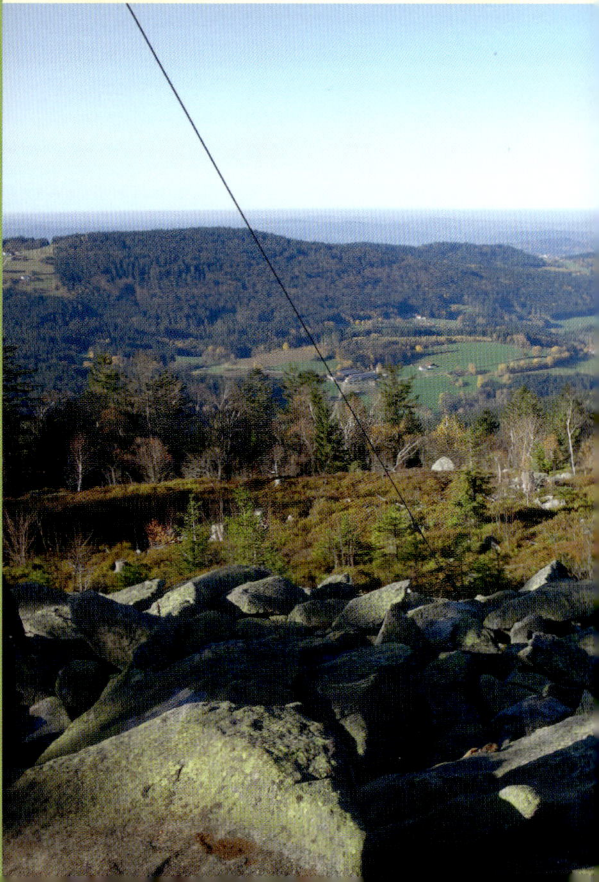

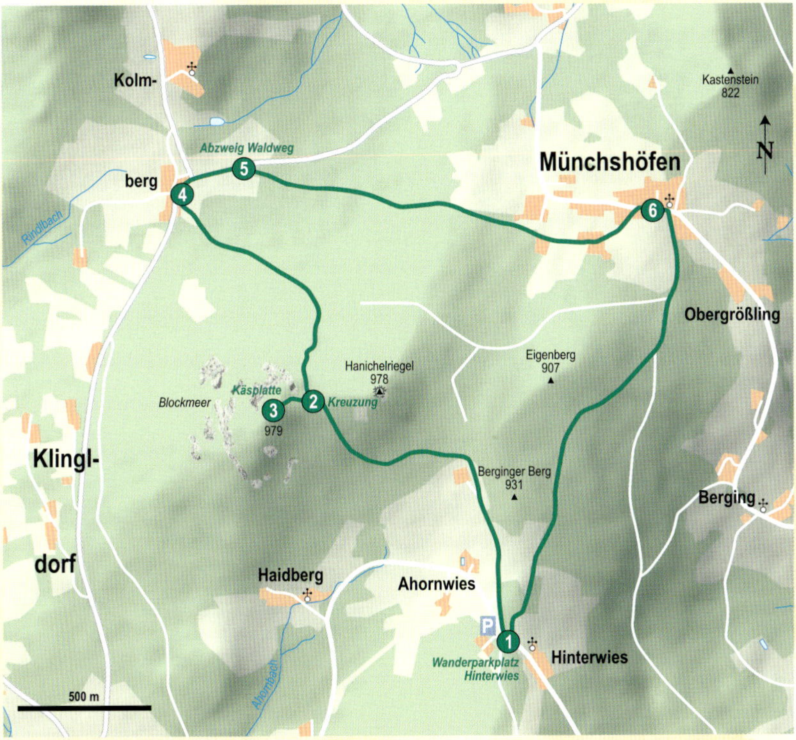

1. Hinterwies Wanderparkplatz – Start/Ziel
2. Kreuzung / Abstecher zur Käsplatte
3. Gipfel Käsplatte
4. Kolmberg
5. Einbiegung in den Waldweg
6. Münchshöfen

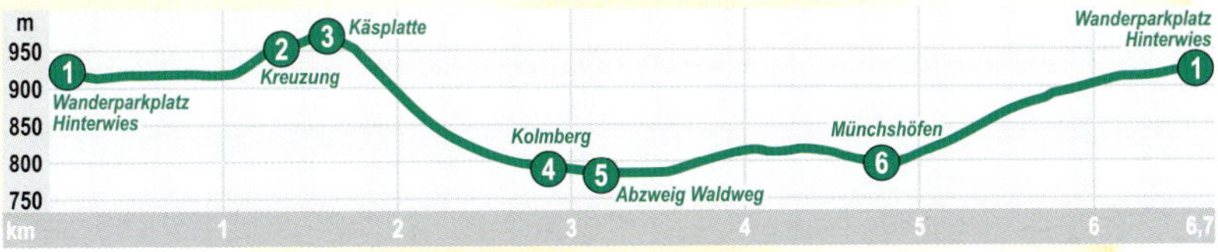

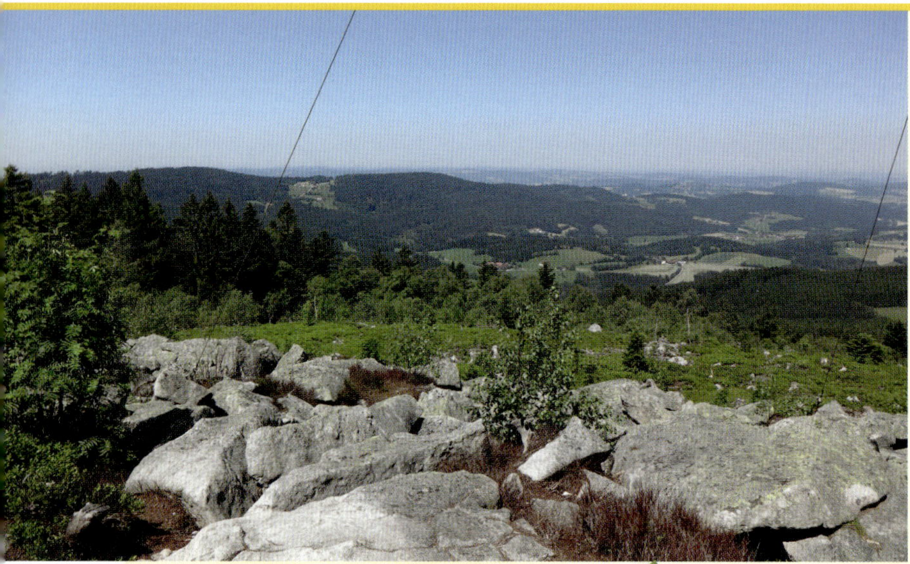

Felsenmeer auf der Käsplatte

Wir starten unsere Tour am Wanderparkplatz ❶ Hinterwies. Die komplette Runde ist mit der „Rot 16“ markiert. Direkt am Parkplatz sehen wir einen Goldsteigwegweiser, der uns zur Käsplatte weist. Über einen tollen Wiesenweg mit Aussicht wandern wir oberhalb Ahornwies entlang und erreichen nach ein paar hundert Metern ein Waldstück.

Hier halten wir uns links und nun beginnt ein toller Abschnitt. Über Steine und Wurzeln geht es immer weiter bergauf. Nach gut 1½ km erreichen wir eine Wegekreuzung ❷ und eine Rastbank. Hier halten wir uns links und unternehmen einen Abstecher (ca. 100 Meter) hinauf zum Gipfel der Käsplatte ❸. Ein Gipfelkreuz oberhalb eines großen Blockmeeres erwartet uns. Das hölzerne Kreuz wurde erst im Oktober 2020 wieder neu errichtet. Von hier haben wir eine phänomenale Aussicht in die Täler. Es bietet sich an, hier schon die erste Rast einzulegen, um vom Felsenmeer die schönen Blicke hinab

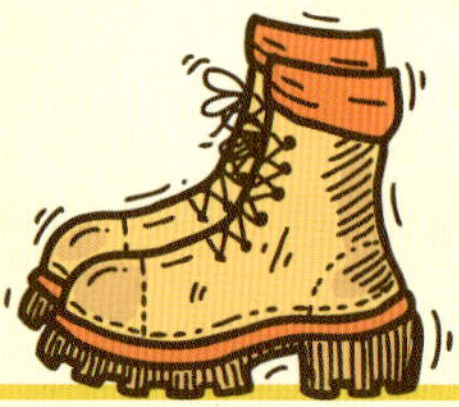

»Auf dem Felsenmeer der Käsplatte macht das Kraxeln richtig Spaß!«

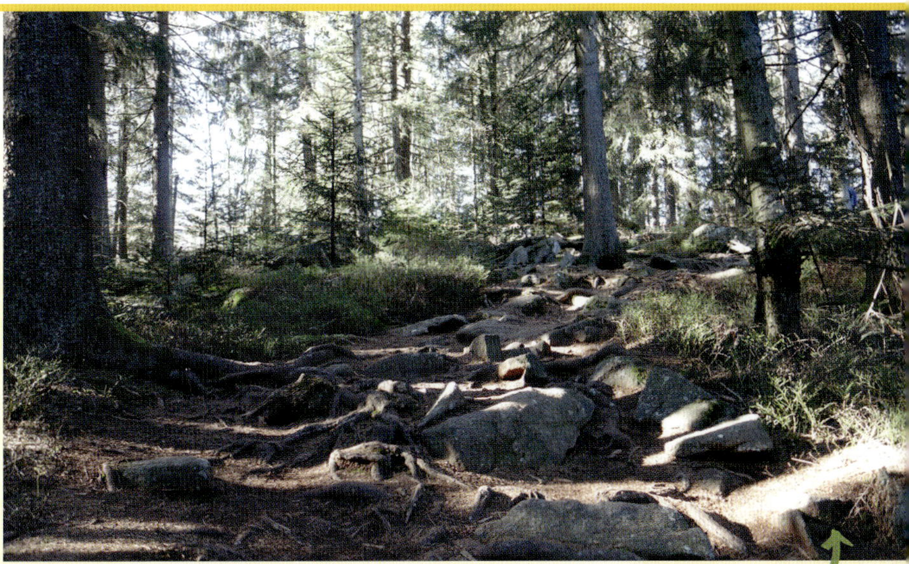

Steiniger Abstieg bei der Käsplatte

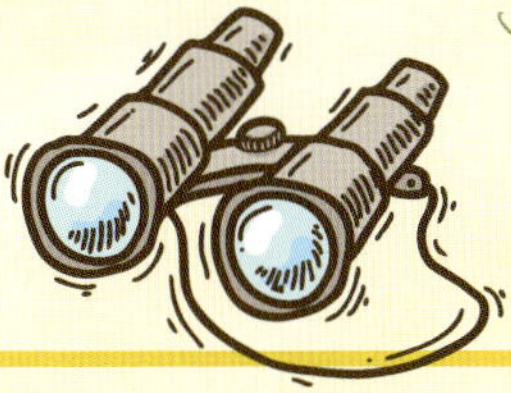

»Traumhafte Ausblicke von der spektakulären Käsplatte erwarten Sie.«

in das Tal und hinüber zum Hadriwa zu genießen.

Im Anschluss geht es wieder hinab zur Waldkreuzung, wo wir uns links halten. Nun folgen wir einem kleinen steinigen Pfad, der uns immer weiter den Berg hinab führt. Nach gut 100 Metern heißt es aufpassen, denn wir

Aussicht von der Käsplatte

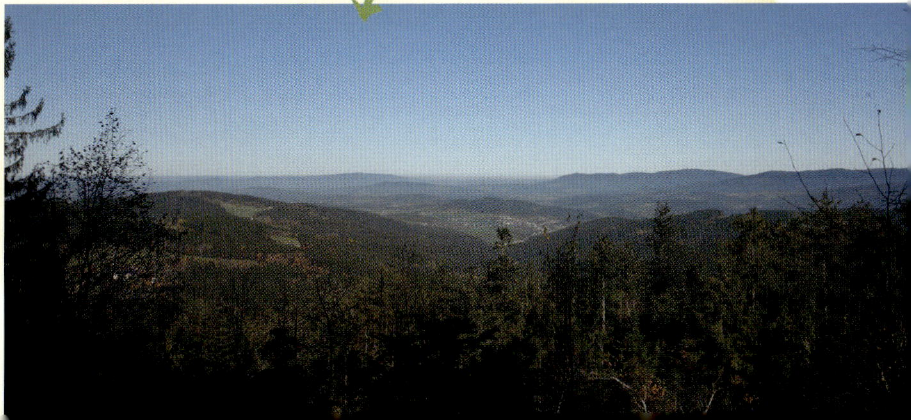

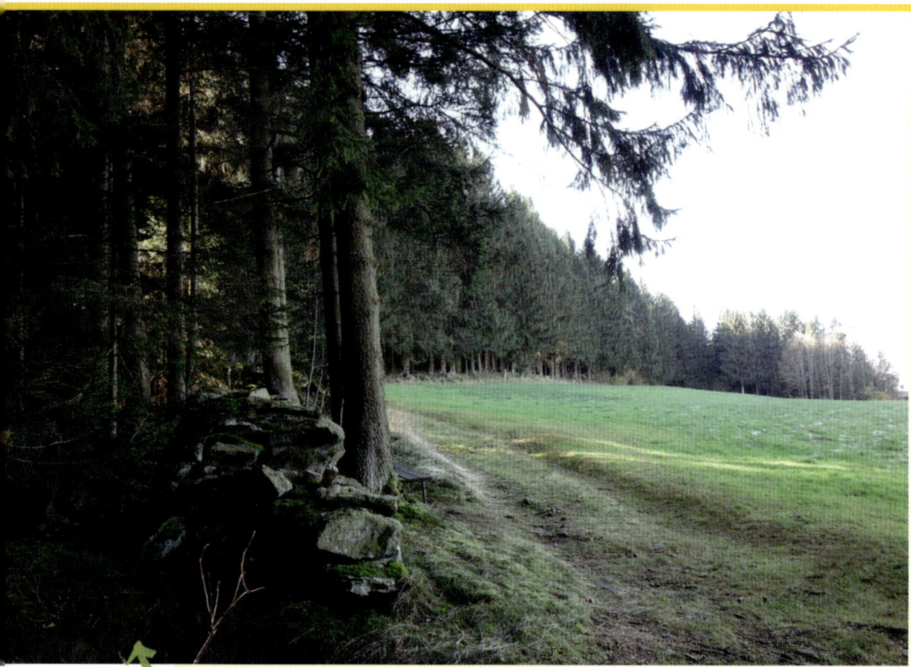

Steinmauer bei Münchshöfen

müssen uns rechts halten. Aus dem wurzeligen und steinigen Pfad wird nun ein steiler Waldweg, der uns immer weiter nach unten bringt. Nachdem wir den Waldrand erreicht haben, sehen wir vor uns auch schon den kleinen Ort Kolmberg ④.

Kapelle in Münchshöfen

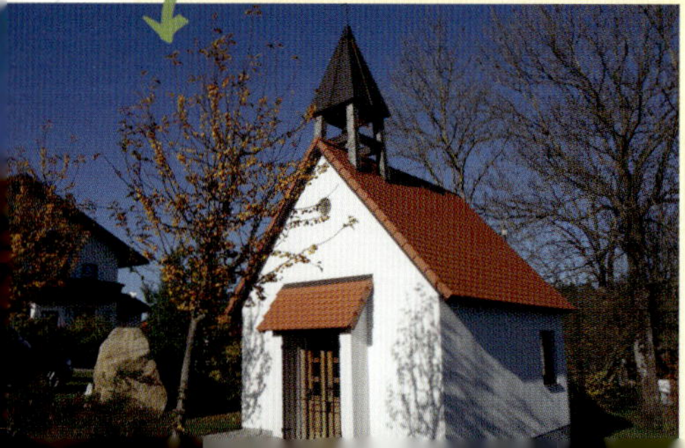

An der Straße halten wir uns rechts und folgen dieser nun für 200 Meter. Wir erreichen ein Waldstück und biegen nach rechts in den Wald ein ⑤. Ein wurzeliger und moosiger Weg führt uns am Hang entlang. Nach ein paar hundert Metern geht es aber auch schon bergauf und wir haben am Waldrand eine spektakuläre Sicht auf den Kaitersberg, den Hohenbogen und die bekannte 8-Tausender-Tour mit ihrem Highlight, dem Großen Arber. Am nächsten Haus halten wir uns links und kurze Zeit später erreichen wir auch schon den Ort Münchshöfen ⑥. An der Hauptstraße folgen wir dieser nach rechts bis zu einer Kapelle. Dort biegen wir nach rechts ab und der lange Aufstieg beginnt.

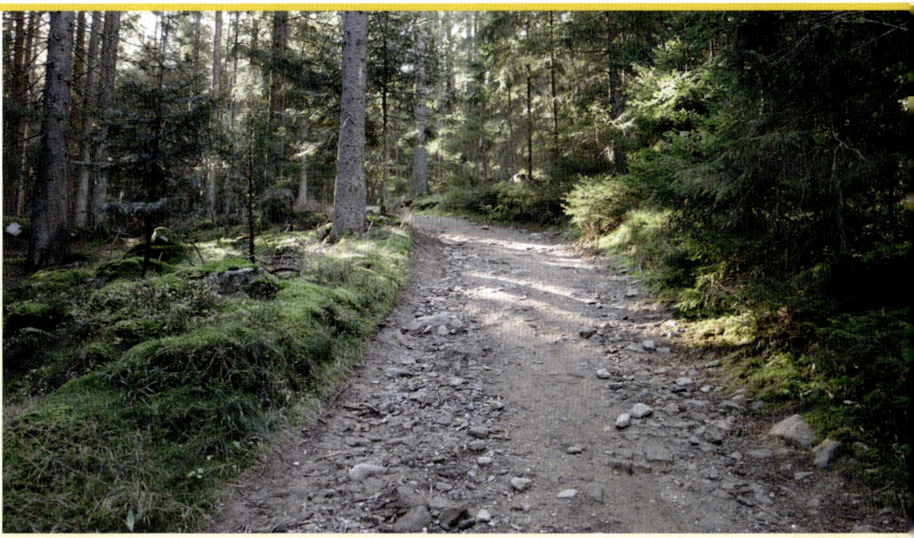

Waldweg auf dem Rückweg zur Ahornwies

Anfangs entlang einer Wiese mit toller Sicht hinab nach Münchshöfen erreichen wir auch bald wieder ein Waldstück. An der Kreuzung halten wir uns links und nach ein paar Metern verlassen wir den breiten Weg nach rechts. Ein steiniger und wurzeliger Waldweg bringt uns weiter den Berg hinauf. Wir bleiben immer auf dem Hauptweg und folgen weiter der Markierung „Rot 16“. Am Waldrand erreichen wir eine Wiese und nur 20 Meter weiter, eröffnet sich über die gegenüberliegende Wiese hinweg ein unglaublicher Blick. Von hier hat man wieder eine wunderbare Sicht auf die Berge rund um Sankt Englmar. Jetzt ist es nicht mehr weit. Wir folgen dem Waldweg und erreichen nach 200 Metern wieder den Wanderparkplatz 1 Hinterwies. Dort findet man ebenfalls einen tollen Aussichtspunkt mit einer spektakulären Sicht auf die Berge des Bayerischen Waldes.

Essen/Einkehren:

Gasthaus „Zum Wurzelsepp“
Münchshöfen 10, 94262 Kollnburg
Tel.-Nr. 0 99 42/87 61
Öffnungszeiten: Di+Sa ab 15 Uhr,
Do ab 18 Uhr, So ab 9 Uhr

Berggasthof Hinterwies
Hinterwies 3, 94379 Sankt Englmar
Tel.-Nr. 0 99 65/4 08, Öffnungszeiten:
tgl. 9-18 Uhr, Mo. Ruhetag

Das Ahornstüberl
Ahornwies 3, 94379 Sankt Englmar
Tel.-Nr. 0 99 65/8 01 02 14
Öffnungszeiten: Fr-Mo. 11-19 Uh

Bahnwandern über den Roßberg

Mittel

8,8 km

↓↑ 300 m

3 Std.

Blaibach – Predigtstuhl – Jägerkreuz – Roßberg – Jägerkreuz – Chamerau

Abwechslungsreiche Tour über den Roßberg mit vier Gipfeln und fantastischen Aussichten.

Markierung:
Bl1, Cu1, Cu3

Parken:
Bahnhof in Chamerau (Navi: Bahnhofstraße, 93466 Chamerau)

Tourist-Information:
Kindergartenweg 3
93466 Chamerau
Tel. 0 99 44/3 41 70

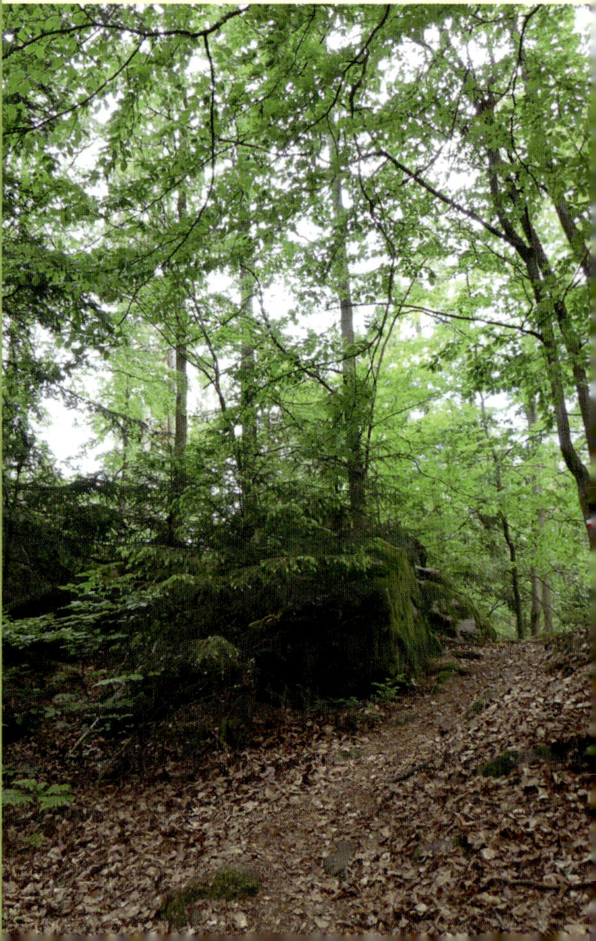

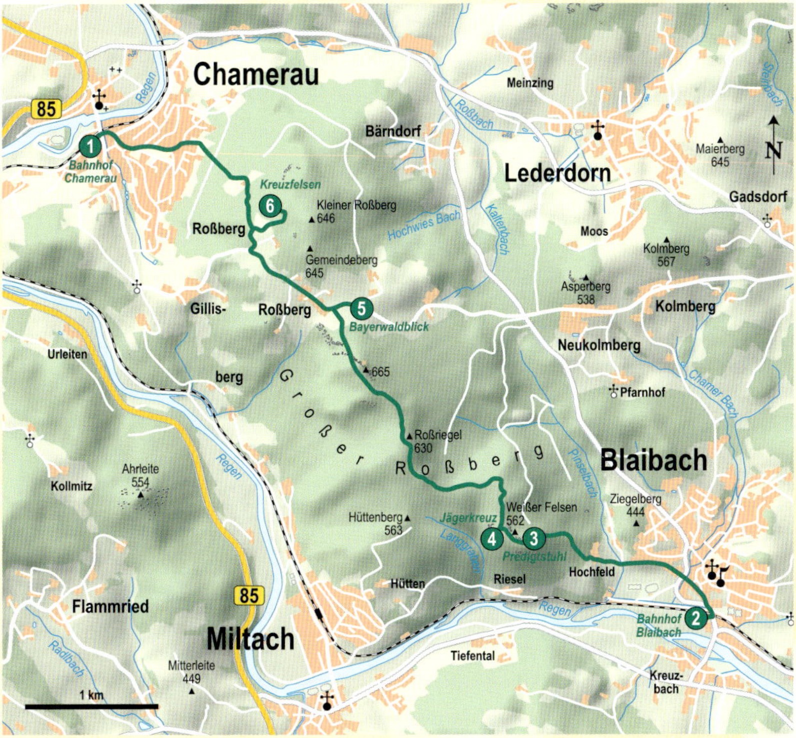

1 Bahnhof Chamerau - Start/Ziel

2 Bahnhof Blaibach

3 Predigtstuhl

4 Jägerkreuz

5 Bayerwaldblick

6 Kreuzfelsen

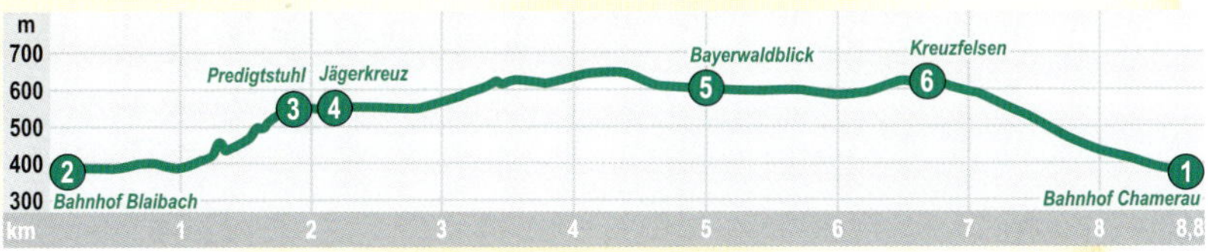

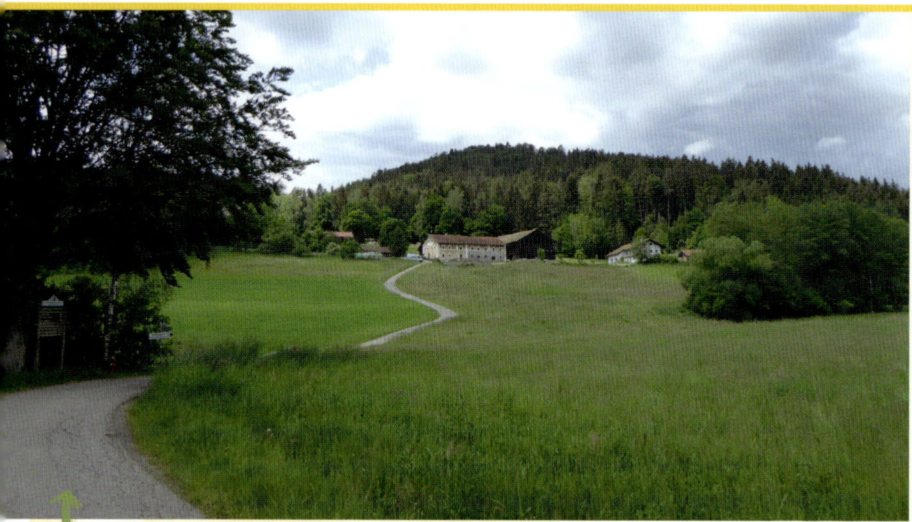

Der Aufstieg auf den Roßberg beginnt

Diese Tour startet mit einer wunderbaren Zugfahrt von Chamerau durch das Regental nach Blaibach. Wir parken direkt am Bahnhof in Chamerau ①, fahren zwei Stationen in Richtung Lam und erreichen nach ein paar Minuten mit vielen schönen Blicken auf die Kanufahrer am Regen den Ort Blaibach ②.

Mit dem Zug von Chamerau nach Blaibach

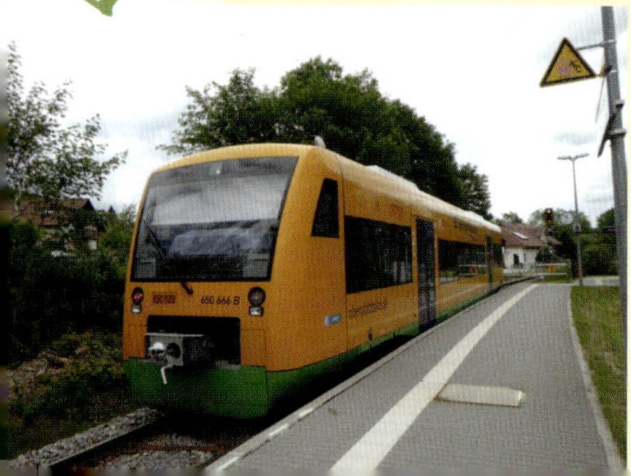

Wir überqueren die Bahnlinie auf der Straße und biegen nach ein paar Metern nach rechts in die Bahnhofstraße ein. Wenige Meter später biegen wir nach links in die Pechlergasse ab, wo wir an der nächsten Kreuzung auf die erste Markierung unserer Tour treffen. Wir folgen der „Bl 1", die uns aus dem Ort hinausführt.

Am Ortsende überqueren wir einen kleinen Bach und sehen vor uns schon einen Bauernhof. Jetzt beginnt der Aufstieg. Wir gehen am Bauernhof vorbei, halten uns dahinter gleich wieder links und nur ein paar Meter

» Die einzigartige Bahnfahrt nach Blaibach führt durch das wilde Regental. «

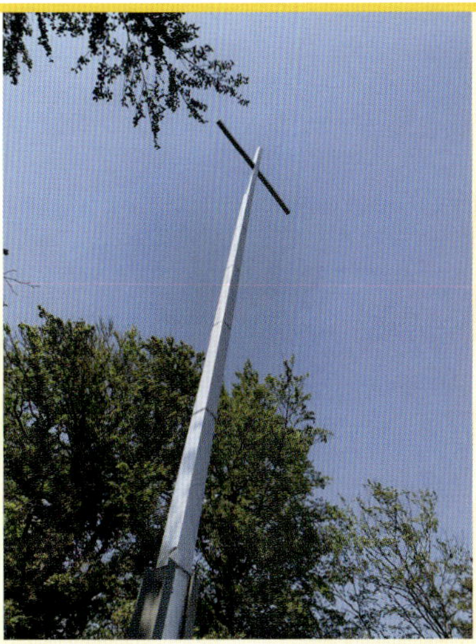

Gipfelkreuz auf dem Predigtstuhl

Jägerkreuz

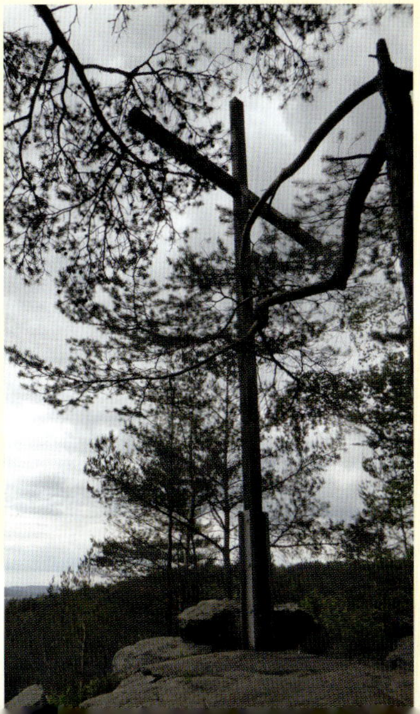

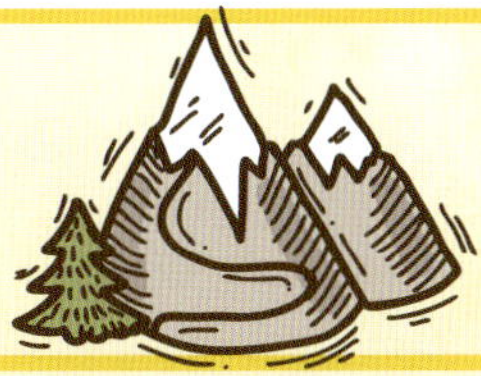

» Lassen sie sich vom mächtigen Gipfelkreuz am Predigtstuhl überraschen. «

später weist uns die Markierung nach rechts in den Wald hinein. Ein Waldweg bringt uns immer weiter nach oben. Es geht an vielen Waldkreuzungen vorbei, wir folgen immer der Markierung und erreichen nach einiger Zeit einen Felsengrat, welchem wir an der rechten Seite nach oben folgen. An dessen Ende treffen wir auf einen breiteren Weg, halten uns hier links und stehen vor einer Wandertafel. Nun machen wir einen kleinen Abstecher nach links zum Gipfelkreuz des Predigtstuhls ③. Ihr werdet von der Größe dieses Gipfelkreuzes überrascht sein.
Wir gehen zurück zur Wandertafel und folgen weiter geradeaus der Markierung „Bl 1". Nur ein paar Meter weiter kommen wir an einem Kletterfelsen vorbei. Ganz oben sieht man ein kleines Gipfelkreuz. Wir haben den Weißen Felsen erreicht. Auf dem Waldpfad geht es weiter und wir erreichen das nächste Gipfelkreuz, das Jägerkreuz ④. Hier lohnt sich eine kleine Rast. Neben einer wunderbaren Sicht hinab nach Miltach kann man auch eine in Stein gehauene Opferschale entdecken.

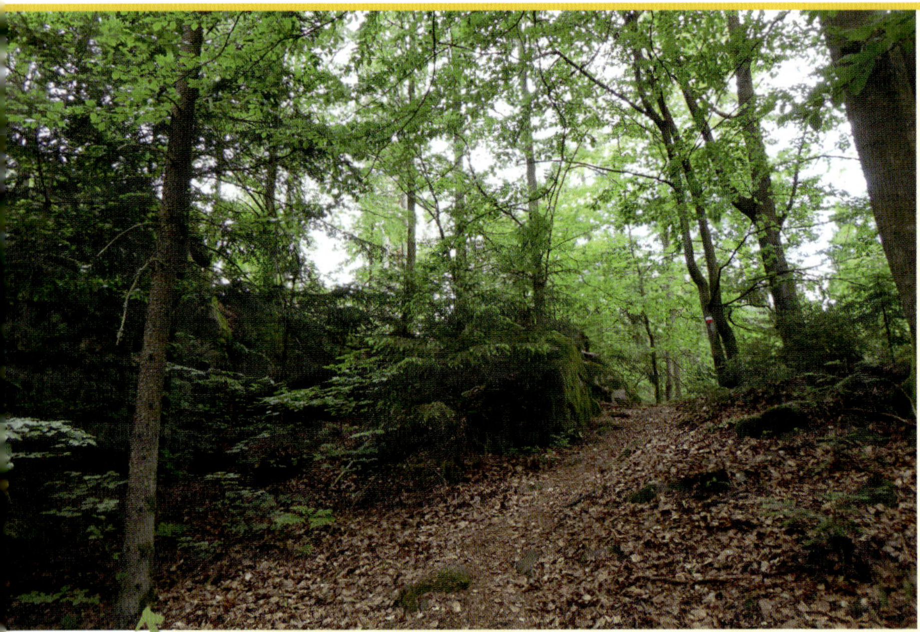

Traumhafte Waldpfade auf den Roßberg

Es geht wieder weiter und wir bleiben immer auf der Markierung „Bl 1“. Pfade und kleine Waldwege führen uns durch eine tolle Landschaft. Der Weg ist sehr gut markiert und wir folgen immer den rot-weißen Schildern. Nach guten zwei Kilometern erreichen wir wieder eine markante Gesteinsformation, den Großen Roßberg. Wir umrunden diesen auf der linken Seite und dann geht es auch schon wieder steil bergab. Kurze Zeit später erreichen wir das Waldende, halten uns hier links und gehen in Richtung Ortschaft. An der Straße angekommen, lohnt ein unmarkierter Abstecher nach rechts. Es sind nur 250 Meter bis zu einem Wegekreuz, an welchem man eine fantastische Aussicht auf die Berge des Bayerischen Waldes genießen kann ❺. Wir gehen wieder zurück und folgen nun der Markierung „Cu 1“, die uns durch den Ort Roßberg führt. Vorbei an der

Kreuzfelsen

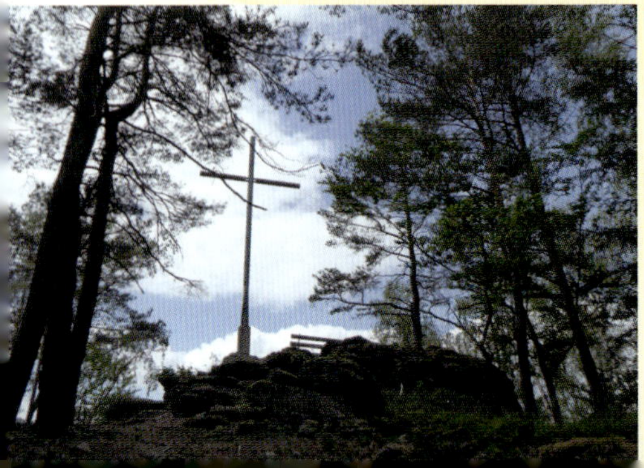

Sternwarte treffen wir am Ortsende auf eine Vielzahl von Totenbrettern und auf ein großes Holzkreuz. Wir bleiben auf der Straße und folgen dieser noch für 400 Meter. In einer Linkskurve treffen wir auf eine Wandertafel, biegen hier nach rechts ab und sind nun für einige Meter auf einem unmarkierten Abschnitt unterwegs. Nur 50 Meter später halten wir uns links. Am Waldrand entlang erreichen wir kurz darauf eine Kreuzung und die Markierung „Cu 3". Wir biegen dort rechts ab und machen einen Abstecher zum nächsten Gipfel auf dieser Tour. Es geht über einen Feldweg wieder steil bergauf. Nachdem wir das nächste Waldstück erreicht haben, ist es nicht mehr weit. Nach knapp 200 Metern weist uns ein Schild nach links in den finsteren Nadelwald, wo wir am Ende des Pfades das Gipfelkreuz des Kreuzfelsens erreichen 6. Hier lohnt wieder eine kleine Rast und man kann die Blicke hinab nach Chamerau und auf den Lamberg genießen. Auf dem gleichen Weg geht es wieder zurück und nun folgen wir bis zum Ende der Markierung „Cu 3". Über einen Waldweg, der uns den Berg hinabführt, erreichen wir auch schon bald ein paar einzelne Häuser. Dort halten wir uns links und dann wieder rechts. Auf einem alten Waldweg geht es steil hinab. Am Waldende sehen wir Chamerau auch schon direkt vor uns. Wir folgen der Straße „Roßbergweg" hinab in den Ort. Kurz nachdem die Hochwieser Straße einmündet, halten wir uns rechts und über einen schmalen Fußgängerweg geht es zwischen Gärten weiter bergab. An der nächsten Straße halten

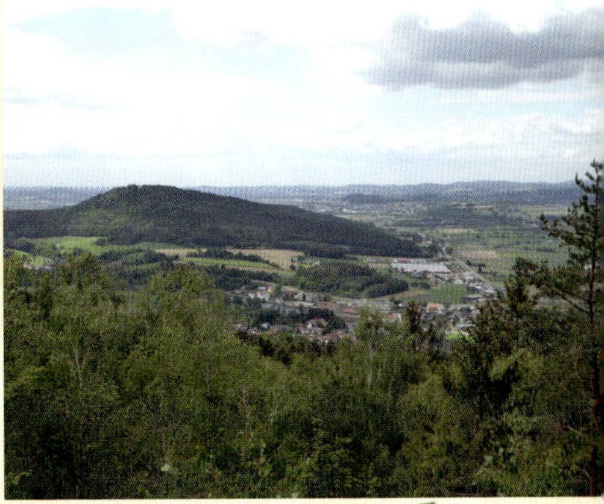

Blick auf Chamerau

wir uns links und folgen der Kötztinger Straße, die uns direkt zum Bahnhof 1 bringt. Wer noch Lust hat, sollte auf die andere Seite des Regens wandern. Dort kann man hinter dem Gasthaus hinab zum Fluss steigen und die Sicht auf das Wehr und das Wasserrad genießen. Bei einer gemütlichen Einkehr im Biergarten können wir die Kanufahrer beobachten.

Essen/Einkehren:

Gasthof Zum Bäckerwirt Baumgartner
Chamer Str. 5, 93466 Chamerau
Tel. 0 99 44 / 7 63, Öffnungszeiten:
Di–So 10.30–22.30 Uhr

Klammer-felssteig

Leicht

4,1 km

↓↑ 136 m

1½ Std.

Oberherzogau – Waldwiese – Klammerfels – Sonnhof – Oberherzogau

Kurze Kraxeltour hinauf auf den Klammerfels mit Aussichtsturm und Gipfelkreuz.

Markierung:
Wm6

Parken:
Wanderparkplatz Oberherzogau bei der Wald-Vereinshütte (Navi: Von-Voithenberg-Str., 93449 Waldmünchen/ Oberherzogau)

Tourist-Information:
Marktplatz 16
93449 Waldmünchen
Tel. 0 99 72 / 3 07-24

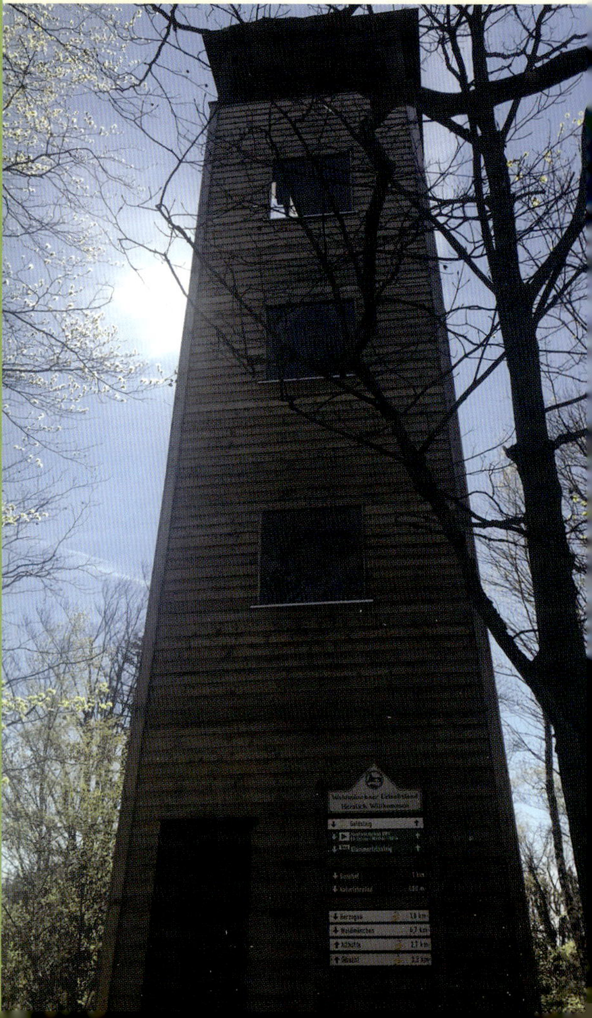

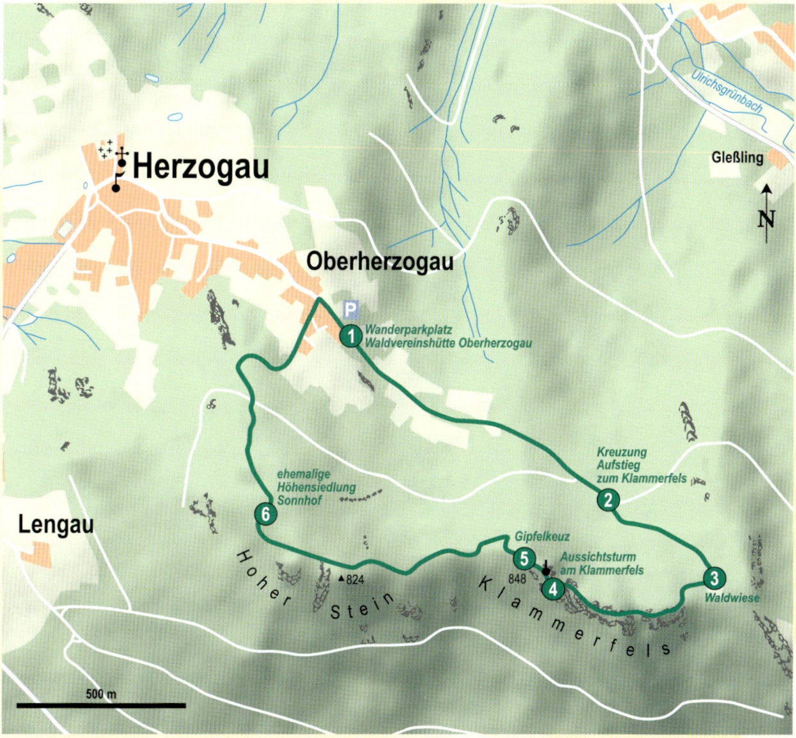

1 Wanderparkplatz Waldvereinshütte Oberherzogau – Start/Ziel

2 Kreuzung zum Aufstieg auf den Klammerfels

3 Waldwiese

4 Aussichtsturm am Klammerfels

5 Gipfelkreuz am Klammerfels

6 ehemalige Höhensiedlung Sonnhof

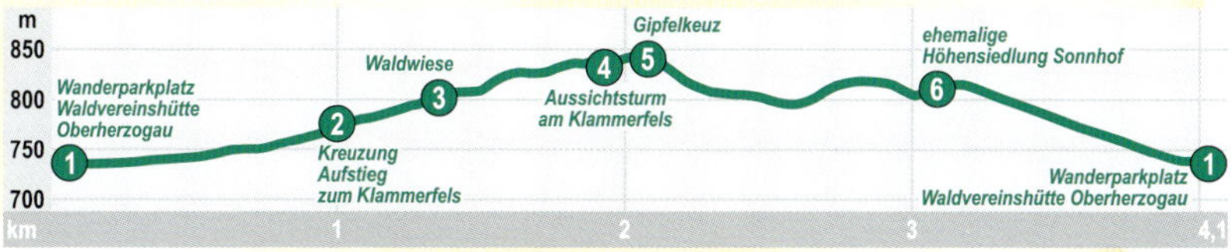

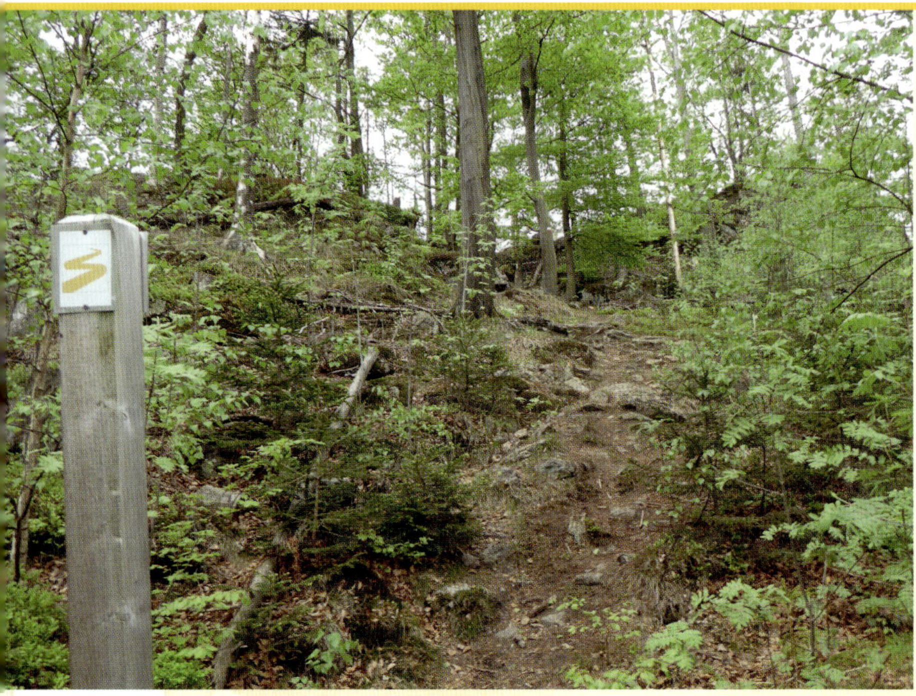

Steinige Pfade am Klammerfels

Wir starten die Tour über den Klammerfelssteig in der Ortschaft Oberherzogau, direkt am Parkplatz bei der Waldvereinshütte ❶. Die komplette Runde ist mit der Markierung „Wm 6“ gekennzeichnet. An der Waldvereinshütte halten wir uns rechts und folgen dem Forstweg. Die ersten 500 Meter sind wir auch auf dem Goldsteig unterwegs, der aber dann nach rechts in den Wald einbiegt. Wir bleiben allerdings auf dem Forstweg und treffen nur einige Meter später auf die Abkürzung rechts hinauf zum Klammerfelsen.

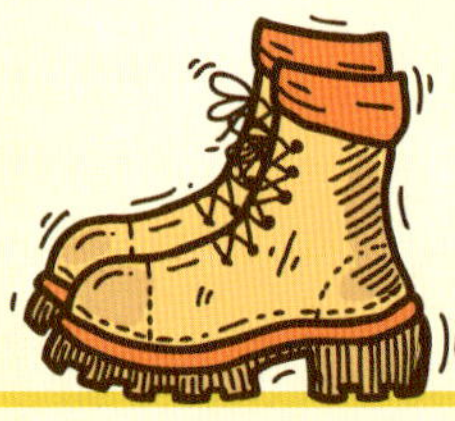

» Die wurzligen Pfade am Klammerfels machen nicht nur den kleinen Bergfexen Spaß. «

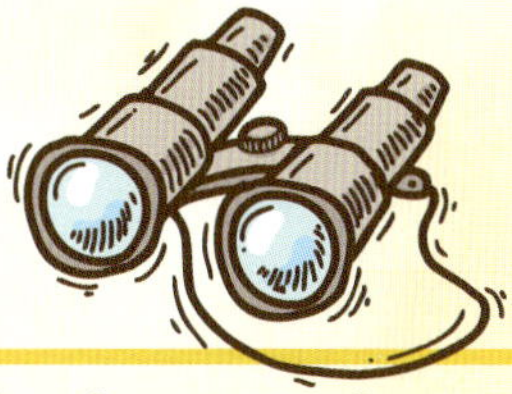

» Die phänomenale Aussicht vom Klammerfelsturm belohnt uns für den Aufstieg.«

Kraxeln hinauf auf den Klammerfels

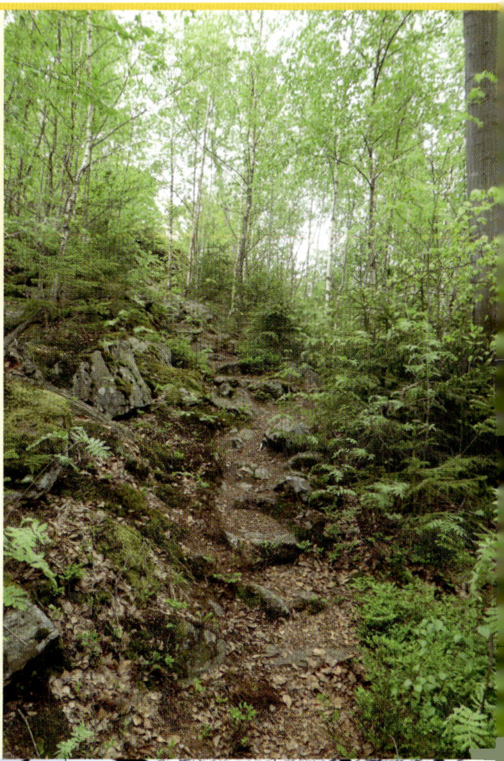

Gipfelkreuz am Klammerfels

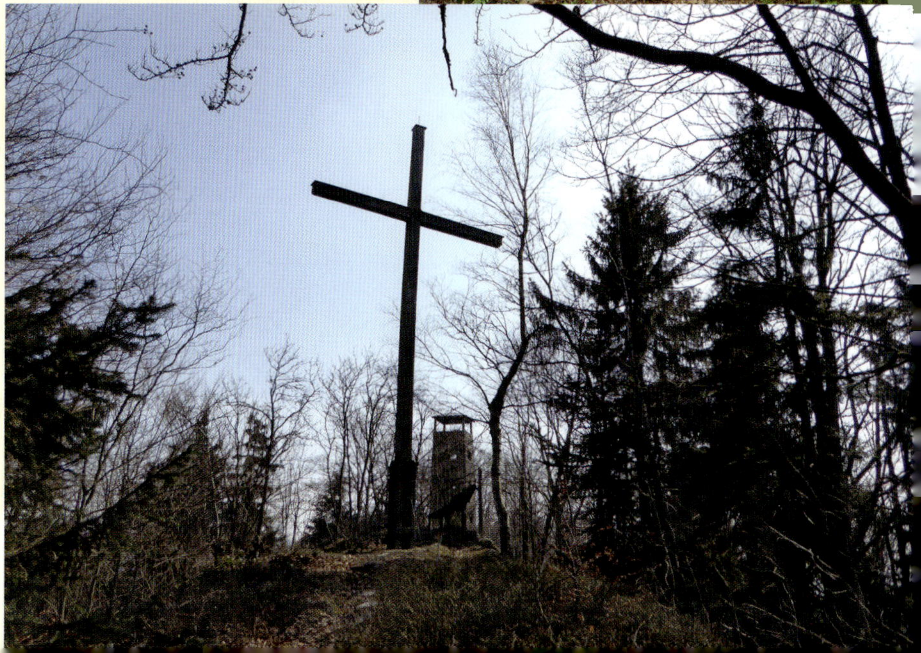

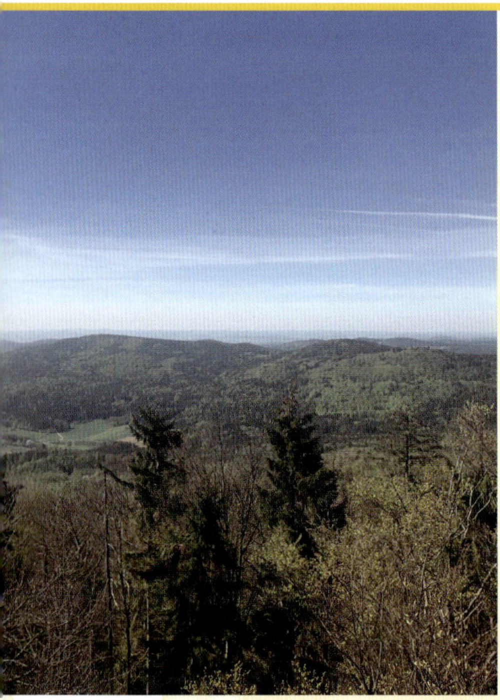

Aussicht vom Klammerfels

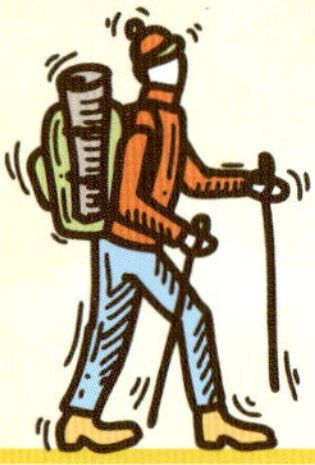

» Die Pfade am Klammerfels lassen Wandererherzen höherschlagen. «

Wir gehen noch 500 Meter geradeaus weiter und an der nächsten Waldkreuzung ❷, biegen wir nach rechts ab. Nun beginnt der steinige Aufstieg und ein Waldweg führt uns hinauf zum Kamm des Klammerfelsens. Nach 400 Metern erreichen wir eine Waldwiese ❸, wo wir uns wieder rechts halten. Jetzt beginnt der schönste Teil der Tour. Ein wilder, steiniger und wurzeliger Pfad folgt dem Grat des Klammerfels. Vorbei an tollen Gesteinsformationen und uralten mächtigen Bäumen finden wir immer wieder schöne Aussichten auf den nahe gelegenen Čerchov und auf die Umgebung. So macht das Wandern Spaß. Dieser Abschnitt ist zwar nur 600 Meter lang, aber einfach wunderschön. Insgesamt geht es vier Mal bergauf und wieder bergab, immer auf einem tollen schmalen Pfad.

Aussicht ins Waldmünchner Land

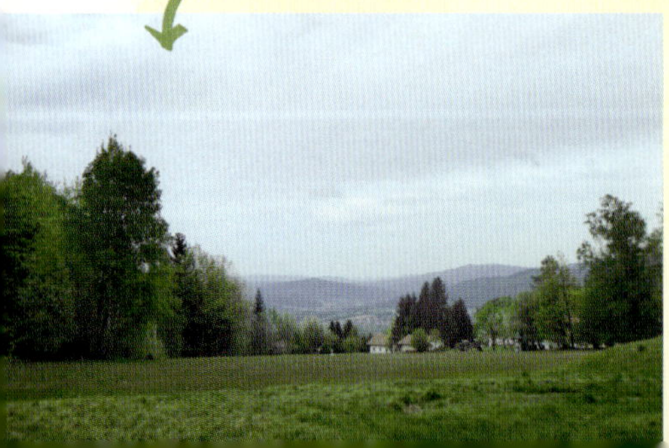

Nachdem wir durch ein paar Felsen geklettert sind, erreichen wir eine kleine Wegekreuzung, wo wir uns links halten. Nach einem letzten kurzen Aufstieg sehen wir vor uns schon den Aussichtsturm 4 des Klammerfels. Über etliche Stufen geht es hinauf, wo wir eine tolle Rundumsicht genießen können. Wieder unten angekommen, kann man auf einer Rastbank eine kleine Pause einlegen. Nur einige Meter weiter befindet sich das Gipfelkreuz 5 des Klammerfels (847 m NHN). Auch hier wartet wieder eine Rastbank auf uns.

Auf einem schmalen Pfad geht es in Serpentinen wieder bergab. Nach 300 Metern erreichen wir die nächste Waldkreuzung, an welcher wir uns links halten. Ein Lehrpfad führt uns über den Hohen Stein (824 m NHN). Dieser ist bewaldet und bietet leider keine Aussicht. Wir folgen weiter dem Waldpfad vorbei an einer Infotafel, die uns einiges über die Glashütten und Quarzadern erklärt.

Kurze Zeit später erreichen wir die ehemalige Höhensiedlung Sonnhof 6. Über einen breiteren Weg geht es nun wieder bergab. Wir überqueren einen Forstweg und auf einem Waldweg mit „Steinbefestigung" erreichen wir den Waldrand. Dort steht wieder eine Rastbank, von der wir eine tolle Sicht in das Waldmünchener Land genießen können. Vor uns liegt bereits der Ort Oberherzogau. Wir folgen weiter dem Klammerfelssteig bis zur Kreuzung, halten uns dort rechts und erreichen nach ein paar Metern wieder unseren Startpunkt an der Waldvereinshütte 1.

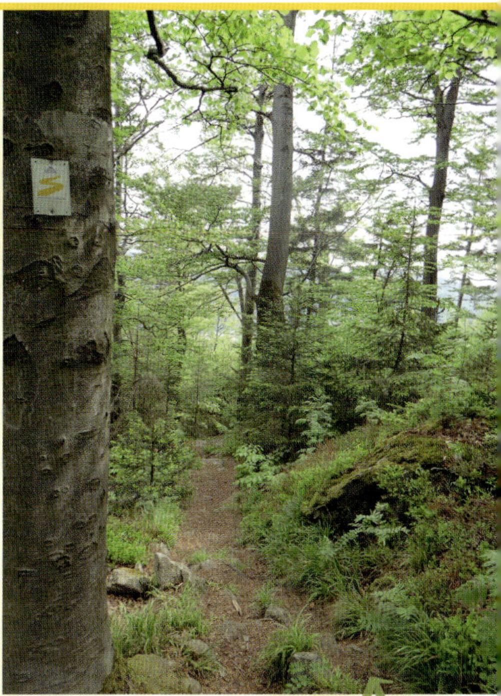

Abstieg vom Klammerfels

Essen/Einkehren:

Landhotel Gruber
Von-Voithenberg-Straße 7
93449 Waldmünchen/Herzogau
Tel. 0 99 72/14 39
Öffnungszeiten: tgl. geöffnet

Weitere Einkehrmöglichkeiten finden Sie im nahe gelegenen Waldmünchen, wo sich auch ein Stadtrundgang oder der Besuch des Marktplatzes lohnt.

Schwer

14 km

↓↑ 429 m

5 Std.

7 Gipfel und ein Felsenlabyrinth

Lixenried – Reiseck – Dreiwappenfelsen – Gibacht – Burgstall – Lixenried

Anstrengende Tour durch das sagenhafte Lixenrieder Felsenlabyrinth und über sieben Gipfel auf dem Gibacht-Bergmassiv.

Markierung:
Fu24, Fu23, Fu9, Goldsteig, Fu21

Parken:
Parkplatz am Friedhof in Lixenried (Bergstraße, 93437 Furth im Wald/ Lixenried)

Tourist-Information:
Schlossplatz 1
93437 Furth im Wald
Tel. 0 99 73/5 09 80

Marktplatz 16
93449 Waldmünchen
Tel. 0 99 72/3 07-24

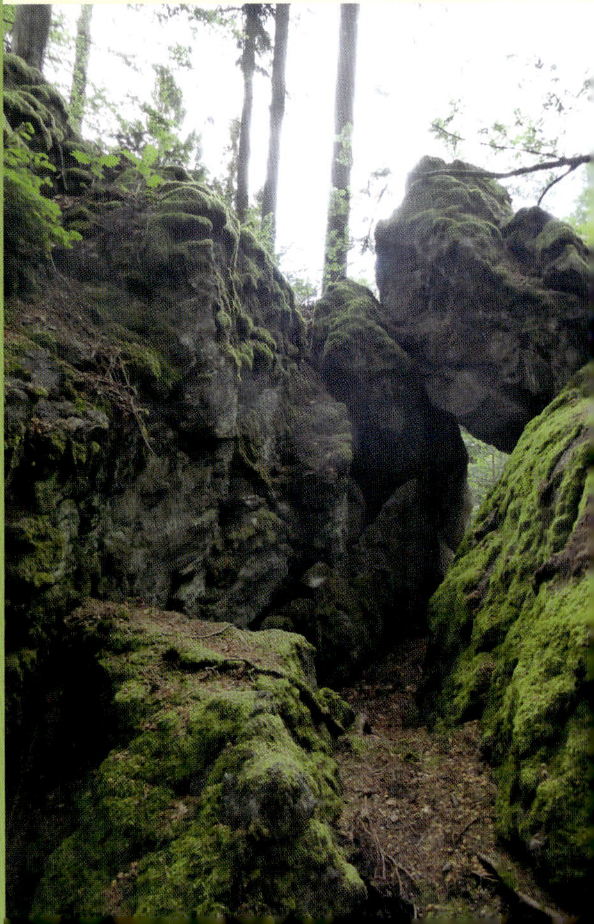

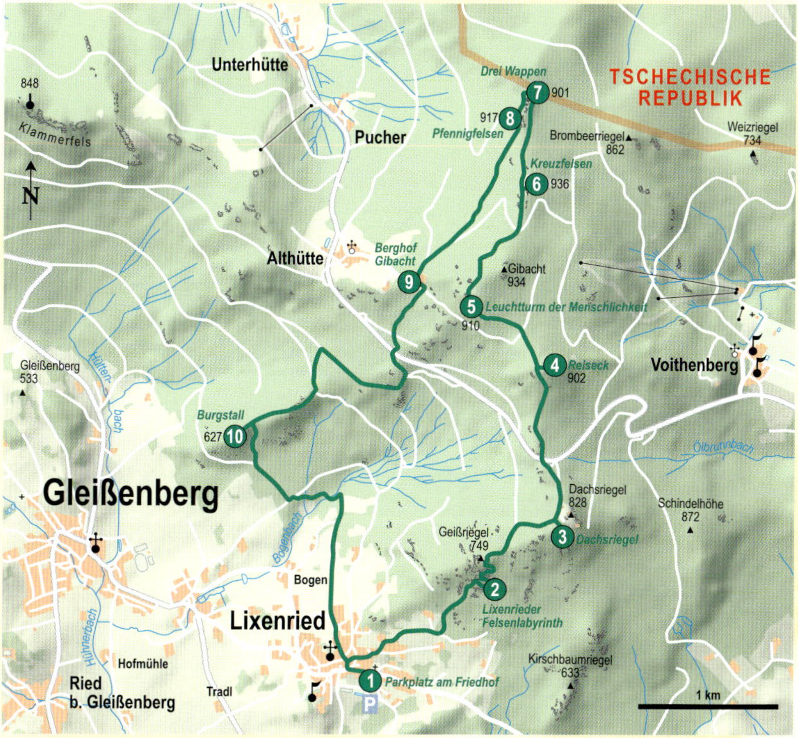

- ① Lixenried-Friedhof – Start/Ziel
- ② Lixenrieder Felsenlabyrinth
- ③ Dachsriegel
- ④ Reiseck
- ⑤ Leuchtturm der Menschlichkeit
- ⑥ Kreuzfelsen
- ⑦ Drei Wappen
- ⑧ Pfennigfelsen
- ⑨ Berghof Gibacht
- ⑩ Burgstall

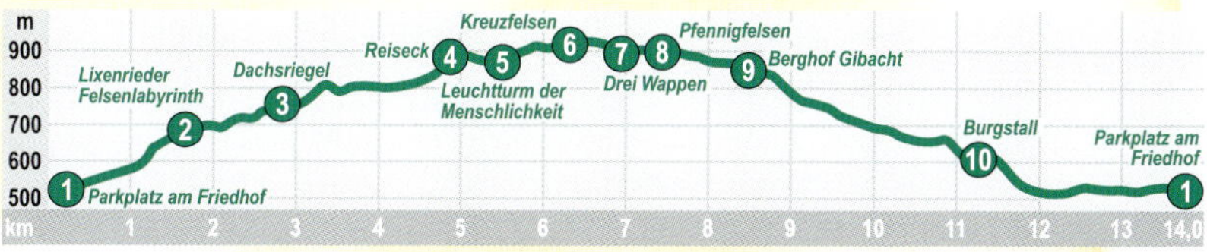

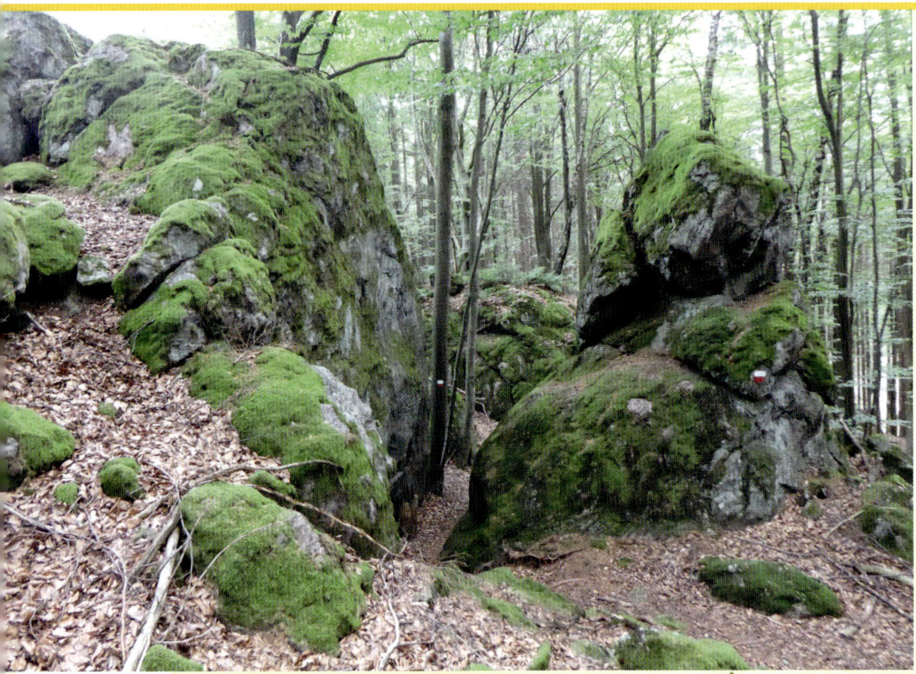

Kraxeln im Lixenrieder Felsenlabyrinth

Heute verbinden wir gleich zwei Klassiker miteinander. Das Lixenrieder Felsenlabyrinth und die Gipfel des Bergmassivs Gibacht. Wir starten unsere Tour in Lixenried am Friedhof, wo sich ein kleiner Parkplatz befindet ①. Wir gehen dorfeinwärts und an der großen Kreuzung biegen wir nach rechts in den Schindbühlweg ab. An der Kreuzung befindet sich ein Wegweiser und wir folgen nun knapp 3 km der Markierung „Fu24". Nach einigen Metern halten wir uns wieder rechts und biegen in den Jägerweg ein. An einem Kreuz, von dem man eine tolle Aussicht über Lixenried hat, biegen wir nach links ab. Wir folgen nun dem Hochweg, der uns aus dem Ort hinausbringt. Einen Kilometer geht es nun auf Asphalt immer bergauf. Am Waldrand weist

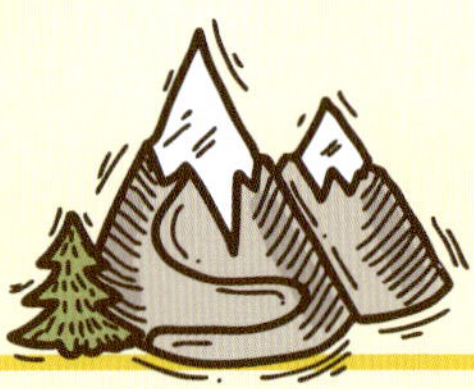

» Das Felsenlabyrinth ist ein Naturspielplatz für die ganze Familie! «

die Markierung „Fu 24“ nach links und wir biegen in den steinigen und wurzeligen Waldweg ab. Auf diesem geht es richtig steil bergauf. Wir halten uns an den beiden nächsten Kreuzungen jeweils rechts und kommen unterwegs schon an ganz vielen Felsen vorbei. Das ist schon mal ein kleiner Vorgeschmack auf das Labyrinth.

Gut 50 Meter nach der zweiten Kreuzung heißt es aufpassen. Wir sehen vor uns schon die großen Felsen des Lixenrieder Felsenlabyrinths ❷. Ein Pfad führt nach links zwischen zwei mächtigen Gesteinsbrocken hindurch. Einmal drum herum führt uns die Markierung schon wieder zurück zum Forstweg, den wir geradeaus überqueren. In einer langen Linkskurve geht es nun quer durch den Wald und um ganz viele Felsen herum. Immer bergauf führt uns der Weg und wir treffen wieder auf den Waldweg, wo wir uns dieses Mal rechts halten. Nach 10 Metern geht es aber schon wieder nach rechts auf einem Pfad weiter. Vorbei an kleinen Höhlen und Schlupfwinkeln wandern wir kreuz und quer um die Steine herum. Nach einigen Metern geht es sogar durch ein Felsentor. Hier muss man sich ganz schön ducken, um durchzukommen. Gleich danach laufen wir in einer Linkskurve weiter bergauf. Wieder führt der Pfad durch einen Felsenspalt und wir erreichen leider schon bald das Ende des Lixenrieder Felsenlabyrinths. Oben angekommen haben wir unseren ersten kleinen Gipfel für heute erreicht. Wir stehen am Geißriegel mit 746 m NHN. Gleich daneben befindet sich nochmals ein längeres Felsentor, durch das uns die Markierung „Fu 24“ durchführt. Klasse!!! Das Labyrinth ist nicht nur für Kinder ein Erlebnis ☺. Weiter geht es auf einem Pfad und nur ein paar Meter weiter treffen wir auf die Wendeplatte eines Forstwegs. Wir folgen nun diesem und nach 100 Metern wechseln wir die Markierung. Der „Fu 24“ läuft nach rechts und wieder zurück nach Lixenried. Wir gehen aber geradeaus weiter und folgen nun dem „Fu 23“. Nach weiteren 100 Metern auf dem Forstweg zweigt der Weg nach rechts auf einen Pfad ab, hinauf in Richtung Dachsriegel.

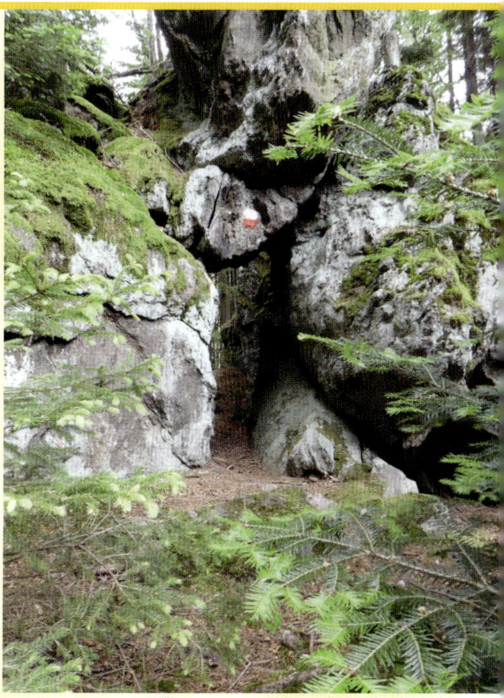

Lixenrieder Felsenlabyrinth

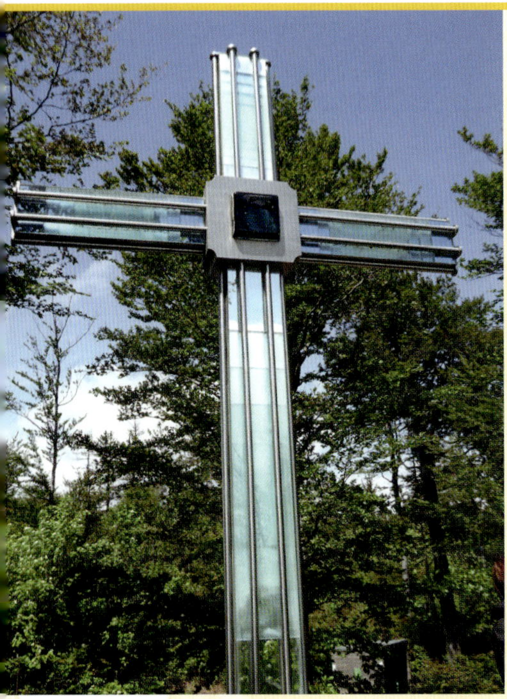

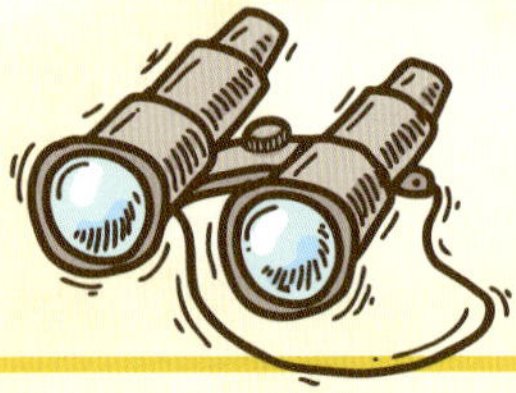

» Das massive Glaskreuz am Reiseck ist eines der außergewöhnlichsten Gipfelkreuze im Bayerischen Wald. «

Oben angekommen treffen wir auf einen Forstweg und einen Zaun. Hier halten wir uns rechts und machen einen sehr kurzen Abstecher zum Dachsriegel (826 m NHN) 3 und zur Dachsriegel-Berghütte. Ab hier folgen wir immer der Markierung „Fu 9", welche uns die nächsten Kilometer begleiten wird. Auf dem gleichen Weg geht es wieder zurück und wir folgen dem Forstweg entlang des Zauns. Die Markierung „Fu 9" weist uns den Weg. Am Tor angekommen halten wir uns links und folgen kurz einem Asphaltsträßchen. Dann zweigt der Weg nach links in den Wald ein und wir treffen auf einen Wegweiser. Dort halten wir uns erst links, dann sofort rechts. Ein Pfad führt hinab zur Straße und wir überqueren diese. Auf der anderen Seite halten wir uns am nächsten Abzweig links und der Aufstieg zum Reiseck beginnt. Anfangs auf einem Waldweg geht es dann auf einem steinigen und wurzeligen Pfad weiter. Bis hierher haben wir schon knapp 400 Höhenmeter an diesem Tag überwunden und damit auch den Großteil der heutigen Anstiege. Oben wird es noch steiniger

Aussicht vom Reiseck

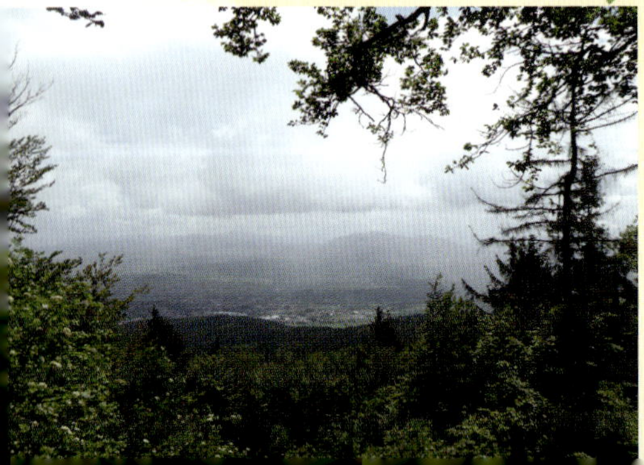

und der Pfad führt uns durch ein Gebüsch. Am höchsten Punkt des Weges haben wir das Reiseck (902 m NHN) 4 mit seinem einzigartigen gläsernen Kreuz erreicht. Für uns eines der schönsten Gipfelkreuze im Bayerischen Wald. Um hinauf zu kommen, müssen wir noch ein paar Felsen erklimmen. Oben hat man dann eine tolle Sicht hinab nach Furth im Wald, den Drachensee und auf den Hohenbogen. Gleich neben dem Gipfel befindet sich ein Goldsteig Unterstand, wo man eine kleine Rast einlegen kann. Ab dem Unterstand folgen wir für die nächsten Kilometer der gelben Goldsteig-Markierung. Links am Unterstand geht es weiter und ein Waldweg führt wieder leicht bergab. Nachdem wir einen Forstweg überquert haben, geht es auf einem Waldweg für knapp 200 Meter weiter. Die Goldsteig-Markierung weist uns nach rechts zum nächsten Gipfel. Der Leuchtturm der Menschlichkeit liegt auf dem Tannenriegel (910 m NHN), von welchem man eine beeindruckende Fernsicht hinab ins Tal hat. Auf dem Felsensporn wurde der Leuchtturm der Menschlichkeit 5 aus 10 Tonnen Stein erbaut, die teilweise aus den verschiedensten Regionen der Welt stammen. Der Leuchtturm ist nachts beleuchtet und wird von einem islamischen Halbmond, einem christlichen Kreuz und dem Davidstern geziert. Die Lichtsignale, die er aussendet, sollen die Menschen zu mehr Frieden und Verständnis untereinander aufrufen. Wir folgen nun auf den nächsten Kilometern einem wurzeligen Pfad, der uns um den Gipfel des Gibacht herumführt. Er ist bewaldet und bietet keinerlei Aussicht, auch führt kein Wanderweg direkt dort hin. Man kann ihn aber auf der rechten Seite des Weges recht gut erkennen. Nachdem wir einen Forstweg überquert haben, ist es nicht mehr weit. Wir treffen auf einen Wegweiser und dann geht es noch mal über einige Felsen. Der Abschnitt ist klasse und macht richtig Spaß! Vor uns türmt sich bereits der nächste große Felsen auf. Wir haben den Kreuzfelsen (936 m NHN) 6 erreicht. Um zum mächtigen Gipfelkreuz zu kommen, geht es an einem im Fels verankerten Stahlgeländer nach oben. Unterhalb befinden sich eine Rastbank und ein Gipfelbuch. Danach folgen wir wieder dem Goldsteig für gute 500 Meter in Richtung Tschechien. Über einen Waldweg erreichen wir den Dreiwappenfelsen (917 m NHN) 7 direkt an der tschechischen Grenze. Bevor wir über Eisenstufen hinabsteigen, lohnt ein kurzer Abstecher nach links zum Gipfelkreuz. Danach steigen wir hinab zu einem Unterstand und zur Grenze. Die drei Wappen findet man

Gesicherter Aufstieg zum Kreuzfelsen

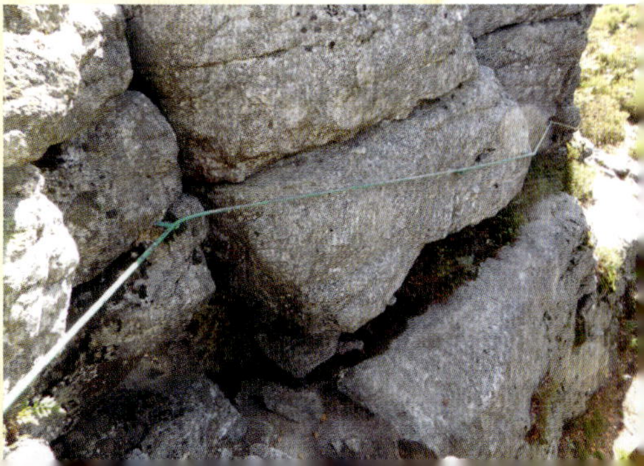

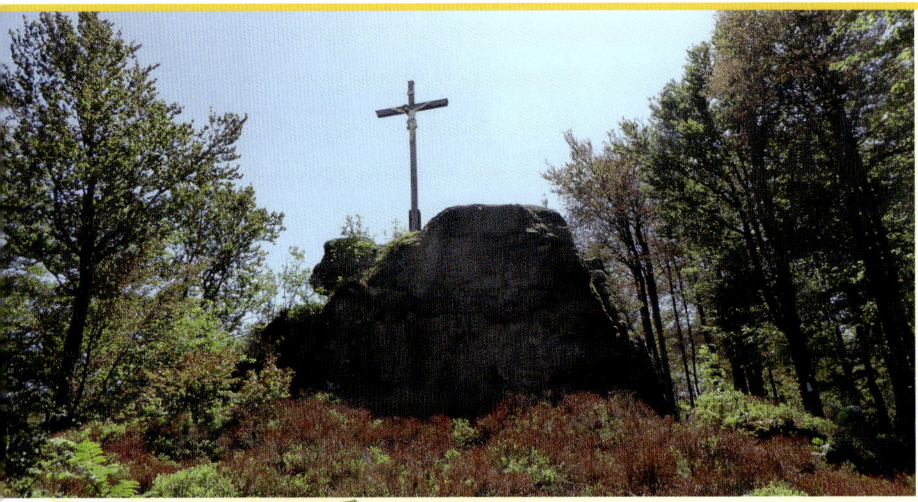

Kreuzfelsen

auf einer Tafel und daneben im Fels eingeschlagen. Wir folgen weiter dem Goldsteig und es geht nach links an der Grenze entlang. Aber nur für ein paar Meter, denn dann zweigt ein Pfad wieder nach links ab und nach 200 Metern erreichen wir den Pfennigfelsen 8. Hier lohnt eine kurze Kraxeleinlage hinauf auf den Felsen, denn diese wird mit einer Sicht hinab nach Waldmünchen belohnt. Auf der anderen Seite des Felsens befindet sich dann der Grund, warum dieser Pfennigfelsen genannt wird. Eine „Sparbüchse" im Felsen lädt zu einer kleinen Spende ein, denn dies soll Glück bringen. An sonnigen Tagen spiegelt sich das Geld wie ein Schatz und glänzt in goldenen Farben.

Weiter geht es auf dem Goldsteig. Bis zum Berghof Gibacht sind es noch knapp 1½ km. Anfangs noch auf dem Pfad geht es dann gemütlicher auf einem Wald- bzw. Forstweg weiter. Auf halber Strecke befindet sich ein Unterstand, der für eine Brotzeit genutzt werden kann. Vorbei an Langlaufanlagen erreichen wir den Berghof Gibacht 9. Neben diesem befinden sich einige Wegweiser und hier verlassen wir den Goldsteig auch schon wieder. Bis zum Ende der Tour folgen wir nun der Markierung „Fu 21". Am Wegweiser hal-

Steiniger Pfad am Dreiwappenfelsen

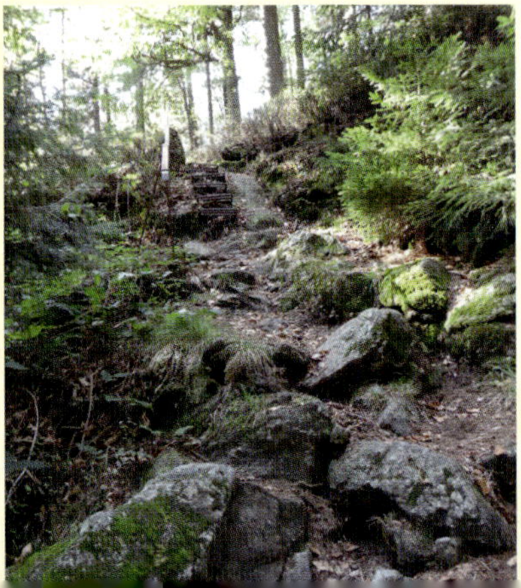

ten wir uns links und folgen dem Forstweg für knapp 100 Meter. Dann biegen wir nach rechts auf einen Pfad ab, der uns steil nach unten führt. Wir überqueren zuerst einen Forstweg, dann eine Straße und nach einem Kilometer erreichen wir den nächsten Forstweg, die Kesselstraße. Hier halten wir uns rechts und folgen diesem für 700 Meter. Dann biegen wir nach links auf den nächsten Forstweg ab. 300 Meter später treffen wir auf einen Wegweiser, der uns zu unserem nächsten Gipfel, dem Burgstall führt. Wir verlassen den Forstweg nach rechts und folgen nun einem Waldpfad, der uns an einem Höhenrücken entlang richtig steil den Hang hinabführt. Unten geht es durch ein Dickicht hindurch und wir stoßen auf einen weiteren Weg, der unseren kreuzt. An der Kreuzung finden wir ein Schild mit der Aufschrift „Burgstall" (627 m NHN) ⑩, wo wir einen Abstecher zum Gipfelkreuz machen. 250 Meter sind es auf einem zuerst flachen und am Ende richtig steilen Pfad. Oben befinden sich ein großes Gipfelkreuz, eine Fernsicht und eine Rastbank. Auf dem gleichen Weg geht es wieder zurück zur Kreuzung, wo wir uns nun rechts halten. Ein sehr steiler Pfad führt uns in einen richtig tiefen Taleinschnitt hinein. Nach 700 Metern erreichen wir einen Forstweg und biegen hier nach links ab. Der Weg hat den Namen Burgstallweg und wir folgen diesem für knapp 400 Meter. An der nächsten Kreuzung befindet sich wieder ein Wegweiser, wo wir uns links halten. Nach nur 50 Metern geht es rechts auf einen Pfad in den Wald hinein. Wir sind jetzt an der tiefsten Stelle der heutigen Wanderung angelangt. Dieser kleine Waldweg führt uns am Bogenbach entlang, welchen wir über eine sehr kleine Steinbrücke überqueren müssen. Kurze Zeit später erreichen wir eine Waldwiese, an welcher wir uns scharf rechts halten. Am Ende der Wiese treffen wir auf einen breiteren Weg und folgen diesem immer geradeaus, bis wir den Waldrand erreichen. Vor uns sehen wir schon die ersten Häuser von Lixenried, zur rechten Seite haben wir eine tolle Fernsicht auf die Berge auf der anderen Seite des Tals. Wir folgen dem Feldweg und erreichen nach 500 Metern das Ortschild von Lixenried. Wir bleiben immer auf dem Burgstallweg und treffen auf eine Kreuzung im Ort. Diese kennen wir schon vom Anfang der Tour. Wir biegen hier nach rechts ab und an der großen Kreuzung in Lixenried nach links. Von hier sind es nur noch gute 100 Meter und wir erreichen wieder unseren Parkplatz am Friedhof ①.

Essen/Einkehren:

Berghof Gibacht
Gibacht 31, 93449 Waldmünchen
Tel. 0 99 72/90 4 91 49
Öffnungszeiten: Mi–Mo 11–20 Uhr,
So 9–20 Uhr

Gasthaus „Zum Fächtn"
Bergstraße 41, 93437 Furth im Wald
Tel. 0 99 73/38 55, Öffnungszeiten:
an Sonntagen und Feiertagen geöffnet

Schwer

11,0 km

↓↑ 376 m

3½ Std.

Geigant – Zwirenzel – Machtesberg – Kathlfelsen – Arberblick – Geigant

Aussichtsreiche Runde bei Geigant mit drei überraschenden Gipfeln.

Markierung:
Wm14, Wm15,
Wm16, Wm17

Parken:
Parkplatz an der Kirche in Geigant
(Navi: Hauptstraße, 93449 Waldmünchen/ Geigant)

Tourist-Information:
Marktplatz 16
93449 Waldmünchen
Tel. 0 99 72/3 07-24

Zwirenzel, Kathlfelsen und Arberblick

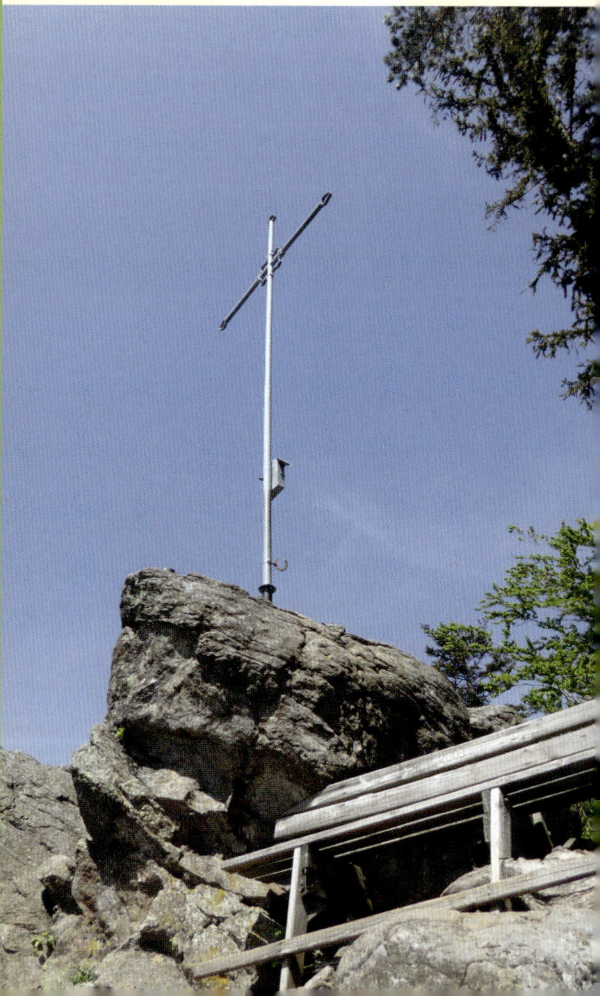

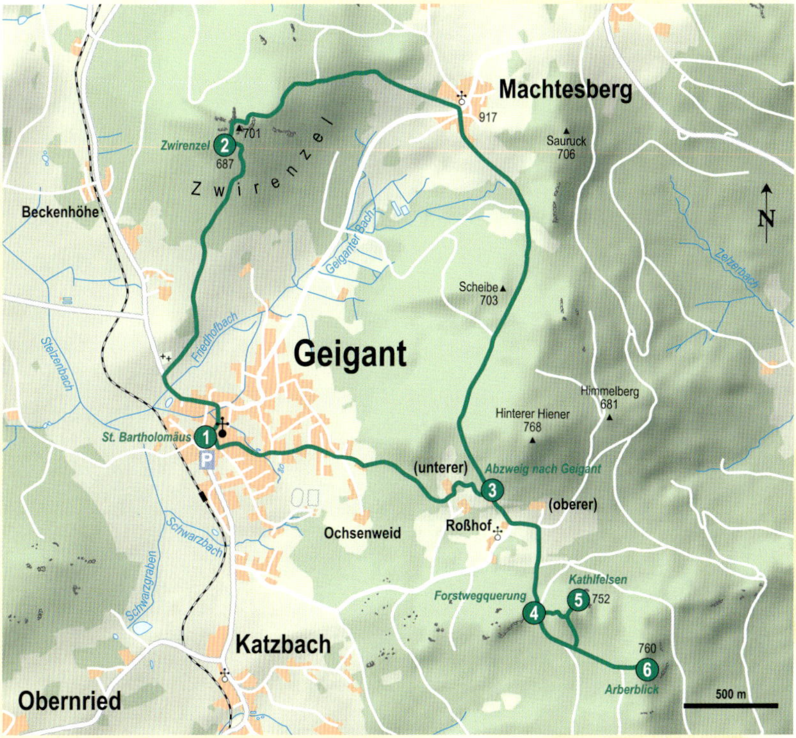

1. Geigant Kirche – Start/Ziel
2. Zwirenzel
3. Abzweig nach Geigant
4. Forstwegquerung vor Kathlfelsen
5. Kathlfelsen
6. Arberblick

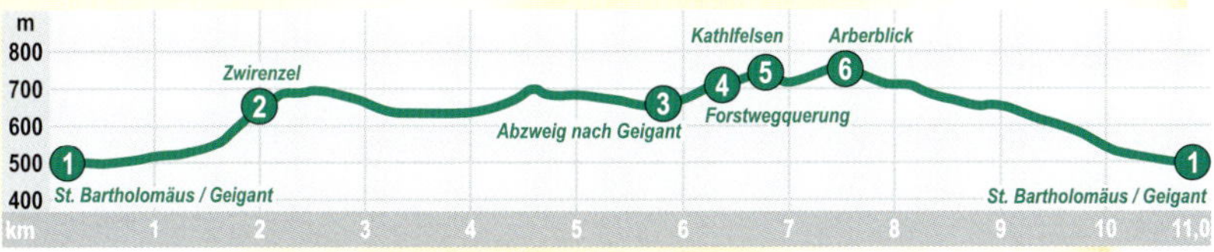

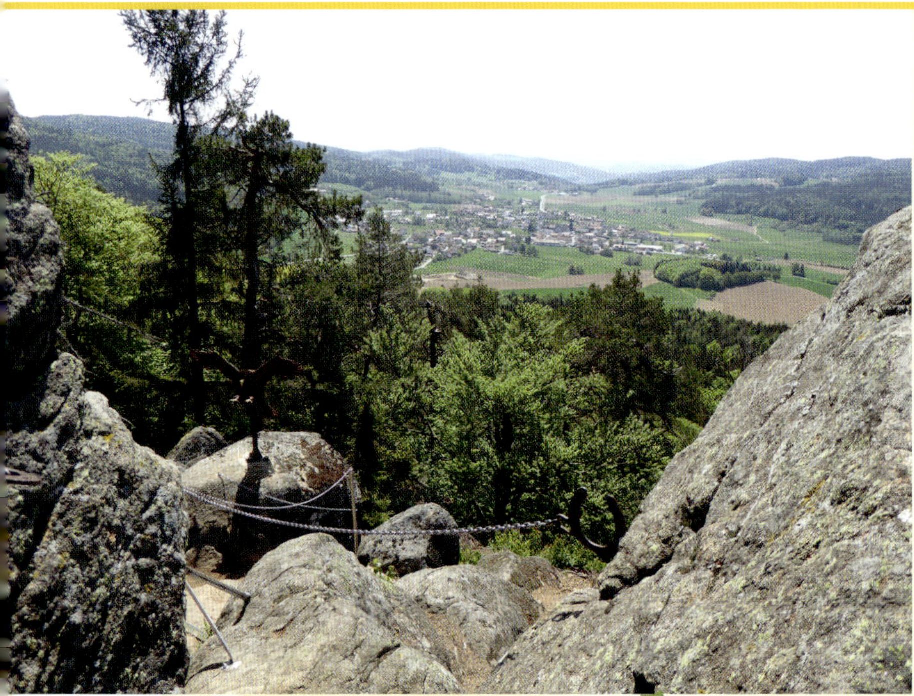

Aussicht vom Zwirenzel

Wir starten mit der Tour in Geigant direkt vor der Kirche 1, wo sich unser Parkplatz befindet. Bevor wir losgehen, lohnt sich es sich, die Kirche St. Bartholomäus zu besichtigen. Schon von außen ist sie anders als andere Kirchen. Der Glockenturm steht separat und das Dach geht hinab bis zum Boden. Im Inneren erwartet uns ein schlichter, aber sehr großer Kirchenraum, in welchem es viel zu entdecken gibt.

An der Hauptstraße halten wir uns rechts und gehen bis zur Kurve vor. Dort befinden sich ein steinerner Elefant und ein Gasthaus. Hier beginnt auch unsere Wanderung. Wir folgen anfangs der Markierung „Wm 14“, die uns nach links hinaus aus Geigant führt. Nach 400 Metern entlang der Straße erreichen wir den Friedhof und biegen nach

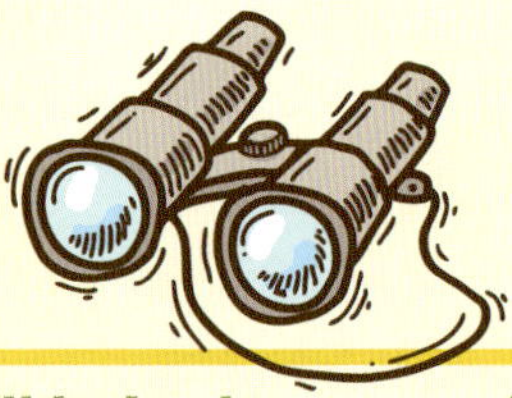

» Wilde Jagdszenen und eine fantastische Aussicht erwarten uns am Zwirenzel. «

rechts auf einen Feldweg ein. Wir folgen diesem für 700 Meter und sehen vor uns das erste Ziel – den Zwirenzel. Über einen Wiesenweg geht es weiter in Richtung Zwirenzel. Am Waldrand angekommen steht dort eine Rastbank, die zu einer kurzen Pause einlädt, bevor der anstrengende Aufstieg zum Zwirenzel beginnt. Bis zum Gipfel sind es nur 700 Meter, aber auch gute 170 Höhenmeter.

Wir gehen links an der Bank vorbei und über einen Waldweg geht es durch einen Mischwald den Berg hinauf. Wir überqueren mehrere Wege und steigen immer weiter bergauf. An der dritten Wegequerung halten wir uns kurz rechts und dann gleich wieder links. Jetzt wird es richtig steil. Der Pfad ist anstrengend zu erklimmen. Oben angekommen treffen wir auf einen Wegweiser, der uns nach links zum Zwirenzel weist. Über einen steinigen und wurzeligen Pfad geht es zum Gipfel mit beeindruckenden Überraschungen. Wir haben den Zwirenzel (701 m NHN) ❷ erreicht. Ein 50 Kilo schwerer eiserner Adler, der gerade im Anflug auf einen Nager ist, erwartet uns. Unterhalb des Gipfelkreuzes befinden sich eine Rastbank und der Zwirenzel-Toni ☺. Über eiserne Steighilfen und Hufeisen kraxeln wir hinauf zum Gipfelkreuz. Hier oben haben wir eine fantastische Fernsicht, die man nicht erwartet.

Es geht wieder hinab, vorbei am Adler. Dieses Mal halten wir uns unter dem Gipfel links. Zwischen zwei großen Felsblöcken hindurch erreichen wir einen größeren Rastplatz. Links daneben führt der Gipfelrund-

Adler am Zwirenzel

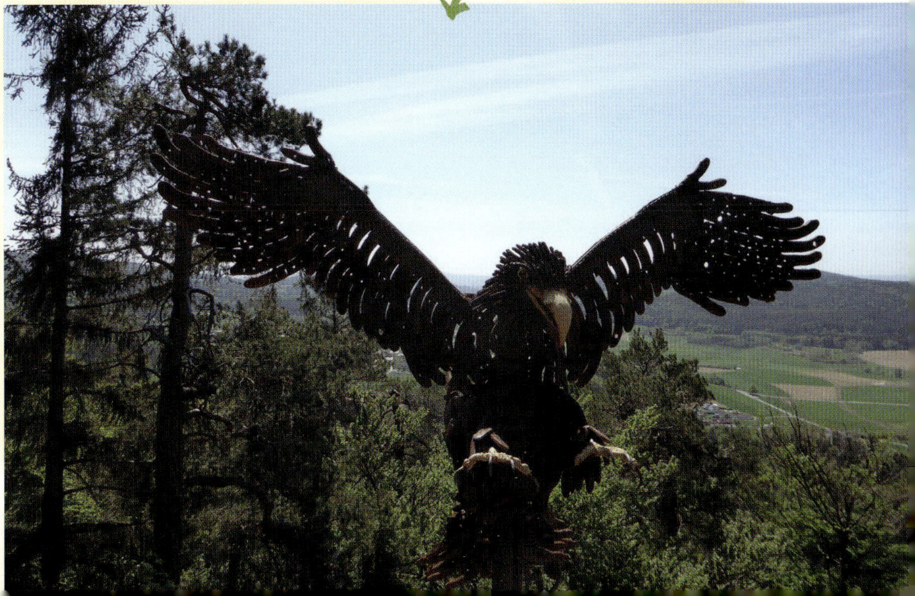

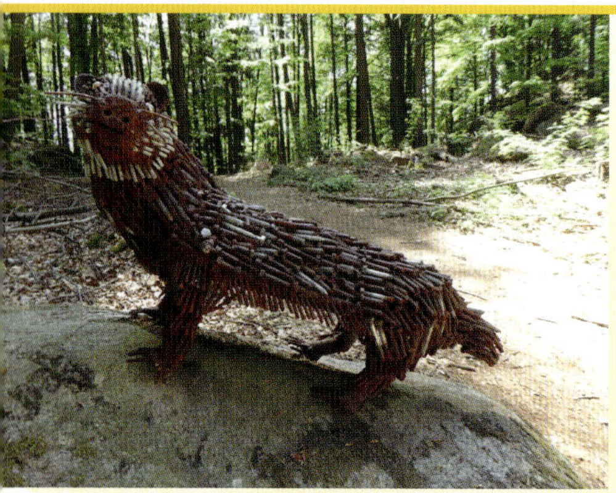

Dachs am Zwirenzel

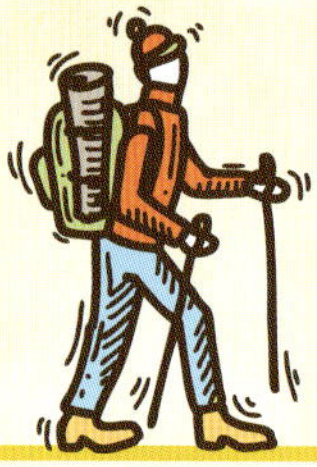

» Die drei Gipfel wurden mit viel Liebe für uns Wanderer ausgestattet. «

weg weiter, dem wir folgen. Wir bleiben auf dem „WM 14". Nach 100 Metern erreichen wir den nächsten Aussichtspunkt, der links vom Weg liegt. Der kleine Abstecher wird mit einer tollen Aussicht belohnt.

Wir folgen wieder dem Pfad, der uns um den eigentlichen Gipfel des Zwirenzel herumführt. Nach weiteren 200 Metern erreichen wir eine Lichtung, wo uns die Markierung nach links weist. Auf dieser Lichtung ist ein eiserner Dachs versteckt. Wir folgen nun dem Waldweg um eine Rechtskurve und treffen auf den nächsten Wegweiser. Parallel zu unserer Markierung „Wm 14" verläuft hier bereits der „Wm 12", dem wir nun geradeaus folgen. Durch einen Mischwald quert der Waldweg einen Forstweg und verläuft dann leicht bergab. Hier zweigt der „Wm 14" nach links ab und führt wieder zurück nach Geigant. Wir bleiben jetzt auf dem „Wm 12" und haben zu unserer rechten Seite einen schönen Blick hinab auf den Ort. Kurz bevor der Waldweg wieder ansteigt, biegen wir nach rechts ab. Wir folgen nun einem Wiesenweg am Waldrand entlang, der uns nach Machtesberg bringt. Dort kommen wir am Dorfweiher mit Goldfischen vorbei und halten uns an der Straße rechts. An einem Wegweiser wechseln wir wieder die Markierung, folgen nun der „Wm 16" und halten uns direkt dahinter links.

Wiesenweg nach Machtesberg

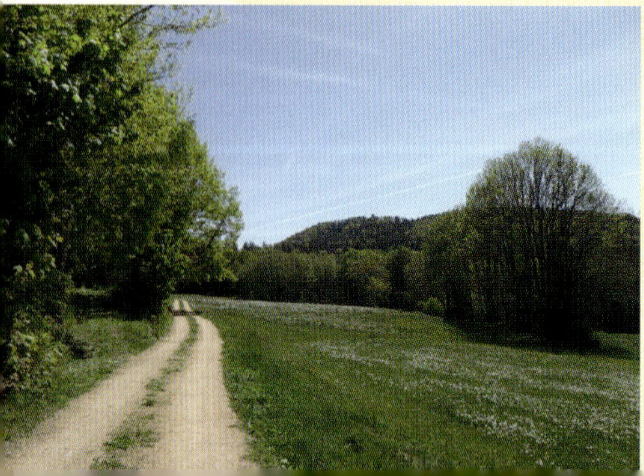

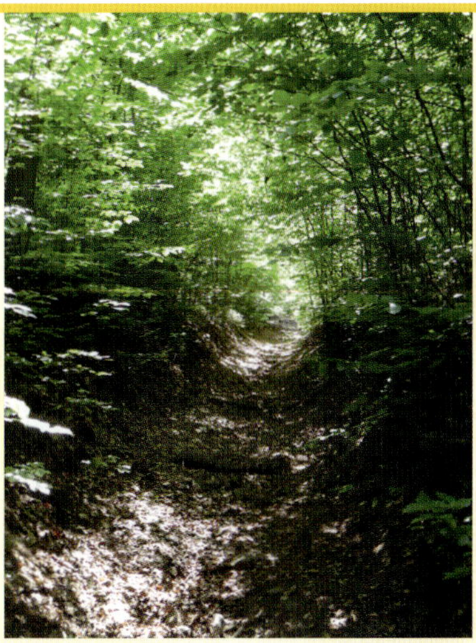

Am Pandurensteig bei der Scheibe

Über eine kleine Straße verlassen wir Machtesberg. Am Ende des Ortes wechselt der Untergrund und auf einem Feldweg durch eine Wiesenlandschaft mit toller Aussicht geht es hinein in das nächste Waldstück. Gleich beim Eingang in den Wald treffen wir wieder auf einen Wegweiser. Der Pandurensteig kommt von links den Berg hinab und verläuft nun die nächsten Kilometer gemeinsam mit unserem „Wm 16". Auf dem Forstweg erreichen wir nach kurzer Zeit wieder eine idyllische Waldwiese und gleich danach treffen wir auf den nächsten Wegweiser. Hier halten wir uns rechts und auf einem Waldweg, der kurze Zeit später zu einem wurzeligen und steinigen Pfad wird, geht es wieder bergauf. Am höchsten Punkt des Pfades, er wird nun breiter, sehen wir auf der rechten Seite einen Steinhaufen. Das ist der Gipfel der Scheibe (703 m NHN). Allerdings ist dieser bewaldet und somit auch ohne Aussicht.

Über einen Waldweg geht es nun bergab. Wir treffen auf einen Forstweg, dem wir nach links folgen. Unterwegs kommen wir an einem kleinen Brunnen mit Holzgesicht vorbei. Nach einem Kilometer auf dem Forstweg treffen wir kurz vor einem Haus auf einen Wegweiser ❸. Diesen müssen wir uns merken, denn nach den Abstechern zum Kathlfelsen und zum Arberblick geht es hier wieder zurück nach Geigant.

Weiter auf dem Weg ist auch schon bald der Obere Roßhof erreicht. Hier halten wir uns links und folgen der kleinen Straße den Berg hinauf. Oben steht wieder ein Wegweiser, wo wir nach rechts abbiegen. Ein Feldweg bringt uns zum nächsten Waldstück. Ab sofort folgen wir der Markierung „Wm 17". Von hier aus sind es nur noch 500 Meter hinauf zum Kathlfelsen. Über einen Waldweg geht es den Berg hinauf. Nach kurzer Zeit überqueren wir einen Forstweg ❹. Auch diese Stelle bitte merken, denn am Rückweg kommen wir wieder an diese Kreuzung zurück.

Nachdem wir den Forstweg überquert haben, folgen wir einem Pfad, der uns zu mächtigen Felsen hinauf bringt. Der Weg wird wurzeliger, steiniger und steiler und führt rechts um den Kathlfelsen herum. Kurz vorm Gipfel biegen wir nach links ab und machen einen Abstecher zum Gipfelplateau. Wir haben unseren zweiten Gipfel erreicht.

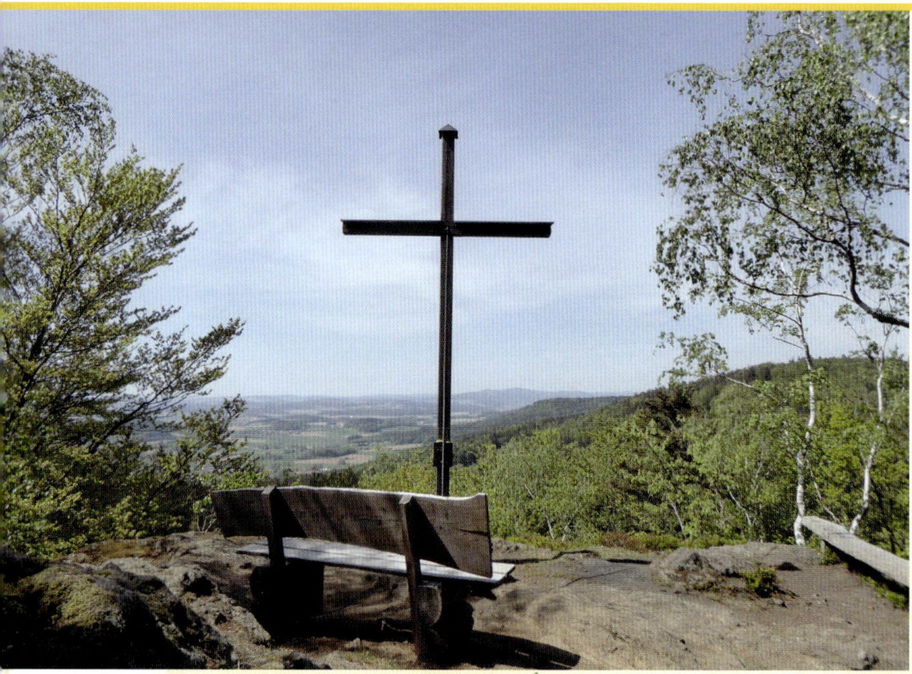

Aussicht vom Kathlfelsen

Der Kathlfelsen ist 751 m NHN 5 hoch und neben einer TOP-Aussicht finden wir hier ein Gipfelkreuz mit Buch sowie mehrere Sitzbänke. Nachdem wir uns im Gipfelbuch verewigt haben, setzen wir uns auf die Bank, genießen den Moment und die Aussicht. Natürlich gibt es hier auch wieder eine Sage. Eine Kathl ist vor lauter Liebeskummer auf den Fels hinaufgestiegen und wollte ihrem Leben ein Ende setzen. Sie stürzte sich hinab vom Felsen und welch Wunder, sie überlebte den Sturz. Ein Happy End in Sachen Liebe gab es aber leider nicht.

Es geht wieder ein paar Meter den gleichen Weg zurück und dann halten wir uns links. Auch hier finden wir ganz viele große Felsformationen und wir folgen dem kleinen Waldweg den Berg hinab. Nach einer Rechtskurve erreichen wir einen Wegweiser. Hier biegen wir nach links ab und folgen für 200 Meter einem Forstweg. Am nächsten Abzweig biegen wir nach links in einen Waldpfad ein. Nun ist es nicht mehr weit und wir kommen zum nächsten Aussichtspunkt. Davor müssen wir aber noch auf eine Felsenformation klettern. Wir haben unser drittes Ziel für heute erreicht – den Arberblick (750 m NHN) 6. Hier erwartet uns eine tolle Aussicht, die vom Gibacht bis zum Großen Arber reicht. Der beste Platz, um diese Aussicht zu genießen, befindet sich auf der untersten Sitzbank.

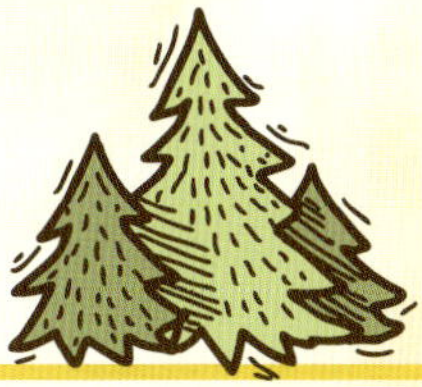

»Am Arberblick sollte man innehalten und die Schönheit der Landschaft auf sich wirken lassen.«

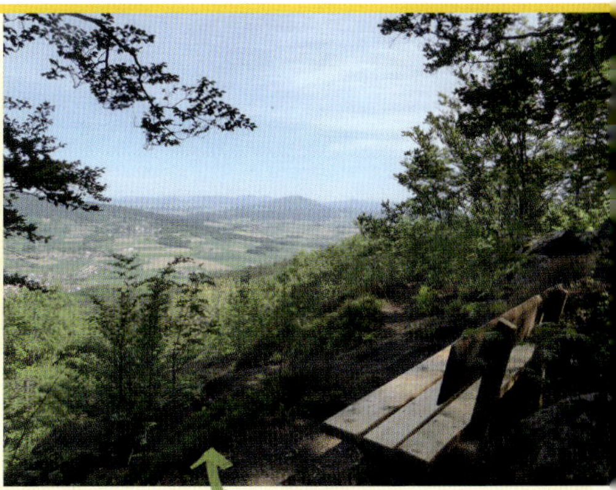

Arberblick

Nun geht es wieder zurück nach Geigant. Über den Pfad wandern wir zurück zum Forstweg, halten uns rechts und erreichen nach 200 Metern wieder den Abzweig zum Kathlfelsen. Wir gehen geradeaus auf dem Forstweg weiter und erreichen nach 200 Metern die Kreuzung ④, die wir beim Aufstieg schon überquert haben. Der Abzweig liegt in einer Rechtskurve, wo sich auch ein Schild mit der Aufschrift „Schmidlohe" befindet. Wir biegen hier nach links ab. Auf dem uns bekannten Weg geht es nun zurück.

Wir erreichen wieder den Oberen Roßhof, wo wir uns rechts halten und nach 200 Metern auf den „gemerkten" Wegweiser stoßen ③. Dort gehen wir links weiter und wechseln auf die Markierung „Wm 15". Über einen Waldweg erreichen wir den Waldrand und auf einem Wiesenweg geht es hinab zum Unteren Roßhof. Vorbei an Containern halten wir uns links und gehen am Haus vorbei. Dann wieder rechts und wir sehen vor uns schon ein großes goldenes Kreuz. Wir überqueren die Kreuzung und halten uns im Wald gleich wieder rechts. Es geht stetig bergab und wir durchqueren einen felsenreichen Wald. Am Waldrand angekommen, stehen wir auch schon wieder kurz vor Geigant. Bis zur Kirche ist es aber noch ein Kilometer bergab durch den Ort. Über die Straße „Am Sandberg" geht es weiter. An der nächsten Kreuzung halten wir uns halblinks und biegen ab in die Straße „Zum Himmelberg". Wir treffen auf das Feuerwehrhaus von Geigant, biegen dort nach rechts ab und erreichen unseren Startpunkt an der Kirche ①.

Essen/Einkehren:

Gasthaus „Altes Haus"
Hauptstr. 9, 93449 Waldmünchen/Geigant, Tel. 0 99 75/2 77
Öffnungszeiten: tgl. ab 9 Uhr geöffnet, Di Ruhetag

Mittel

5,7 km

↓↑ 244 m

2 Std.

Geiganter Zwirenzelweg

Geigant – Zwirenzel – Geigant

Wunderbare Runde hinauf auf den Zwirenzel mit überraschender Fernsicht und einem imposanten Adler.

Markierung:
Wm 14

Parken:
Parkplatz an der Kirche in Geigant (Navi: Hauptstraße, 93449 Waldmünchen/Geigant)

Tourist-Information:
Marktplatz 16
93449 Waldmünchen
Tel. 0 99 72/3 07-24

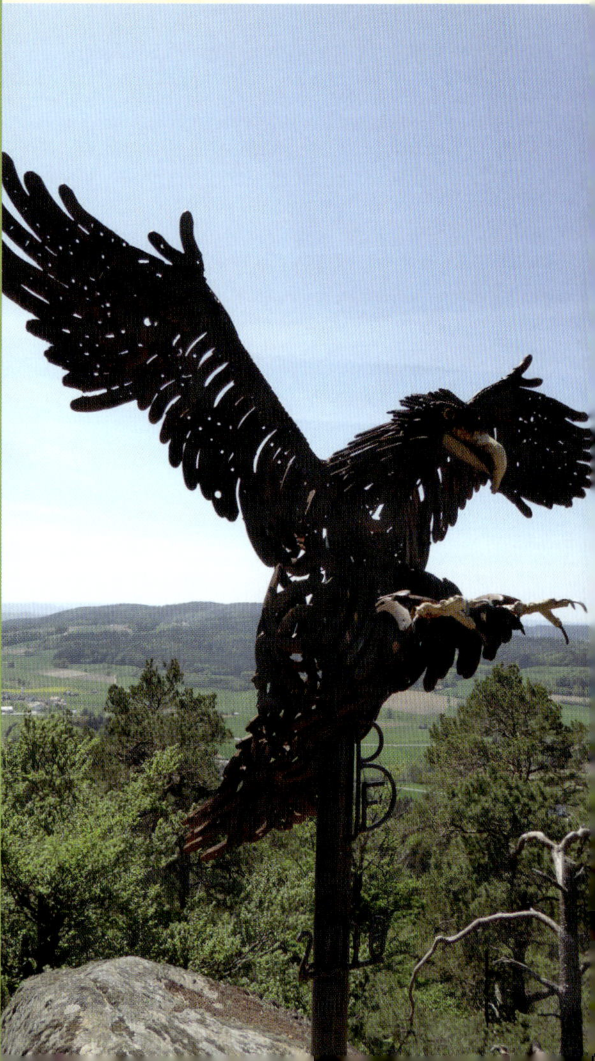

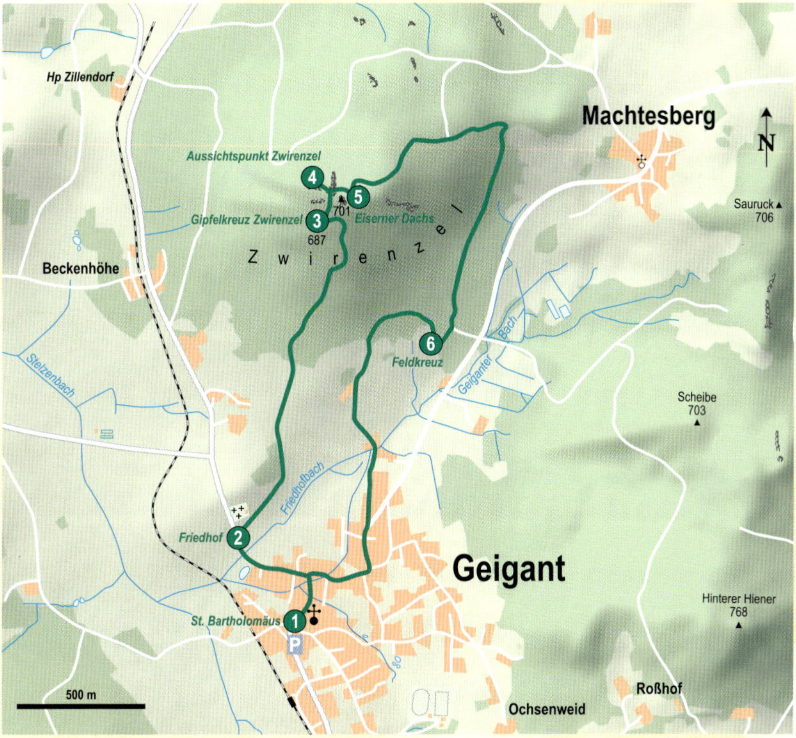

1. Geigant Kirche – Start/Ziel
2. Friedhof
3. Gipfelkreuz Zwirenzel
4. Aussichtspunkt Zwirenzel
5. Eiserner Dachs
6. Feldkreuz

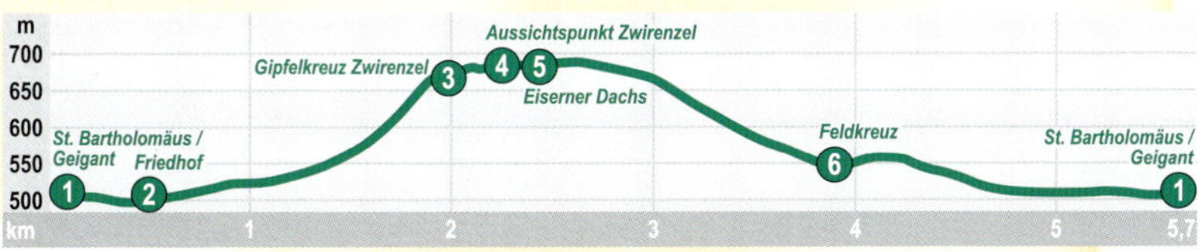

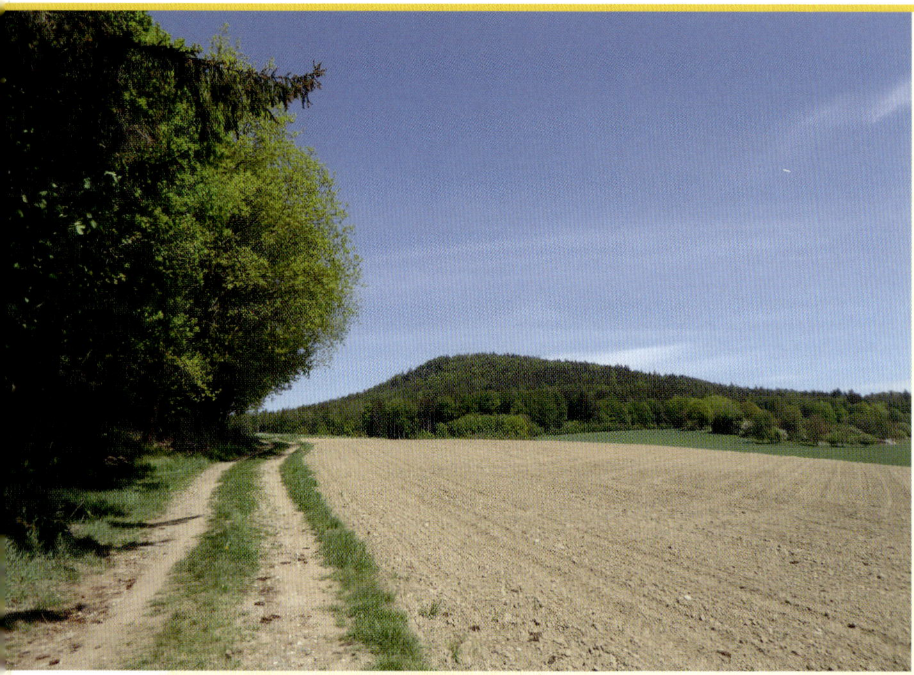

Blick auf den Zwirenzel

Diese Tour führt uns auf den wunderschönen Zwirenzel bei Geigant. Wir parken bei der Kirche St. Bartholomäus ➊. Die Kirche ist sehr markant. Sie hat einen 32 Meter hohen freistehenden Glockenturm und wurde 1970 erbaut. Von hier geht es nun auf der Hauptstraße in Richtung Waldmünchen. Nach gut 100 Metern startet in einer Linkskurve an einem Gasthaus unser Wanderweg, der mit der „Wm 14" markiert ist. An der Straße entlang verlassen wir Geigant und biegen nach 400 Metern am Friedhof ➋ nach rechts ab. Wir folgen dem Weg, der uns über Felder und Wiesen in Richtung Zwirenzel bringt. Auf dem Weg dorthin haben wir einen schönen Blick zurück nach Geigant. Es geht immer leicht bergauf, bis wir nach einem Kilometer den Waldrand erreichen. Von hier sind es nur noch 700 Metern bis zum Gipfelkreuz, aber auch 170 Höhenmeter liegen vor uns. Teilweise richtig steil führt uns ein steiniger Waldweg zu unserem heutigen Ziel. Je weiter wir aufsteigen, umso steiler und anstrengender wird der Weg.

Oben angekommen treffen wir auf einen Wegweiser und halten uns links. Wir sehen vor uns auch schon den Aussichtspunkt auf einem Felsensporn. Am Zwirenzel (701 m NHN) ➌ findet man einen eisernen Adler,

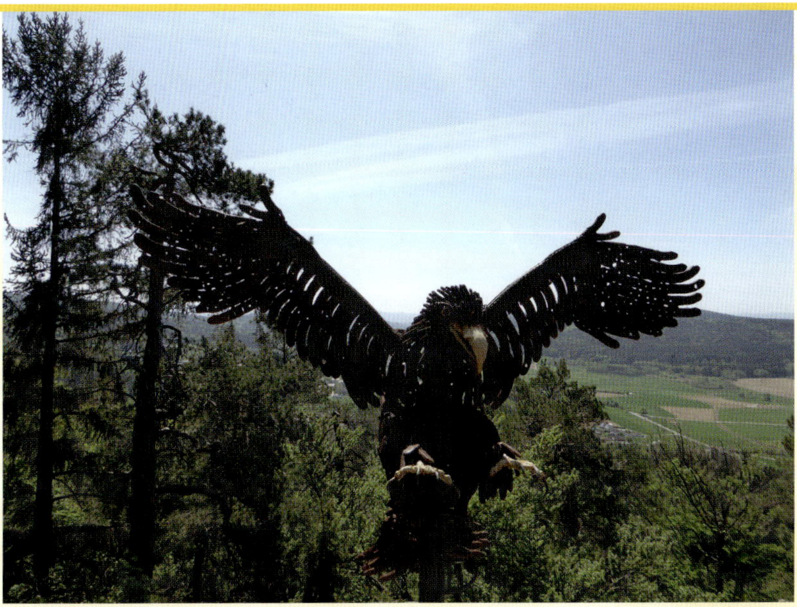

Adler am Zwirenzel

ein Gipfelkreuz, eine Sitzbank und eine überraschende Aussicht. Von hier oben sieht man weit hinab nach Geigant, zum Bleschenberg und zum Schwarzwihrberg. Wir waren absolut überrascht von diesem schönen und aussichtsreichen Ort. Der Weg zum Gipfelkreuz hinauf ist über Hufeisen, die in den Fels getrieben worden sind, erreichbar. Ein wenig kraxeln muss man aber schon, um komplett hinauf zu kommen.

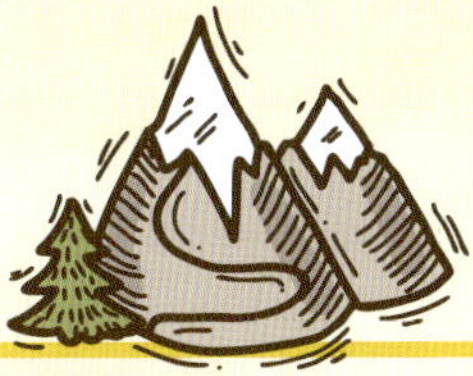

» Ein mit viel Liebe erschaffener Adler erwartet Sie am felsigen Gipfel des Zwirenzel.«

Dachs am Zwirenzel

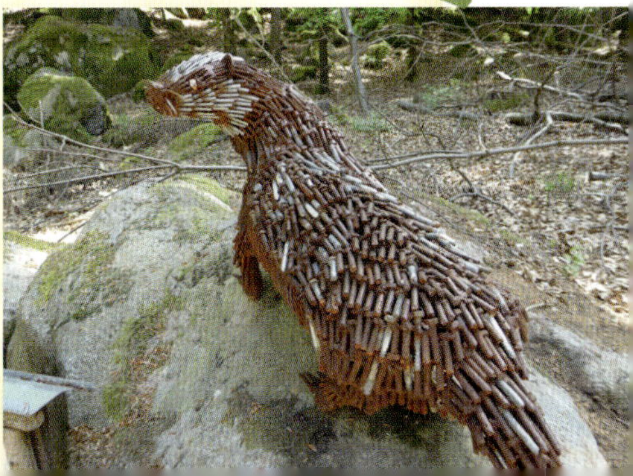

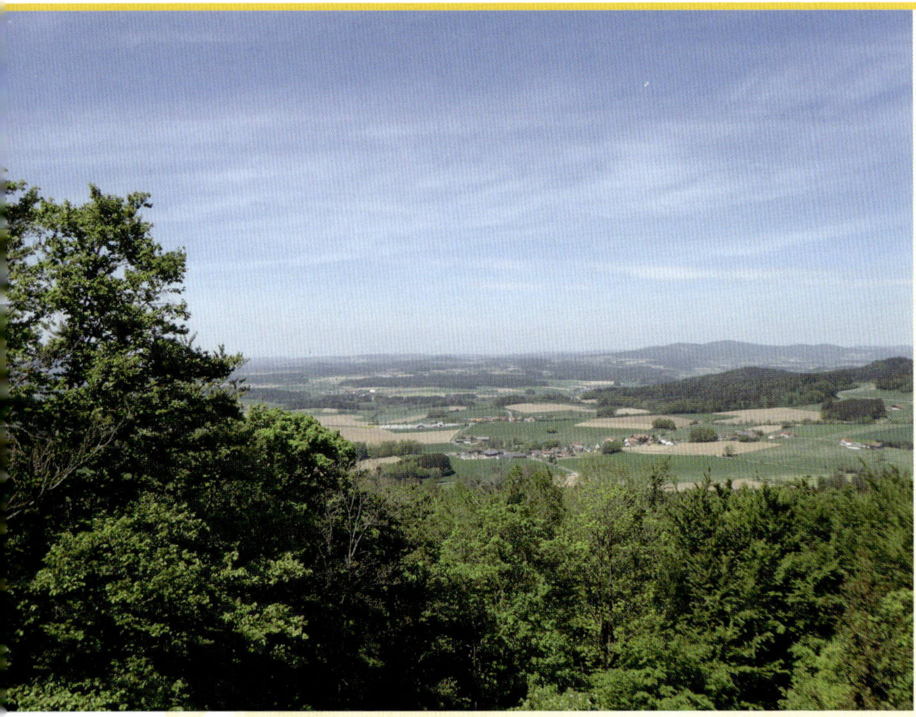

Aussicht vom Zwirenzel

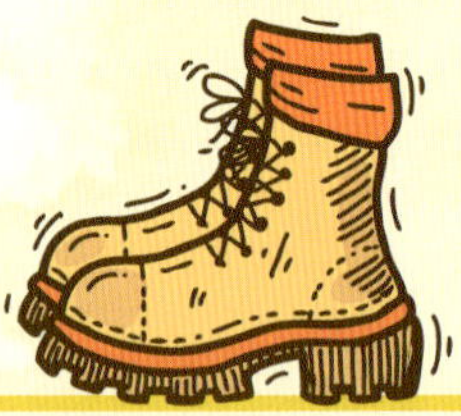

» Der steile Aufstieg auf den Zwirenzel wird mit einer überraschenden Fernsicht belohnt. «

Es geht wieder zurück und nach ein paar Metern erreichen wir einen größeren Rastplatz, wo wir uns links halten. Wir wandern nun bergauf und nach ein paar Metern kommen wir zu einem Felsenplateau. Ein kleiner Abstecher führt uns zum nächsten Aussichtspunkt ④. Auch von hier hat man wieder eine tolle Sicht hinab ins Tal und in die Ferne. Weiter geht es auf der Markierung „Wm 14" und wir umrunden den eigentlichen Gipfel des Zwirenzel, wo sich auf einer Lichtung ein „eiserner Dachs" ⑤ versteckt hat. Hier befindet sich eine Kreuzung, an der wir uns links halten. Beim nächsten Wegweiser ge-

hen wir geradeaus weiter. Über schöne Waldwege geht es nun auf und ab. Zu unserer rechten Seite blickt man durch den Wald hinab nach Geigant. 500 Meter nach dem Wegweiser beim Dachs heißt es aufpassen, denn unser Weg führt uns nach rechts auf einen Waldpfad.
Es beginnt der Abstieg nach Geigant. Zuerst auf einem steilen Waldweg und dann auf einem Forstweg geht es nach unten. An einer Linkskurve verlassen wir den Forstweg und halten uns hier rechts. Einige Meter später biegen wir nach rechts ab, folgen einem Pfad und dann einem Waldweg, der uns aus dem Wald hinaus führt. Auf dem Weg dorthin kommen wir durch einen felsigen Wald ❻. Am Waldende halten wir uns links und haben eine tolle Sicht hinab auf Geigant. Wir folgen nun dem Feldweg und am Ortsanfang wird dieser zu einer kleinen Straße, namens „Am Zwirenzl“. An der nächsten Kreuzung befindet sich ein Wegweiser, wir halten uns hier rechts und folgen nun der Machtesberger Straße. Nach 500 Metern durch den Ort erreichen wir wieder das Gasthaus. Wir halten uns links und nach 100 Metern erreichen wir den Parkplatz vor der markanten Kirche von Geigant ❶.

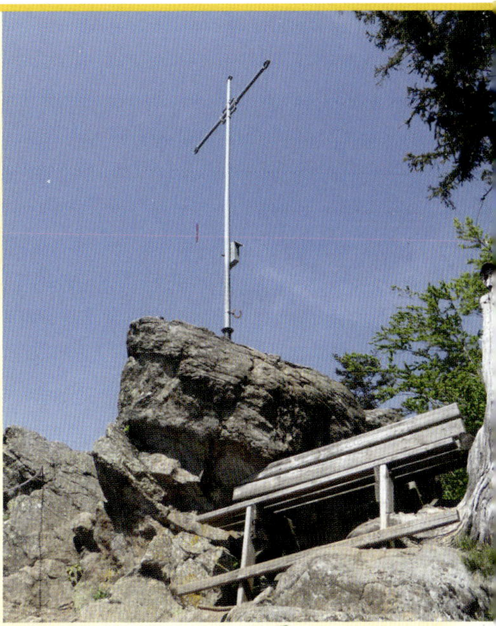

Gipfelkreuz auf dem Zwirenzel

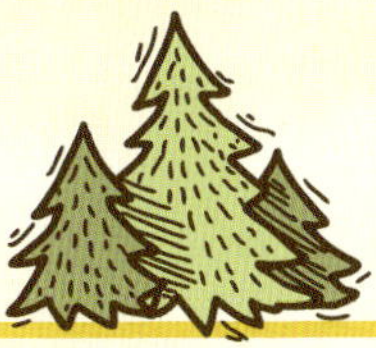

» Ein abwechslungsreicher Weg durch liebliche Landschaften und dunkle Wälder. «

Essen/Einkehren:

Gasthaus „Altes Haus“
Hauptstraße 9, 93449 Waldmünchen/Geigant, Tel. 0 99 75 / 2 77
Öffnungszeiten: tgl. ab 9 Uhr, Di Ruhetag

Impressum

Kartographie:
Kartographie Muggenthaler, Heinz Muggenthaler, Stadtplatz 19, 94209 Regen

Texte:
Uwe Stanke

Abbildungen:
Alle Fotos von Uwe Stanke

Illustrationen: margaritatkahcenko, 123rf.com; Hintergrund: Bastetamon, fotolia.com; Wanderschuh: VRD, fotolia.com

Ein besonders **herzlicher Dank** geht an meine Freundin Elke Steubl, die alle Touren gemeinsam mit mir erwandert hat und mich tatkräftig beim Entwerfen der Texte unterstützt hat.

Bibliografische Information der Deutschen Nationalbibliothek

Die Deutsche Nationalbibliothek verzeichnet diese Publikation in der Deutschen Nationalbibliografie; detaillierte bibliografische Daten sind im Internet über http://dnb.dnb.de abrufbar.
ISBN 978-3-95587-768-2

FSC www.fsc.org MIX Papier aus verantwortungsvollen Quellen FSC® C014138

Für uns, die Battenberg Gietl Verlag GmbH mit all ihren Imprint-Verlagen, ist Nachhaltigkeit ein wichtiger Teil unserer Unternehmensphilosophie. Daher achten wir bei allen unseren Produkten auf den Einsatz umweltschonender Ressourcen und Materialien.
Dieses Buch wurde auf FSC®-zertifiziertem Papier gedruckt. FSC (Forest Stewardship Council®) ist eine nicht staatliche, gemeinnützige Organisation, die sich für die verantwortungsvolle und ökologische Nutzung der Wälder unserer Erde einsetzt.

Unsere Partnerdruckerei kann zudem für den gesamten Herstellungsprozess nachfolgende Zertifikate vorweisen:
- Zertifizierung für FOGRA PSO
- Zertifizierungssystem FSC®
- Leitlinien zur klimaneutralen Produktion (Carbon Footprint)
- Zertifizierung EcoVadis (die Methodik besteht aus 21 Kriterien in den Bereichen Umwelt, Einhaltung menschlicher Rechte und Ethik)
- Zertifikat zum Energieverbrauch aus 100 % erneuerbaren Quellen
- Teilnahme am Projekt „Grünes Unternehmen" zum Schutz von Naturressourcen und der menschlichen Gesundheit

1. Auflage 2021
ISBN 978-3-95587-768-2

www.battenberg-gietl.de